Diogenes Taschenbuch 20219

Ludwig Marcuse

Philosophie des Un-Glücks

*Pessimismus –
Ein Stadium
der Reife*

Diogenes

Die erste Ausgabe erschien 1953 im Rowohlt Verlag
unter dem Titel ›Pessimismus – Ein Stadium der Reife‹
Diese Ausgabe folgt der um die Einleitung erweiterten Neuedition
›Unverlorene Illusionen‹ im Szczesny Verlag, München 1966
Eigenheiten der Schreibung und Interpunktion wurden beibehalten
Personenregister:
Ueli Duttweiler

Zur Erinnerung an Ernst Rowohlt:
dem Freund
und ersten Verleger
dieses Buches

Inhalt

Einleitung

Entmythologisierung des Atheismus

Das Wort »Entmythologisierung«, obwohl in Mode, benennt ein entscheidendes Ereignis der Epoche: zunächst eine Entfärbung, die am Trinitäts-Mythos vorgenommen wird und als Verwesentlichung oder Entchristlichung ausgelegt werden kann.

Im selben Prozeß befindet sich der Vernunft-Mythos seit den Tagen der Aufklärung; und auch die Gebilde idealistischer und materialistischer Dialektik sind Atheismen verschiedenen Grades: am Anfang war ein immerhin noch (dogmatischer) Protestantismus, am Ende ist Sartre: »Der Atheismus ist ein grausames und langwieriges Unternehmen; ich glaube ihn bis zum Ende betrieben zu haben.« Zwischen dieser verlorenen Illusion und der starken, farbigen zu Beginn gab es viele theologische oder auch hoffnungsvolle Atheismen.

Das Absinken eines Wortes ruft nicht selten den Irrtum hervor, daß auch nicht ernst zu nehmen ist, wofür es einst in die Welt trat; mit den Schlagworten außer Kurs ist noch nicht erledigt, was sie einmal bezeichneten – es versteckt sich hinter neuen Prägungen. Das Vokabular ist auch eine Maskerade, die der Zeitgeist ins Leben ruft: das Alte sieht taufrisch aus.

Die Lingua philosophica ist (um nicht weitläufiger zu werden) dreifach zu differenzieren: als Terminologie für philosophiegeschichtlich Eingeweihte; als unfachmännische, sehr persönliche Expression (etwa Georg Simmels oder Emil Lasks) und als populärphilosophisches Mosaik, das aus verbalen Spielmarken besteht. Im »Wort am Sonntag« zeigen sich feierlich: der Materialismus und der Idealismus, der Monismus und der Dualismus und viele andere berühmte Pärchen.

Eine solche Spielmarke ist auch das Wort »Pessimismus« geworden. Wenn es trotzdem in diesem Buch in den Mittelpunkt gerückt wird, so nur deshalb, weil die jüngeren Prä-

gungen zu schamhaft einhüllen, was im alten Wort unver-
schleiert erschien.

Der desillusionierte Held von Balzacs *Verlorenen Illusionen*
entdeckte in Paris: daß »hinter den schönen Kulissen Menschen, Leidenschaften und Bedürfnisse ihr Wesen treiben«. Es
waren nicht nur die schönen »Kulissen« der sündigen Menschen oder der frühkapitalistischen Gesellschaft... wie man
sich gern beruhigt. Es waren die alten und immer neuen Leidenschaften und Bedürfnisse – im besonderen Gewande einer
datierbaren Zeit. Er verlor nicht nur die Illusionen, die sich
ein Handwerker der französischen Provinz gemacht hatte. Er
verlor, was jeder Pessimismus radikal abbaut. Was blieb ihm
noch? Die Illusionen einer Zeit sind nie so sichtbar wie ihre
Desillusionen.

»Pessimismus« ist nicht nur als Wort in Verruf, viel mehr als
Entblößung des Daseins. Selbst der nichtgeglaubte Mythos wird
noch respektiert.

Diesen Respekt vor dem Heiligen, dem Arkanum, dem Numi-
nosen (drei Zauberwörter) erwies Gautier, schockiert von den
Offenbachiaden, noch der Familie Zeus. *»Die schöne Helena«*,
schrieb der Gekränkte, »verletzt und beleidigt, was wir als
Künstler bewundern und verehren. Mag auch eine himmlische
Offenbarung die Altäre der Götter gestürzt haben, die Götterge-
stalten der Kunst bleiben bestehen, und es grenzt an Blasphemie,
die Helden Homers der Lächerlichkeit preiszugeben.« Die großen Künstler der Renaissance wurden dem Olymp als Schutz-
trupp zur Verfügung gestellt.

Ein Gautier von heute könnte Leonardo designieren, die
christlichen Mythen unangreifbar zu machen; und es steckt ein
Sinn in Gautiers Gereiztheit. Wird auch nur ein einziger Mythos
preisgegeben, so ist kein Halten mehr: Gautier schützte im
antiken Himmel bereits den Nachfolger; denn ohne Himmel
sind die Erfahrungen, die zum Pessimismus führen, nicht wegzu-
interpretieren.

So spornt gerade die Mythen-Dämmerung Poeten und Be-

griffsbildner an, wenigstens ein Minimum zu retten; mit zeitge-
mäßeren, wenn auch schwächeren Illusionen die verbrauchten
zu ersetzen. Diese Versuche sind vielleicht der auffallendste Zug
gegenwärtigen Theologisierens und Philosophierens, das sich
bemüht, in Wort und Bild zuzudecken, was unerträglich erscheint. Das Aufdecken der Entmythologisierer ist zugleich ein
Zudecken, wie eh und je. Die Frage lautet immer: was ist nicht
entmythologisiert?

Gegen die Künste, die Unschönes rücksichtslos zeigen, wehrt
man sich nicht so sehr wie gegen ebenso rücksichtslose Theorien,
die immer ernster genommen werden. Poeten haben (in Ländern,
die nicht straff zentralisiert sind) viel Narrenfreiheit. Marx hätte
seinem Freund Heine nie erlaubt, in Begriffe zu bringen, was er
reimen durfte.

So blüht die Poesie des Sinnlosen und Häßlichen; eine ver-
gleichbare Philosophie gibt es kaum. Dem mythisierenden Hegel, nicht dem entmythologisierenden Schopenhauer gehörte
unser Jahrhundert – allerdings nur an der Oberfläche aus
bedrucktem Papier. Zwar bauten in den letzten hundert Jahren
Theologen und Philosophen die großen Mythen ab... woben
aber zu gleicher Zeit an Gottes lebendem Kleid, welches zu
verdecken hatte, daß außer ihm nichts lebte. Die Entmythologisierer taten es ein bißchen der Penelope gleich: sie machten der
Götter Gewand immer fadenscheiniger und flickten es immer
passionierter.

Das ist den gegenwärtigen Entchristlichungen, Entrationali-
sierungen, Entmarxisierungen gemein: eine vorsichtigere, nebu-
losere, weniger wirksame Gesundbeterei kam ins Dasein.

Das Vulgärchristentum,
das verfeinerte und La crise pyrrhonienne

Parallel zum Vulgärmarxismus und Vulgärrationalismus (dem sogenannten Aufkläricht) gibt es ein Vulgärchristentum, das niemand so unvergeßlich ins Licht gestellt hat wie Kierkegaard. In vielen Bezirken geht also die Richtung auf eine Verdünnung des Mythos: man nahm einige unhaltbare Positionen zurück; das Subtilere soll noch leisten, was einst dem Kompakteren aufgetragen war. Selbst die Freimaurer suchen sich zu entmythologisieren; sie geben ihre Riten der Fernsehkamera preis. Wo bleibt der Zauber, wenn immer mehr Geheimnisvolles eliminiert wird? Der Zauber war stets das Antidot gegen den Pessimismus.

Ihn zu besiegen war die Hauptfunktion der vielfältigen Götter, auch noch der abstraktesten. Selbst die Religion des Kreuzes war auch eine Austreibung der Tristitia. Alle, die in der Passion einen Hymnus auf das Tal der Tränen sahen, mißverstanden das Christentum: am stärksten Heine, Richard Wagner und Nietzsche. Das Kreuz schwächte, um zu stärken; es war die Last, unter der man zusammenbrach, um das Heil klarer zu erblicken. Melancholia gehörte bisweilen zu den Sieben Todsünden. Erwachsen im Schatten des Leidenswegs, zeichnete man dennoch exzessive Trauer, Verzweiflung als sündhaft aus; Schmerz und Leid, Vorbereitung fürs Paradies, durften nicht abgewertet werden. Und heute verdammt Evelyn Waugh, unter Berufung auf Thomas von Aquin: Traurigkeit »im Angesicht des geistlich Guten«. Das Christentum konnte einer der stärksten Widerstände gegen jeden Pessimismus werden – gerade weil es so viel von ihm aufgenommen hatte.

Heute sucht man mit Hilfe von geeigneten Bibelzitaten Vertrauen zu wecken: »Selig die Trauernden, denn sie sollen getröstet werden.« Besonders gut eignet sich das Alte Testament: »Und Gott sah, daß alles gut war.« Was ist das Echo im Herzen der Leser? In den »blassen und ermüdeten Religionen«, in den

»Gelehrtenreligionen« erkannte Nietzsche klar, was wir heute trübe als Entmythologisierung feiern. Sie wurde von Biologie und Archäologie erzwungen, vor allem von den Geschichtswissenschaften; und außerdem noch von den antiautoritären Tendenzen innerhalb der Demokratien. Die Kirchen sollen demokratisiert werden – und mit ihnen Jehova, der Zürnende, und Christus Pantokrator; vom Pietismus bis zum Zweiten Vatikanischen Konzil mühte man sich, hoffnungslos. Alle Zuschauer, welche diese »Liberalisierungen« bejubeln, machen sich nicht klar, daß ein demokratisch gehandhabter Mythos (vom päpstlichen bis zum marxschen) nichts leisten kann. Wer außerhalb steht, ist eher geneigt, Verständnis zu haben für die Retardierenden, welche wissen, daß Entmythologisierung in eine unbekleidete Welt führt.

Im Neoprotestantismus ist der zersetzende Prozeß schon weiter fortgeschritten als selbst im progressivsten Thomismus. Barth, Tillich und Niebuhr haben die Christus-Mythe sehr winzig gemacht – bis auf einen nicht mehr faßbaren Kern, den sie nicht preisgeben. Sie wollen nichts mehr wissen vom dreidimensionalen christlichen Firmament... und halten fest, daß in Jesus das Trans diesseitig wurde; nur ist seine Biographie ziemlich bläßlich geworden, eine Konzession an die Historiker. Selbst die Worte Christi werden preisgegeben, wenn Barth alle, die in den Evangelien berichtet und dann von den Kirchenvätern und Päpsten interpretiert wurden, den Historikern überläßt. Das Irdisch-Absolute wird aus der wissenschaftlichen Feuerlinie gezogen. Die Jünger und ihre Nachfolger sind nur noch eine Serie von Menschen, die über das menschlich-göttliche Ereignis Vermutungen anstellten – auch wenn sie nicht wußten, daß ihre Zitate subjektive Spiegelungen waren.

Tillich sucht einen Minimum-Mythos zu retten, indem er auf alle Ausstattung, die Zeitgenossen, Gottesgelehrte und Maler hinzugetan haben, verzichtet... und sich so unangreifbar macht. Seine Entmythologisierung kommt zu einem Stop vor dem, was bei ihm »Der objektive Glaube« heißt. Der mit allen philosophischen Wassern getaufte Tillich erfand, hegelsch geschult, die

Dialektik: Jesus offenbarte die »Unbedingtheit des Unbeding-
ten«... und zugleich »daß ihm diese Unbedingtheit gerade
fehlt«. Wer aber einwendete: das bekunde jeder reflektierende
Mensch, erhält die Antwort, die sehr angreifbar ist: »Alles Reden
über göttliche Dinge ist sinnlos, wenn es nicht im Zustand letzter
Ergriffenheit geschieht.«

Jeder Fanatiker ist in diesem Zustand. Wo ist die Grenze
zwischen ergriffenen Gläubigen, ergriffenen Abergläubigen und
ergriffenen Ungläubigen? Ich höre die Ergriffenheit mehr aus
den schmucklosen Kirchenliedern des Novalis als aus dieser
Anstrengung der dialektischen Jesus-Metaphysik, die wohl
mehr ein Akt des Willens ist.

Niebuhr hat zwei große Hoffnungen: den Sozialismus und das
zweite Kommen Christi. Er schreibt: »O Gott, laß uns gelassen
hinnehmen, was nicht zu ändern ist; gib uns Mut, zu ändern, was
geändert werden kann.« Vor einem halben Jahrhundert hat Max
Brod dies Hinnehmen und Ändern als »edles und unedles
Unglück« bezeichnet. Aber diese amerikanischen Neoprotestanten begnügen sich nicht mit dem Ändern, Humanisieren – und
dem Resignieren, der Abweisung aller »höchst absurden Hoffnungen auf die Möglichkeiten des irdischen Menschen«.

Niebuhr hebt die Resignation (die zum Pessimismus führen
würde) auf in der Erwartung der Wiederkehr Christi: das ist
nicht Gegenaufklärung. Tillich weiß: nicht nur die Utopie, auch
»die Kirche ist nicht imstande, die Gesellschaft zu erlösen«; aber
der Einzelne ist geborgen in der Garantie, daß der (inzwischen
völlig entleerte) Gottessohn ihm zur Seite steht.

Sie klammern sich noch an einen Mythos, der fast schon nicht
mehr da ist. Sie sind Atheisten – und sträuben sich.

Sind die Enkel Voltaires weniger problematisch?

Die Aufklärung, so pessimistisch sie war: vom *Candide* und
Sades *Mißgeschick der Tugend* bis zu Kants Klagen im Opus
postumum..., wurde am massivsten mit dem Dunkel fertig in
der *Kritik der praktischen Vernunft*: die Emotionen wurden
verächtlich beiseite geschoben. Vater Schöpfer, der noch Qualen

dämpfen konnte, wurde ersetzt durch eine schwächere Gottheit, die Vernunft. Der Anti-Emotionalismus stand und steht im Dienste des Anti-Pessimismus.

Die »Wissenschaftsreligion« wurde eine der mächtigsten Mythen, bis ins Zwanzigste Jahrhundert. Am kräftigsten lebte sie in Amerika, lebt sie in der Sowjetunion; in Europa wurde sie am frühesten entmythologisiert.

Aber auch hier trat ein Gegenspieler auf, der verhinderte, daß zuviel entblößt wird: die skeptische Betrachtung des Deus Ratio wurde als Irrationalismus stigmatisiert, als neue Verdunkelung. Schon der große Kant, welcher der Vernunft eine eherne Grenze gezogen hatte, versuchte zugleich, seine gewaltige Tat aufzuheben, indem er dann doch noch aus der Vernunft Gott, Glückseligkeit und den kategorischen Imperativ hervorzauberte. Und seine Nachfolger produzierten noch viel mehr. Nur selten war ein Rationalist so vernünftig wie Freud: er restaurierte nicht den Glauben an die Weltvernunft... und verkündete zurückhaltend, daß er etwas helfen, aber keinen Trost bringen könne. Einige der Seinen mythisierten dann wieder kräftig gegen ihn. Ein Amerikaner schrieb ein Buch, das den Titel haben sollte: Prinzip Psychoanalytische Hoffnung.

Viele, die sich liberal nennen, naschen von allen noch minimal existierenden Mythen ein wenig: von den Theosophen, von den Weisen Asiens in Europa, von den Zeugen Jehovas. Am wesentlichsten ist die Entmythologisierung der Ratio in jenem Denken zu finden, das der junge amerikanische Erkenntnistheoretiker Bartley »Kritischen Rationalismus« nennt. Er sagt: die Einsicht in die Grenze der Ratio öffne noch nicht Tür und Tor für analphabetische oder gezielte Verdunkelungen. Er zitiert seinen Lehrer Popper mit dem Satz: daß wir »in unserer Unwissenheit allesamt gleich sind«; eine Feststellung, die Bertrand Russell einmal so umschrieb: Die Wahrheiten, die wir finden, sind nicht von letzter Wichtigkeit; und die Wahrheiten, die von letzter Wichtigkeit sind, finden wir nicht.

Aber die »Crise pyrrhonienne« will auch der entmythologisierende »Kritische Rationalismus« aufhalten, sonst nennte er sich besser Skeptizismus. Alles, was sich nicht ausweisen kann (z. B. in der Technik), ist in Frage zu stellen. Luthers »Die Vernunft ist eine Hure« (wenn wir einmal das Wort gefälliger als ›zugänglich‹ bezeichnen), gilt für alle Wünsche, alle Leidenschaften, alle Stimmungen und alle Theorien.

Die Vernunft ist schon in allen Diensten gewesen; es ist ebenso töricht, sie zu heiligen wie zu verketzern. Es gibt einen bösen Rationalismus und einen menschenfreundlichen Irrationalismus: dies zur Zerstörung der Wortgespenster. Es gibt keinen feindlichen Köhlerglauben und keine Menschlichkeit, denen die Vernunft nicht schon Waffen geliefert hätte; alle Gebiete des Daseins können etwas aufgehellt werden. Aber von dieser Leistung bis zur rationellen Stützung eines Heils gibt es keinen annehmbaren Weg. Die Vernunft ist nicht vernünftig, keine Gottheit, die vor dem Pessimismus schützen kann. Aber sie hat, als Technik, mehr geleistet als alle Revolutionen; nicht Lenin, sondern hundert industrielle Praktiken haben bewirkt, daß der russische Bauer weniger Schweiß vergießt als sein Ahn.

Die Gefahren der Technik werden jeden Tag plakatiert, ihre Wohltaten nicht genug besungen. Die Ratio, die in ihr nützlich und schädlich geworden ist... ist eine neutrale Kraft. Sie erhellt und verdunkelt, sie nützt und schadet. Sie ist ein Lumen neutrale: man kann Hexenprozesse sehr logisch führen. In der Anbetung der Vernunft bewahren die sakralen Rationalisten den Rest eines noch nicht entmythologisierten Mythos.

Die mythische Dialektik

Im Vulgärmarxismus ist der Mythos von dem heranwachsenden Gott noch nicht so geschwächt wie im Elitärmarxismus. Die Funktionäre (ihre erlauchteste Erscheinung ist Georg Lukács) tragen zu Unrecht den verächtlichen Namen »vulgär«; ihre

Lehre hat noch etwas vom alten Kampfcharakter, Soldaten sind nie elitär.

Der Himmel jener geist- oder auch nur wortreichen Neos wurde farblos wie der neoprotestantische: dem christlichen Minimum entspricht das kategoriale. Als der sowjetische Staat nicht abstarb, vielmehr in Terror und Ausbeutung immer kräftiger wurde, sah die klassenlose Gesellschaft so fahl aus wie der entmythologisierte Gottessohn. Vielleicht hätte ohne russische und chinesische Revolution der Mythos von der Dialektik des materiellen Weltgeistes noch den alten Glanz. Sie zersetzten den massiven Marxismus wie historische Dokumente (bis zu den Rollen am Toten Meer) die massive Geschichte des Helden der Evangelien.

Die reale Niederlage der Theorie rief die marxistischen Entmythologisierer auf den Plan... welche zugleich die neuen Mythologen wurden. Wie der Himmel der Trinität von intellektuell beweglichen, in Rückzugsgefechten geübten Theologen als Vorstellung ungebildeter Fischer des ersten Jahrhunderts preisgegeben – und zugleich ein sehr abstrakter Erlöser als letztes Bollwerk stabilisiert wurde, so ist auch das »letzte Gefecht« zwielichtig geworden. Das *Kommunistische Manifest* wurde neu redigiert: hymnisch nichtssagend oder dünkelhaft-dunkel. Die Neoprotestanten verspeisen nicht mehr den Sohn und trinken nicht mehr sein Blut. Und die vorsichtigsten (und deshalb in der feinen westlichen Gesellschaft beliebtesten) Marxisten gehen in der Überbau-Theorie nicht einmal so weit, wie noch der vorsichtige Engels gegangen war.

Aber auch unter den Neuen leben die alten Götter weiter: in älteren und jüngeren Wendungen wie: Verdinglichung, Umschlag, Entfremdung, Noch-Nicht, »dem Weltlauf widerstehen, der den Menschen« immerzu die Pistole auf die Brust setzt«. Dieses Vokabular ist breitgestreut. Man fragt sich, sieht man solche Wendungen wieder und wieder: wieviel weniger Kulturkritik es gäbe, wenn nicht dieser Wortschatz der Meinungsmacher zur Verfügung stände – nicht Schatzgräbern, sondern Schatzrentnern. Ein einziges Beispiel. Da definiert einer der

Schar die Satire: »Satire ist Utopie ex negativo.« Hier ist, im schmalsten Sätzchen, das blasse königliche Mythenpaar vereint: Herr Utopie und der beinahe noch mächtigere Diener Negatio. Diese paradiesschaffende Negation wird auch von Poeten besungen, die zu ihrem Unglück ins soziologische Seminar geraten waren. Die Sprachregelung der schreibenden Upperclass ist total. Der Fundamentalismus strammer Dorfgeistlicher, der Rationalismus naiver Erben Christian Wolffs und der Vulgärmarxismus haben ihre vornehme Entsprechung unter den schreibenden oberen Zehntausend, die krampfhaft, raffiniert – und wirkungsloser dasselbe sagen. Der elitäre Marxismus ist nicht mehr ein ansportender Tyrtäusgesang, wie der entmythologisierte christliche Himmel nicht mehr erlöst. Skrupelvolle Theologen beruhigt er: daß sie, immerhin, noch Christen sind; und die entmythologisierten Marxisten haben sich zwar von der Weltrevolution noch weiter entfernt als die gleichzeitig Kompakteren, welche die alten Parolen noch gebrauchen, um die Ihren bei der Stange zu halten. Aber das gängige Wort »Noch Nicht« gibt doch das gute Gefühl, daß man immer noch das alte Panier hochhält. Die Vulgären aber haben, mit Recht, festgestellt, daß die Elitären zu überhaupt nichts mehr gut sind. Allerdings: der demokratisch-marxistische Westen ist verliebt in diese ästhetische, tieflotende Entmythologie: man bildet sich ein, so zugleich militant zu sein und auf der Höhe unserer Kultur.

Neo-Vatikaner, Neo-Mystiker, Neo-Voltaires und Neo-Dialektiker, idealistische und materialistische, sind an Anschauung fast so arm wie die stärkste Entmythologisierung der Zeit: die Physik... und haben ein gemeinsames Ziel, das die Quantenmechanik nicht hat: doch noch ein Minimum an Mythos zu verteidigen. Jetzt ist man sogar dabei, von den Poeten zu verlangen, daß sie die Chiffren der Naturwissenschaftler in ihren Werken dichterifizieren: was zu einem kernphysikalischen Mythos führen könnte. Die Geisteswissenschaften brauchen solche Verkünstlichungen nicht mehr: sie haben bereits ihren Heiligen... ich schlage als Kollektivnamen Entdinglichung vor.

An allen ihren Vokabeln ist abzulesen, was der verfeinerte

Mythos noch immer leistet (für eine Handvoll von Granden des Geistes): dem Pessimismus zu huldigen – und zu entgehen. Ihre Worte sind unheilverkündend, was die Gegenwart betrifft. Jeder Ausspruch eines Ministers, jede Konvention der Rundfunkansager wird zum überlebensgroßen Zeichen des entfremdeten Menschen. Man bohrt sich in jedes sprachliche Mißgeschick ein, um den hippokratischen Zug unserer Kultur offenzulegen. Nur die, welche die Lingua der Verfolgung betreiben, offenbaren das Heil: an ihren Stilanalysen wird die Welt genesen. Weder Hegel noch Marx haben sich je so passioniert als Schulmeister betätigt. Es gibt eine Ausnahme: Sartre schrieb gegen diese Mythisierung sein Buch *Die Wörter:* an der Verhextheit des Kindes durch sie entlarvte er das Gehabe erwachsener Wortfexe.

Sprachkritik (sehr nützlich in begrenztem Bezirk) wurde mythenbildend: Austreibung des Teufels aus dem Vokabular – in der Zuversicht: was nicht in den Worten ist, ist auch nicht in der Welt. Dieser Exorzismus betätigte sich bisweilen in einem Jargon, der dem verfolgten nichts nachgab, nur penetranter war. Der Stil ist manchmal l'homme und manchmal auch nicht; Stilkritik zur Förderung einer nicht ausbeutenden Menschheit ist meist nichts als hämisch-arrogantes Getue. Man wäre in Versuchung, den naiveren Funktionären recht zu geben, könnte man ihre Feindschaft gegen die marxistischen Ästheten trennen vom Terror.

Die pseudo-militanten Neos sind vereinigt in einer sakralen Soziologie. Ihr zentrales Dogma: es gibt keine menschlichen Gebrechen, die nicht mit der Ausbeutung verschwinden werden. Und die atheistischen Kirchenväter wagen sich ebensoweit vor wie die christlichen: eliminieren den Tod. Wie wird das praktiziert? Fall eins: »Der Tod, welcher als individueller wie als ferne Möglichkeit kosmischer Entropie dem zukunftsgerichteten Denken als absolute Zwecknegation begegnet, der gleiche Tod geht nun, mit seinem möglichen Zukunftsinhalt, in die Endzuständlichkeit, Kernzuständlichkeit ein, welche von noch ungedeckter Freude und den Latenzlichtern des Eigentlichen beleuchtet wird. Der Tod wird darin nicht mehr Verneinung der

Utopie und ihrer Zweckreihen, sondern umgekehrt Verneinung
dessen, was in der Welt nicht zur Utopie gehört... im Todesinhalt selber ist dann kein Tod mehr, sondern Freilegung von
gewonnenem Lebensinhalt, Kerninhalt. Das ist eine erstaunliche
Wendung...« Wer (außer dem Autor am Schreibtisch) wird
diese »erstaunliche Wendung« vollziehen können? Wer wird vor
einem geliebten Menschen, der leblos daliegt, denken: in seinem
»Todesinhalt« ist er nicht tot?

Diese und ähnliche Mythisierungen erfordern eine autoritäre
Oberakademie, um die Menschheit an solche Schleichwege zu
gewöhnen. Fall zwei ist weniger elitär – und kaum praktikabler.
Hier wird nicht der Tod weggeredet, aber doch die Angst vor
ihm: ist vielleicht die Furcht vor dem Tode »den Menschen
ebenso absichtlich auferlegt wie die Gesetze gegen Blutschande –
nicht weil wir sie instinktiv verabscheuen, sondern weil das
Sterben wie die Blutschande so leicht fällt?« Der Tod wird also
beiseite geschoben als manipuliert, als Machenschaft denunziert.

Im dritten Fall (man müßte die ganze Kollektion hersetzen)
wird argumentiert: vom Tod, sagt man, er sei »anzunehmen,
nicht zu ändern«. Wie reaktionär! Und es wird den Jahrtausen-
den der Ausbeutung die Zeit der nicht entstellten Wirklichkeit
entgegengesetzt... einer Wirklichkeit, in der also der Tod
geändert sein wird. Hier legt man sich nicht fest (wie es jeder
wirksame Jenseitsglaube wagte), hier verscheucht man den Tod,
indem alle, die nicht glauben, daß man ihn »ändern« könne, als
Finsterlinge verdammt werden. So verbal ist geworden, was in
Zeiten des Wunderglaubens das paradiesische Jenseits des leibli-
chen Individuum war. Shaw sagte: »Das Wunder ist ein Ereignis,
das Glauben schafft.« Die Halb-, Dreiviertel- und Rundherum-
dialektiker bis hin zur Auflösung der Antagonie können nicht
mehr Wunder produzieren. Sie sind zu entmythologisiert... und
versuchen dennoch, in herausgequälten Sätzen eine Zukunft zu
produzieren, die Augustinus einst mit allen Sinnen imaginierte.
Der Glaube an das herrliche individuelle Leben nach dem Tode
war wohl immer die wirksamste Methode, mit allen Übeln, auch
mit dem Sterben fertigzuwerden. Jede Einkapselung durch

Vorwegnahme einer Zukunft, die weniger leistet, war ein Kopf-in-den-Sand-stecken – wie Kierkegaard, Unamuno, Heidegger und Sartre wußten... sosehr sie uneins waren über die Folgen, die daraus zu ziehen sind.

Die philosophisch-anthropologische Voraussetzung des zukünftigen Diesseitsheils ist das Dogma: es gibt keine Konstanten in der Geschichte der Menschheit, die unbegrenzt wandlungsfähig ist... auch was die bisherige Erfahrung betrifft: Alle Menschen müssen sterben. Die phantastische Hypothese wird als Gewißheit durchgesetzt, indem man die Vorstellung von einem Ewigen im Menschen demoliert. Das zeitgenössische Werkzeug der Destruktion ist der Ukas: es ist infam, Situationen als ewig zu proklamieren, weil sich so Interessenten vor dem Wandel schützen. Und wirklich hat sich schon zu viel Zeitliches als »ewig« aufgetan – und damit eine aufhebbare Not stabilisiert. Man sollte nicht einmal sagen: es sei die ewige Natur des Menschen, zwei Arme und zwei Beine zu haben. Wir kennen nur die Vergangenheit.

Aber ebenso reaktionär (rücksichtslos gegen die Lebenden) wie die, welche genau zu wissen vorgeben, was nicht zu ändern ist, sind die Andern, welche genau zu wissen vorgeben, daß alles zu ändern ist. Es ist verrucht, dem Einzelnen einzureden, es läge nur an den ausbeutenden Mächten, wenn nicht längst alle miteinander im Paradies schweben.

Zu Beginn dessen, was heute Vulgärmarxismus genannt wird, lebten eine Hoffnung und ein militanter Wille. Die lebende Hoffnung wurde herabgesetzt zum Prinzip. Der Elitärmarxismus ist, im besten Fall, eine Gescheitheit und ein ästhetischer Reiz; moralisch-politisch ohne Belang. So wie der sehr belesene und gescheite Neoprotestant und andere glauben machen, daß er noch Christ ist, bildet sich der ebenso gewitzte Neomarxist ein (und propagiert es), daß er noch im Kampf steht. Ziselierte Worte sind die letzte Heimat der zäh absterbenden Mythen, die einst Bataillone zum Schlachten anfeuerten.

Fromme Atheismen: antike, trinitäre und materialistische

Die vielen Erfahrungen, die zu vielen Pessimismen führen konnten, waren am zuverlässigsten eingekapselt, wenn mächtige Götter sie überglänzten: wohlwollende Großmächte über dem Schicksal des ohnmächtigen Einzelnen.

Die Gottheit konnte so unvorstellbar sein wie Jehova oder so nah und vertraut wie der liebe Freund und Bräutigam Jesus: der Schutz war nie abhängig von der Intimität mit dem Beschützer, sondern vom Grad des Vertrauens zur Allmacht. Als es schwand, flüchteten sich die Denkstärksten in den mathematischen Deus des Spinoza, in den emotionalen Atheismus Goethes, in die Vergöttlichung der Zeit: der liebe Gott wird eines Tages ganz göttlich sein (meinte Hegel). Auch suchte man Unterschlupf in einer sakralen Moral ohne Sinai und in unendlich vielen anderen Verflüchtigungen.

Diese blassen Gestalten und Abstracta, nur noch metaphorische Himmel, sind eng verwandt: in ihnen wird mehr der Wille zum Glauben sichtbar als ein Glaube... am großartigsten bei Kierkegaard. Der Aufstand der Atheisten gegen den Atheismus – bis zu Strindberg, bis zu Döblin, eine Entschlossenheit, nicht ein Glaube... ist viel ernster atheistisch als die aufklärerisch-marxistische Attacke gegen Kirchen und Klöster. Die Entschlossenheit zum Glauben wurde sehr falsch religiös ausgelegt: nicht von Kierkegaard, dessen einsame Größe auch darin zu erkennen ist, daß er härter als irgendwer versuchte, in den Himmel zu kommen – und illusionsloser als irgendwer und aufrichtiger als irgendwer erkannte und sagte, daß er dazu nicht fähig war. Wenn der Atheismus einen Heiligenkalender schaffen sollte, an erster Stelle steht der »Christ«, der schrieb: »Eine religiöse Bewegung kann ich nicht machen, das ist gegen meine Natur.«

Die Ungläubigen waren oft genug verzweifelt, weil von Göttern, die nicht existieren, nichts zu erwarten ist. Schließlich beerdigte man feierlich das Wesen, das, wenn es auch nie gelebt hatte, stärker am Leben gewesen war als irgendein Lebender. Melancholisch beschrieb Heinrich Heine die Grablegung der imaginären Allmacht. Nietzsche verfaßte den lapidarsten Nachruf.

Er kann auch als Wehklage ausgelegt werden, wurde vor allem aber ein Jubel. Die Atheisten sind jubelnde Hinterbliebene seit Epikur. Gott ist nicht nur der große Protektor gewesen, auch der oberste Despot: er hatte Menschenopfer gefordert, in Jesus sogar ein Gottesopfer... und, mit Hilfe vieler Mosesse auf vielen Sinais, striktesten Gehorsam. So erlebten die Gott-losen, die Gott los geworden waren, den Tod des Mächtigsten auch als Sieg nach einem Jahrhunderte langen Befreiungskampf... und durchaus nicht nur gegen die Kleriker.

Was festlich »Aufklärung« genannt wird: Voltaires fröhliche Austreibung der beamteten Gottesdiener (in den Gesängen der *Pucelle*), de Sades *Gespräch zwischen einem Priester und einem Sterbenden*, Nietzsches Hymnus auf den »Übermenschen« (den nur mittelmächtigen Thronfolger des allmächtigen Toten), Haeckels freche Verballhornung der Christologie in den *Welträtseln*, auch noch Sartres »Freiheit« (welche jede Gotteskindschaft radikal negiert – selbst die freiwillige Abhängigkeit von einer Weltvernunft, die der deutsche Idealismus erfolgreich durchgesetzt hatte)... diese Atheismen waren nie nur antiklerikal, wenn sie auch hier ihren Ausgangspunkt hatten.

Zum Beispiel in der Revolution von 1917, als auch die Popen gestürzt wurden, die Alliierten der Zaren. Dem sowjetischen Atheismus wird unrecht getan, wenn der gute Beginn übersehen wird; in den »antireligiösen Museen« der Union wurde gute Arbeit geleistet. Dann allerdings wandelte sich der politische Atheismus in einen mythischen. Es entstanden die Priester der »Wissenschaftsreligion«: ebenso eifernd, wenn auch nicht ebenso raffiniert, wie die, welche sie abgelöst hatten. Nietzsche, der in der Wissenschaft, der fröhlichen, nur die Zersetzung der Mythen gesehen hatte, ahnte noch nicht, daß sie selbst zum Mythos werden würde: zum Beispiel im weihrauchgeschwängerten dialektischen Atheismus. Das heilige Es-war-einmal wurde ersetzt durch das heilige Es-wird-einmal-sein. Aber es braucht ein erstes Kommen Christi, um die Hoffnung auf ein zweites wirksam zu machen. Das reine Futurum versucht vergeblich, den leeren Himmel zu füllen. Im übrigen werden das Christentum (sowohl rückwärts gewandt, als auch mit dem Blick auf das Paradies am Horizont) und der Neomarxismus, dem ersten Kommen der guten und schönen Wirklichkeit entgegensehend, auf verschiedenen Wegen dieselbe gottlose Gegenwart los.

Heute tragen Oberpriester nur noch hehre Worte durch die alte und die neue Kirche; die Gemeinde senkt den Kopf und alles, was drin sein könnte . . . und respondiert. Jeder sakrale Atheismus ist keiner. Der atheistische Mythos, dessen Gott die dialektische Zeit ist, die sich häutende, immer reinere Kultur, ist die jüngste Illusion. Sartre vertrieb Gott auch aus diesem Kulturversteck, mit dem blanken Satz: »Die Kultur vermag nichts und niemand zu retten; auch rechtfertigt sie nichts.« Das ist ein Nihilismus, der weder zynisch noch gefährlich ist. Die Wortgespinste derer, die glauben machen, daß Wahrheit mit Menschlichkeit in schöner Ehe lebt, tragen heute die unverlorenen Illusionen.

Nur hätte Sartre hinzufügen sollen, daß die Schöpfungen der Götter und ihrer Kulturen manchen Schmerz und manche Angst gelindert haben . . . wie Marx und Freud wußten.

Wer im Kreise der Professionellen lebt, vergißt allzu leicht, daß sie zwar vorgeben, das Bewußtsein der Ladenmädchen, Ingenieure und Krebsforscher zu spiegeln, aber kaum darüber nachdenken, ob dem wirklich so ist. Einsamkeit, Leere, Ennui, die Flucht vor sich selbst (das Bündel wird meist Entfremdung genannt) . . . ist leicht zu photographieren – und mit Hilfe des gängigen Vokabulars wortreich zu beschreiben: sowohl für Illustrierte als auch im Dienste einer soziosophischen Leithammel-Idee.

Köhlerglauben sind ebenso stringent zu beweisen wie Wahrheiten; wäre die Vernunft nicht so ein großartiges Werkzeug –

wie könnte sich sonst soviel Unvernünftiges durch die Jahrtausende erhalten haben. Aber die bisher letzte atheistische Mythe ist so dünn, daß nicht einmal die raffinierteste Vernunft ihr helfen kann. Von der guten Dialektik leben wohl nur ihre tüchtigen Verkäufer.

Wie aber ist der Atheismus von Millionen Christen, Rationalisten, Klassenkämpfern und Kaufleuten beschaffen? Wie stand es gestern mit ihm? Es gilt vielen als ausgemacht, daß es vor der Ära der Schutzlosigkeit, in der wir (den Diagnostikern zufolge) leben, eine Jahrhunderte lange Epoche der Geborgenheit gab. So sagten es die großen Fabeldichter Novalis und Henry Adams und einige fragwürdigere Hinterbliebene, die den ›Verlust der Mitte‹ beweinen.

Wahrscheinlich war der fruchtbarste Hersteller der »Mitte«: ein weiter und breiter Analphabetismus. Wer ohne Abece lebt, quält sich nicht (wie Teilhard de Chardin): Gott, Vater und Geist mit der neuesten Version des Darwinismus zu versöhnen. Zur Zeit der »Mitte« wurden die Naturforscher erfolgreich beschattet; sie konnten auch nicht gefährlich werden, solange das Volk nicht imstande war zu lesen – und schon gar nicht lingua latina. Der Analphabetismus war in allen Kulturen der haltbarste Kitt ihrer Einheit. Heute ist das monolithische Vokabular der straff zentralisierten Staaten immerhin noch das Zweitbeste, der Analphabetismus des Zwanzigsten Jahrhunderts.

Es war leicht, sich mit einem erlernten Himmel zu trösten, als man vor dem Nachdenken behütet war; auch sind hundert Arbeitsstunden pro Woche eine große Protektion. Zwar war Papst Innozenz II. ungeschützter als Schopenhauer. Eine Reihe anarchischer Nonnen des zwölften deutschen Jahrhunderts, deren Briefe wir haben, hätten ins Fin de siècle gepaßt, am Ende des Jahrtausends. Aber die Massen waren recht gebunden – an die Bibel und ihre Sterndeuter.

Der herrschende Zeitgeist hingegen produziert den zerrissenen, ausgebeuteten, verdinglichten, gequälten, entmenschten, materialistischen, gottfernen Menschen (wenn man die Wortschätze vermischen darf). »Ist es nicht so, daß alles innere Leben

der Menschen einem Feld von Unkraut gleicht?« fragen evangeli-
sche Bischöfe. Und die atheistischen, deren Pathos der Hohn ist,
machen »Innerlichkeit« zu einer Vokabel der Verachtung. Seit je
benutzten die erfolgreichsten Prediger das Dunkel als Hintergrund für den Glanz, den sie anboten. Das mythische Düster und
das mythische Hell sind auch die beiden Hauptrequisiten der
atheistischen Theologen. Trotzdem sind sie nicht populär, ange-
sehen nur in der Luxusklasse der Eingeweihten.

Das neue Heil ist in Zirkulation nur im kleinen Kreis derer, die
es herstellen und ästhetisch genießen. Der (verehrte) Tillich
versucht passioniert, mit seinem Gottmenschen gegen das Sinnlose anzugehen. Wie weit es ihm hilft, ist sein Geheimnis;
Kierkegaards Größe bestand darin, daß es ihm nicht gelang,
gerettet zu werden. Die Entmythologisierung des Atheismus ist
am gründlichsten da – nicht in der von Spezialworten glänzenden
Elitenkultur, sondern in der Massenkultur, die (primitiver,
gröber, wahrer) den herrschenden Unglauben weniger verdeckt.
Es fragt sich, ob die »Entfremdung« nicht ein Selbstporträt der
Intellektuellen ist. Man könnte sie als die Rasse bezeichnen, die
gewohnheitsmäßig distanziert, also fremd macht. Die andern
haben weniger Zeit für dieses Geschäft, rücken sich und die
andern weniger ab. Die Entfremdeten aber verketzern das Nahe
als »unreflektiert«, »privat«.

Privat ist: wer überleben will – Essen, Kinder und andere
Ablenkungen. Diese milliardenfachen Aktivitäten liegen unter-
halb des Höhenblicks der Höhenmenschen – jener Kulturdia-
gnostiker, die ihre Arbeitszeit damit verbringen, sich zu empö-
ren, weil der Fernsehansager, sich anschmierend, so tue, als
meine er mich und dich (übrigens: die Phantasie eines hyper-
trophen Narziß). Was diese professionell Entfremdeten aber tun,
wenn sie nicht reflektieren – reflektieren sie nicht.

Die täglichen Auflagen, die jedermann präsentiert werden,
sind die Dämme gegen das Überfluten durch eine Trauer, die
einst am zuverlässigsten von dicken Ammenmärchen ausgesperrt
wurde. Wer kann sich heute noch ihrer rühmen, wo jedes Kind
lernt, daß die Menschheit sich um ein so gefährliches Gestirn wie

die Sonne dreht? In Deutschland gibt es noch achtzig hilfreiche Sekten; ihre Mitgliederzahl ist minimal.

Hilfreicher sind die Ablenkungen: sowohl die Kinos an der Ecke als auch die spirituelleren für alle, die gelernt haben, sich raffinierter zu entziehen. Musil konnte sich in ein Gebilde einspinnen, das ein Meisterwerk wurde; doch: was es für ihn leistete, war unabhängig vom Gelingen. Es gibt wohl nur wenige, die imstande sind, sich eine so mächtige Höhle zu bauen.

Die Elitärkultur hat mit der Massenkultur gemein: daß in der Freizeit (zu der auch der Schlaf gehört) vergessen werden kann, was man in der nicht freien durchmachen muß. Wer Kartoffeln kauft oder den Malerpinsel auswäscht oder Fingerübungen macht oder eine Fakultätssitzung durchsteht oder Müll abtransportiert, ist gnädig verhindert, der Vergeblichkeit menschlichen Denkens und Tuns nach-zu-denken. Auch der blanke Atheismus ist deshalb nicht so gefährlich, wie die meinen, deren Position durch ihn gefährdet wird. Man hatte immer sowieso nur wenig Zeit, an Gott zu denken. Eine alte bayerische Bäuerin, die ich verehrte, hatte nur auf dem Klo die Ruhe, den Rosenkranz zu beten.

Daß gerade der Atheismus zur Barbarei führen soll, ist durch die Geschichte aller Religionen widerlegt, die oft genug dahin führten; und die Historie der dialektischen Vernunft weiß ebenso von Morden und vom Sengen zu berichten wie die Geschichte der undialektischen Unvernunft. Im Namen des Lichts wurde viel Dunkel propagiert; diese Gefahr wenigstens ist heute etwas geringer, weil kein Licht mehr so blendet wie einst. Und es besteht Hoffnung, daß Kreuzzüge immer weniger Chancen haben, weil die Skepsis wächst: das einzige Heil, das etwas leisten kann.

So haben die Pessimisten eine Chance. In vielen Gewändern ist ihnen eins gemein: daß ihre Hoffnung auf die Zukunft nicht überschwenglich ist . . . und daß sie deshalb die Gegenwart nicht so ressimentalisch negieren. Die Priester reden zuviel vom Materialismus. Die Aufklärer reden zuviel von Dummheit. Die Dialektiker reden zuviel von Entfremdung. Die drei Erlösungsspezialisten sehen zu wenig das, worauf man nicht wartet, sondern was man hat: etwas Liebe, etwas Güte, etwas Treue, etwas Solidarität, die man gezeigt und empfangen hat.

Es ist leicht, die Gegenwart zu verdammen. Man schüchtert ihre leisen Liebhaber ein, indem man sie heruntermacht: sie fixierten das Bestehende, eine schlechte Wirklichkeit, ein falsches Bewußtsein ... und so weiter und so weiter; jeden Tag werden die alten Schulmeister-Muster kopiert und (geschickter oder verquatschter) abgewandelt. Die, welche die Gegenwart nicht als dunkle Folie des Es-wird-einmal sehen, werden als Lakaien der Ausbeuter verketzert. Kurz: ein Optimist ist ein Mann, der den Jüngsten Tag strahlend ahnt ... und sich in wohl- oder weniger wohlgesetzten Worten windet vor der Häßlichkeit des letzten Films. Der Pessimist hingegen darf im Heute Paradiesisches sehen, versucht mit schwachen Kräften, ein böses Detail zu zerstören ... und schenkt dem jenseitigen und diesseitigen Jenseits keine Gedanken, weil er es für einen nicht mehr wirksamen Trost hält.

Einer der herrischsten Progressisten (auf dem Papier) meinte: die Freudenträne während eines Schubertlieds entquelle der Vorwegnahme einer ausbeutungsfreien Gesellschaft. Was für eine trockene Träne! Der Mann hat offenbar nie Schönheit und Liebe erlebt – und muß sich deshalb an fiktive Drüsen halten. Aber jeder x-beliebige Film, der (unabhängig von seinem künstlerischen Rang) die Erfahrung des Mitleids, der Dankbarkeit, der Vertrautheit aktualisiert, kann diese Freudenträne hervorbringen. Nur verhärtete Individuen flüchten in die Zukunft ... und zur Reduktion der Massenkultur auf die Habgier der Hersteller (die doch nicht das geringste sagt gegen eine gute Wirkung der hergestellten Produkte).

Gibt es Trost vor dem Schicksal (wie wir es kennen – und über ein anderes zu reden ist billigste Phantasterei)? Es gibt ein bißchen Trost: ein Bach, ein Lied, eine Mahlzeit, ein beglückendes Buch, eine Zweisamkeit, deren Bedeutung nicht davon abhängt, wie lange sie dauert ... es gibt manchen Trost unter einem Himmel, der auch einmal strahlend blau sein kann, ohne von einem Mythos angestrahlt zu werden.

Wer sich weder mit dem Zweiten Kommen Christi noch mit dem ersten Kommen der ausbeutungsfreien Gesellschaft trösten kann, wer weder bei atheistischen noch stalinistischen Theologen Schutz findet, hat als skeptischer Atheist nur einen Weg: die Übel, die zugänglich sind, gemäß seiner bescheidenen Kraft entfernen oder wenigstens schwächen zu helfen – und zu akzeptieren, wo sich Gesundbeter auf eine ferne Zeit hinausreden, die wir nicht ahnen können und schon gar nicht erleben.

Die Zukünftler existieren in vielen Schattierungen: die besten sind noch die, welche ernsthaft glauben, daß ohne ihren Überschwang nichts verbessert wird. Die Schlechtesten sind alle, die vor sehr konkreten Übeln ausweichen in imaginäre; die hämische Interpretationen erfinden, um literarisch über das Erfundene siegen zu können. Manche Kulturkritik ist nichts als Wichtigtuerei.

So ein Kulturarzt stilisiert sich und die Freunde auf platonische Ideen ... das Private, das Psychologische verheimlichend. Es fehlt ein Buch über die Geschichte der deutschen Antipsychologie und die Vielfalt ihrer Motive. Von Hegel bis zu Stefan George und einigen lebenden Soziologisten wird das Psychologische verachtet – bisweilen, um sich zu tarnen. So schafft man die Denkmäler einer Siegesallee, der Clique zu Ehren. So wird man billig fertig mit den zentralen Übeln, zum Beispiel dem Körper, dem sichtbarsten Zeugnis der Vereinzelung. Wer nicht wegsieht, wird als unreflektiert, naiv, vor allem als Unterdrücker stigmatisiert. Wo ist der Humorist, der die Marschkolonnen im Elfenbeinturm zeichnet? Sie weben am letzten Mythos des Atheismus.

Sie sind die letzten Priester. Wenn sie abgetreten sind, gibt es für die Befreiten nur noch: Staunen vor der Sphinx und eine Entschlossenheit zur Vermenschlichung, die nicht prinzipiell, nur jetzt und in diesem Wirkungsfeld praktiziert werden kann.

Alles philosophische Raunen ist da nur ein Ausweichen ... ärmlicher Rest theologischer und philosophischer Gewißheiten. Pessimismus wird eine Selbstverständlichkeit werden ... und nie verhindern, daß es Freuden gibt und die himmlische Vielfalt der

Lust. Wir Armen sind am wenigsten erzogen, unter einem schwarzen Himmel die Stunden einer kurzen Aufheiterung zu genießen. Aber nur der kann heiter sein, der weiß, was auf ihn wartet.

I.

Zur Orientierung

Geburt, Verfall und Wiedergeburt
eines Wortes

Lange, bevor es das Wort Pessimismus gab, war da, was es ausdrückt.

In der *Ilias* heißt es: nichts Elenderes als der Mensch. Von Hesiod stammt, was im *Oedipus zu Colonus* die Jahrtausend-Prägung erhielt: »Das Beste ist, nicht geboren zu sein, oder, wenn schon geboren, dann bald wieder von hinnen zu gehen.« Thales erklärt: er bleibe unverheiratet – »aus Liebe zu Kindern«. Heraklit verglich die Zeit einem spielenden, sich im Brettspiel übenden Kind – »und dies Kind hat die Königsgewalt«. Aristoteles fragte: »Was ist der Mensch?« – und antwortete (gut schopenhauersch): »Ein Denkmal der Schwäche, eine Beute des Augenblicks, ein Spiel des Zufalls; der Rest ist Schleim und Galle.« Der Komödiendichter Menander fügte hinzu: »Am glücklichsten ist, wer früh den Jahrmarkt des Lebens verläßt ... Wenn ein Gott dir nach dem Tode ein neues Leben verspräche, so solltest du dir wünschen, lieber alles andere, selbst ein Esel zu werden, nur nicht wieder ein Mensch.« Im dritten Jahrhundert vor Christo lebte in Athen ein Mann, der den Beinamen Peisithanatos erhielt. Er sprach in seinen Vorträgen mit gutem Erfolg für den Selbstmord. Der Titel einer seiner Schriften, die Cicero erwähnt, hieß: *Apokarteron* – einer, der das Leben nicht mehr aushält und sich durch Hungern tötet. Die westliche Zivilisation begann mit den heiteren Griechen.

Mehr als zweitausend Jahre später wurde der trübe Sinn auf das Wort Pessimismus getauft. Nach Kant, dessen Werk voll ist von den bittersten Klagen, hatte keinen Namen, der sie zusammenfassend benannte. Der »Optimismus« war als aggressiver Spitzname in die Welt gekommen, geprägt von einem Professor Jean Pierre de Crousaz in Lausanne. Die Betroffenen hatten ihn, wie das oft geschah, als Ehrennamen akzeptiert und führten ihn als ihr Panier ins philosophische Feld.

Der »Pessimismus« hatte offenbar eine weniger ansehnliche

Herkunft; er ist als sprachliches Seitenstück entstanden. Vor
dem Jahre 1776 kann er nicht nachgewiesen werden. Damals
tauchte er auf in einer Wendung Georg Christoph Lichten-
bergs: »der eine mit seinem Optimismus, der andere mit seinem Pessimismus«. Fast gleichzeitig kam er in vielen Ländern
auf: 1793 bei Jacques Mallet du Pan, 1794 in den Briefen des
englischen Dichters Coleridge, 1801 bei Friedrich Maximilian
Klinger.

Im neunzehnten Jahrhundert wuchs er dann mächtig heran –
sehr langsam. 1819, im ersten Band der *Welt als Wille und
Vorstellung*, kam er noch nicht vor – auch den Rezensenten
des Buches ist er noch nicht geläufig, obwohl in jenem Jahre
bereits ein Internationaler Pessimisten-Kongreß hätte statt-
finden können: Byron, Leopardi, Chateaubriand und Schopenhauer hielten sich zur gleichen Zeit in Italien auf. 1835 ließ die
Académie Française das Wort »Pessimiste« zu, 1878 das Wort
»Pessimisme« – hundertsechzehn Jahre nach dem »Optimisme«.
1844, im zweiten Band von Schopenhauers Hauptwerk, erschien
es zwar an drei Stellen – aber erst an drei. Heinrich von Stein irrte
sich, als er schrieb: dies Wort sei als geistvoller Scherz von
Schopenhauer erfunden worden.

Erst in der zweiten Hälfte des Jahrhunderts kam es zu hohem
Ansehen. Da gab es ein *Pessimisten-Gesangbuch* und *Perlen
pessimistischer Weltanschauung*; die Perlen-Sammlung versprach
im Vorwort, »einen Teil des Reinertrags dem Fonds für die
Errichtung des Schopenhauer-Denkmals zuzuwenden«. Das
Monument Schopenhauers wuchs und wuchs. Es bestand aus
Scherben, gesammelt von einem müden Mann; die *Stimmen des
Weltleids* umtönten es mit Sphären-Disharmonie. Die »Scherben« und das »Leid« wurden das deutsche Äquivalent für den
lateinischen Superlativ. Er aber war der große sprachliche Sam-
melpunkt für alle dunklen Einsichten, Stimmungen und Wünsche. Es gab eine Hochflut von wissenschaftlichen Büchern und
Artikeln, die seinen Namen im Schilde führten. Er hatte eine
akademische Reputation.

Nach kurzem Dasein sank er in die Alltagssprache hinab. Man

wird ihn kaum noch in gelehrten Abhandlungen finden. Er
wurde zum farblosen Vehikel einer vagen Mitteilung. Aufstieg
und Verfall eines Wortes. Am Ende des achtzehnten Jahrhunderts war eine Erfahrung mit solcher Macht ins Bewußtsein
gedrungen, daß sie einen Ausdruck verlangt hatte. Er stammt
von einsamen Vorläufern, die ihn wahrscheinlich als sprachliche
Parallele gebildet hatten. Das Wort war enorm gewachsen, hatte
alles aufgenommen, was es tragen konnte – vieles, woran der
erste Namengeber kaum gedacht haben mag; vieles auch, was
sich gar nicht mit dem, was schon da war, vertragen konnte. Es
war schwerer und schwerer geworden, breiter und breiter,
umrißloser und umrißloser. Greifbares wie Stuhl und Haus kann
nie so beladen werden wie Nicht-Greifbares. Dann kommt der
Tag, wo die Lebenskraft eines derart überfrachteten Bedeutungs-
Trägers abnimmt. Er hat sich übernommen. Er ist so sehr in die
Breite gegangen, daß er keine Gestalt mehr hat. Das Wort-
Imperium zerfällt; jeder der Diadochen nimmt für sein Fragment
den Namen des Ganzen in Anspruch. Das schwächt ihn. Er hatte
eine farbenreiche, wenn auch kurze Geschichte – und hat nur
noch eine sehr blasse Gegenwart. Er ist zur kaum leserlichen
Chiffre einer ungefähren Information herabgesunken. »Wörter
sind Kinderklappern«, schrieb Fontane. Das ist wahr; denn
Wörter sind verstorbene Worte, Pessimismus war ein verstorbe-
nes Wort.

Woran starb es? Man stumpfte ab gegen die Erfahrung, die es
ins Leben gerufen hatte: ein Schock, der sich in einer Übertreibung auslebte. Zwei Kriege verwandelten den Pessimismus – im
Friedensjahrhundert zwischen Wiener Kongreß und 1914 eine
Sensation – in eine Banalität. Als er die Gemüter ergriff und die
Denker zu Beweisen begeisterte, entwurzelte er ein fast noch
solides, christlich-idealistisches Vertrauen. Das gab ihm sein
superlatives Pathos – das sich dann als das vergänglichste Element erwies.

Das Vertrauen ist nicht nachgewachsen, das Pathos ist verlo-
rengegangen. Der Pessimismus ist keine überraschende Anti-
these mehr, nicht mehr die revolutionäre Aufdeckung einer dick

verdeckten Wahrheit. Die Wahrheit ist so wirklich geworden,
daß es nicht mehr Propheten sind, die sie verkünden, sondern
Kontrolleure, die sie buchen. Das neue Vokabular, das den
»Pessimismus« abgelöst hat, ist auch dort, wo es noch die
ursprüngliche Erschütterung zeigt, klinischer in der Wortwahl.
Götterdämmerung, Furcht und Zittern, Ecce Homo gehören
noch in die mythologische Epoche. *Das Unbehagen in der
Kultur, Das Zeitalter der Angst, Ekel* mehr in die therapeutische.
*Der Untergang des Abendlandes, Der Mythos von Sisyphus, Das
öde Land* sind zivilere Ausgaben der Überschwenglichkeiten
von einst. Im neunzehnten Jahrhundert hätte Thomas Manns
Buch vom unerlösten Faust den Titel *Doktor Fausti Weheklag*
erhalten.

Hier wird dennoch dem Wort Pessimismus der Vorzug
gegeben vor allen Worten, die ihm folgten. Es ist ein Unterfangen, »Kinderklappern« zurückzuverwandeln in bedeutungsvolle
Zeichen. Man wird vor die Wahl gestellt: einem Altehrwürdigen,
aber Verschlissenen neuen Glanz zu verleihen – oder es zu
ersetzen durch die unberührte, aber kahle Vokabel; die Akade-
miker zogen immer die sauber-artifizielle Sprache vor. Hier soll
der Versuch gemacht werden, den verödeten, unzeitgemäßen
Schall in ein lebendes Wort zurückzuverwandeln. Es ist lebensfä-
higer als der Nihilismus und die ganze Familie der Negation, die
in vielen Sprachen als Substantiv, Adjektiv und Verb den letzten
Generationen Sklavendienste leisten mußte – bis zur Grenze des
Sprach-möglichen in Heideggers *Nichten des Nichts.* Das Nichts
war einmal, lange vor seinem heutigen Erdenwallen, der Gipfel
der negativen Theologie. Angelus Silesius dichtete: »Gott ist ein
lauter Nichts, ihn rührt kein Nun und Hier.« Da das Etwas
raum-zeitlich ist, wurde das Nichts zum Ausdruck des Nichtir-
dischen. Das Wort Nihilismus bezeichnete einmal ein christli-
ches Dogma. Man schrieb dem Scholastiker Petrus Lombardus
die Lehre zu: die menschliche Natur Christi, weil sie nicht
selbständig existiere, sei kein Individuum – also nichts. Ist eine
Verbindung zwischen diesem »Nihilismus« und Turgenjew, der
das Wort berühmt machte mit seinem Roman *Väter und Söhne?*

Vielleicht hielt es sich länger, weil es von Beginn an mit Politischem verknüpft war – was dem Pessimismus erst in diesen Jahren vom Osten beschert wurde; im Sachregister der großen Marx-Engels-Ausgabe kommt das Wort noch nicht vor. Der »Nihilismus« hat das Gute, daß er das Thema im Namen führt – nicht nur eine sprachliche Überkompensation; ist aber so hoffnungslos zerredet und von moralischer Entrüstung entstellt, daß er nur noch in Sinn-gebenden Verbindungen verwendbar ist.

Der »Pessimismus« aber hat sich ausgeruht von den Strapazen, die ihm am Ende des neunzehnten Jahrhunderts zugemutet wurden – für eine neue Last.

Die Schwarze Galle
und das Los des Menschen

In dem »Pessimistisch«, wie es in der Umgangssprache umgeht, steckt nicht mehr als ein trüber Blick auf die Gegenwart oder Zukunft eines Ereignisses: es wird sich als ungünstig herausstellen; oder: es wird ungünstig enden. Das Adjektiv sagt noch nichts aus über die Person, die pessimistisch ist.

Das Substantiv wiegt schwerer; das Pessimistisch-sein ist chronisch geworden. Der Pessimist läßt sich auf den einzelnen Fall nicht mehr ein; er hat abgeschlossen mit allen Fällen. Das hat er gemein mit Theisten, Marxisten und Christian Scientisten. Das Abgeschlossen-haben ist das Merkmal jeder Weltanschauung – selbst dort, wo sie es noch nicht recht ist.

Der Pessimist hat einen Überschuß an Phantasie, das Medium alles Lebens in Möglichkeiten. Sie braucht nicht zum Pessimismus zu führen – ist aber die Voraussetzung. Fontanes Effi Briest sagt: »Die Wirklichkeit kann mich nicht so quälen wie meine Phantasie.« Die Fähigkeit, das Gegebene zu überfliegen, fundiert den Pessimismus. Auf diesem Fundament wuchs Rimbauds: »Was man nicht weiß, ist vielleicht entsetzlich.«

Alle Gruppen, die chronisch anti-pessimistisch sind, haben deshalb eine besondere Abneigung gegen das Vorgreifen in der Phantasie. Einer der zentralen amerikanischen Sätze lautet: We will cross the bridge when we come to it; wir werden über die Brücke gehen, wenn wir hinkommen. Und die Marxisten haben eine Antipathie gegen ihren wesentlichsten und gemiedensten Begriff: »Die klassenlose Gesellschaft.«

Viele Neigungen neigen sich gegen das Schlimme. Auch vorsorglich wird es vorausgesehen: als Handhabe gegen sein Wirklichwerden. Man sucht ein Unglück zu bannen durch gedankliche Antizipation; man vertraut darauf, daß Katastrophen nur aus heiterem Himmel kommen. So malt man den Himmel schwarz, man stellt sich das Schlimmste vor, um es unmöglich zu machen. Erst auf einer Ebene, die diese Magie rationalisiert, hält man es für praktisch, das Schlimmste einzukalkulieren, um ihm gewachsen zu sein. Wie sorgsam das auch sein mag – es führt zu immer umfangreicherer und intensiverer Vergegenwärtigung des Unheils. Man glaubt, es zu manipulieren – und füllt sich mehr und mehr mit ihm an.

Es gibt Pessimisten, die keine kalkulierenden Dichter sind, nur Tote. Die Irritation, welche das Vorwegnehmen des Schlimmen ins Leben rief, gehört vielleicht der fernen Vergangenheit an; dann wurde es automatisch, verfestigte sich im Benehmen. Erst schafft ein Unglück die leidende Miene, die klagende Stimme, das gedrückte Wesen. Dann, nachdem jenes Unglück längst ausgeschieden war, wurden diese Miene, diese Stimme und dies Wesen die ewigen Produzenten eines vagen Unglücklichseins. Man hat sich in Gebärden verfangen, die eine überlebte Situation festhalten. Diesem petrifizierten Unglück entspringt die Quelle des irrealsten aller Leiden.

Lange vor dem Pessimismus gab es die Melancholie, die ihre Herkunft im Titel führt: die Schwarze Galle; Shakespeare malte das Schwarz »grün und gelb«. Die Schwarze Galle schuf eines der vier Temperamente: den Melancholiker. »Temperament« heißt »Mischungsverhältnis«. Frühere Physiologen nahmen an, Gesundheit und Stimmung hänge ab von der Mischung der vier Kardinalsäfte: Blut (sanguis), Schleim (phlegma), gelbe Galle (cholos), schwarze Galle (melas cholos). Ist das rechte Maß verfehlt, so entständen die Sanguiniker, Phlegmatiker, Choleriker und Melancholiker. Die Vorstellung, daß Melancholie ungesund sei, geht auf eine altehrwürdige Physiologie zurück.

Von Aristoteles bis zu Fontane wurde eine Lokalisierung versucht und das Pathologische betont. Dubslav Stechlin bemerkt: »Einige haben eine schwarze Milz und sagen: alles sei von Anfang an auf Mord eingestellt.« Kant behandelt das Pessimismus produzierende Organ in seinem Kapitel *Von der Hypochondrie* subtiler. Er nennt den Pessimismus, dessen Namen er noch nicht kennt, die »Grillenkrankheit« (hypochondria vaga), »welche gar keinen bestimmten Sitz im Körper hat und ein Geschöpf der Einbildungskraft ist und daher auch die Dichtende heißen könnte.« Dann bezeichnet er das körperliche Stimulans, das die Phantasie zu einer Phantasie fürs Unglück macht. »Blähung oder Verstopfung«, schlägt er vor. Er lokalisiert nicht mehr so eindeutig. Seinen eigenen Fall gibt er als Illustration: »Ich habe wegen meiner flachen und engen Brust, die für die Bewegung des Herzens und der Lunge wenig Spielraum läßt, eine natürliche Anlage zur Hypochondrie, welche in früheren Jahren bis an den Überdruß des Lebens grenzte.«

Könnte man die Sprache unter die Diktatur der Klarheit zwingen, dann wäre dieser Pessimist als Schwarzseher abzufinden. Der Schwarzseher ist eine Spezies innerhalb der Welt; er hat nichts auszusagen über die Welt. »Die schwarze Milz« ist nicht ein Organon, ein Werkzeug der Einsicht; sie ist ein erkranktes Organ. Es gibt pathologische Ursprünge pessimistischer Einsichten. Aber der philosophische Pessimismus ist mehr als eine Wucherung pathologischer Zellen, biologisch und soziologisch gesprochen. Die Verstopfung, die Angst einer herrschenden Klasse oder die Furcht des Sklaven mag ihn aktualisieren. Sein Inhalt ist nicht an seinen Ursprung gebunden. Nur der hat ein Recht zu pessimistischer Aussage, der (wie Kant) die pathologi-

schen Motive im eigenen Fall durchschaut: »Die Beklemmung ist
mir geblieben; denn ihre Ursache liegt in meinem körperlichen
Bau. Aber über ihren Einfluß auf meine Gedanken und Handlungen bin ich Meister geworden.« Es ist der Meister, dessen
Pessimismus zählt; und vielleicht war er noch nicht ganz Meister,
weil die soziologische Reduktion ihm nicht so geläufig war wie
die biologische. Aber er schärfte die Sicht auf den echten
Pessimismus – wie später Leopardi, der in einem Brief (1832)
gegen den Satz des Dichters Niccolini protestierte: »Ich habe
einen Buckel und bin krank und deshalb gibt es keinen Gott.« Er
bat seine Leser, sich seinen Erfahrungen und Gedanken zuzuwenden – nicht seinen Krankheiten.

Ein Schwarzseher sieht nicht so weit – auch nicht so weit
schwarz wie ein philosophischer Pessimist.

Das umfänglichste, wiederholteste und am scheelsten angesehe-
ne Axiom des philosophischen Pessimismus sagt: das Leben ist
nichts wert. Gemeint ist vielmehr: das Leben der Menschen,
Tiere und Pflanzen – und auch der Rest des Universums ist nichts
wert. »Das Leben« steht nur stellvertretend.

Nichts wert – für wen? Für den Menschen, nicht nur für
einige. »Mich regiert eine Art von Gravitation nach dem Unglück«, schrieb Lenau. Die Logik der pessimistischen Theorie
erhebt diese Gravitation zum universellen Gesetz. Ihm unter-
stehen auch die Tiere, Pflanzen und Steine. Sie wissen es übrigens
so wenig wie die meisten Menschen. »Die übrige Natur hat ihre
Erlösung vom Menschen zu erwarten«, heißt es bei Schopenhauer. Er meinte: von der pessimistischen Exekutive, dem
Heiligen. Eins ist das Leben nur im Leid.

Der Mensch ist auch hier im Mittelpunkt des All-Potentials: er
kann das Leid voll erfahren, bewußt machen und aufheben. Wo
die Theorie ausgebildet ist, wird sie ein Theodizee, ins Negative
gewendet: der Mensch ist am sechsten Tage geschaffen, die
Krone der Schöpfung – weil er allein sie rückgängig machen
kann.

Nach der philosophischen Anthropologie der (offenen und

heimlichen) Pessimismen erfüllt der Mensch, von seltenen Ausnahmen abgesehen, nicht, wozu er da ist: das All ins Nichts zurückzuwerfen. Es wird nötig, zu erklären, weshalb er sich nicht zu seiner Bestimmung erhebt. Das Rätsel ist hier ebenso groß, wie das andere schon immer gewesen ist: der Abfall Adams, der nach dem Ebenbild Gottes geschaffen wurde. Die pessimistischen Theologen haben dieselben Sorgen wie ihre zuversichtlichen Vorgänger: die Menschen leben nicht auf der Höhe der Theorie, die sie definiert. Was die christlichen Philosophen den »Sündenfall« nennen, bezeichnet die Literatur, deren Mythos mit der Katastrophe beginnt, mit den weniger farbigen Wendungen: Ablenkung, Zerstreuung, Nicht-Authentizität; Heidegger nennt, was man einst »Sündenfall« nannte: das Untergehen des Echten im »Man«. Das Leben it nichts wert – für alle Kreaturen; aber die meisten leben in der Zerstreuung und wissen nichts davon. Schopenhauer, der die Menschen verachtete, war auch ein Reaktionär; vor allem aber ein Christ, der sich vor der Sünde der Zerstreuung entsetzte. Die philosophische Anthropologie sagt nicht, was der Mensch ist, sondern: was er – eigentlich ist.

Daß der Pessimismus nichts über Sonne, Mond und Sterne aussagt, nur etwas über das Verhältnis des Subjekts zu ihnen – degradiert ihn für Ahnungslose; was darin zum Ausdruck kommt, daß sie ihn als subjektiv ignorieren. Und dann ist man schnell bei der Hand, das Subjektive auch noch als Stimmung herabzusetzen. Sind nicht die Dichter – und sehr viele Verkünder des Pessimismus waren Dichter – Vermittler von Stimmungen?

Die Philosophie von Descartes bis zur Phänomenologie begann mit einer Enthüllung des Subjekts – und verschleierte das, indem sie früher oder später, meist früher mit Hilfe einer unverwüstlichen theologischen Tradition bei Gott oder wenigstens dem Sein landete. Descartes war der gewaltige Entdecker des Subjekts; daß er dem Denken des Subjekts zuviel einräumte, machte ihn allerdings auch noch zu einem großen Verführer. »Anthropomorph« ist spätestens seit ihm ein gegenstandsloser Vorwurf: das Subjekt ist das Maß aller Dinge. Der Pessimismus ist nicht anthropomorpher als irgendeine Konstruktion des All. Der Mensch überspringt sich weder hier noch da.

Auch stimmt nicht, daß die Dichter von Natur phantasie-begabter sind als die Denker. Die Dichter lügen zwar (literatur-notorisch) zuviel – aber das geht mit abstrakten Begriffen ebenso gut wie mit konkreteren Vorstellungen. Dichtungen brauchen nicht schlechtere Dokumente zu sein als Theorien: die Erfahrung des Leids und seine Beschreibung ist nach Tiefe und Kraft der Aussage zu bemessen, nicht nach der Klassifizierung des Autors in Kürschners Literaturkalender. Die Theoretiker sind erst sehr spät erschienen und in sehr kleiner Zahl und ohne die Wirkung, die Buddha hatte und Hiob und Ecclesiastes. Dichtern des neunzehnten Jahrhunderts (vor allem französischen) ist zu ver-danken die großartige Protokollierung: was die ungedämpfte Erfahrung des Leids aus ihrem Leben machte; dieser Zorn, diese Müdigkeit, dieser Prometheus-Stolz sind hier vollendet gezeich-net. Die Trauer schlug aus in unerbittlicher Selbst-Beobachtung und kräftiger Wiedergabe.

Die Denker waren nicht so interessiert an der spezifischen Inkarnation des Leids als seiner begrifflichen Fixierung. Ihre Theorien sind auch autobiographisch, vor allem aber konstruk-tiv. Leider, trotz glänzender Erhellungen, fielen sie alle dem obskurantesten Rationalismus anheim, den manche von ihnen schon überwunden zu haben wähnten. Buddha weigerte sich immerhin noch, auf Fragen zu antworten, die das böse Entstehen der Welt erklärt haben wollten. Schopenhauer war wenigstens recht zurückhaltend, was die Kosmogonie des Kosmos betrifft, der besser nicht wäre. Am Anfang war die Katastrophe; viel mehr weiß er von jener Zeit nicht zu melden. Eduard von Hartmann wagte sich weiter vor. Er suchte nach einem Grund dafür, daß Gott sich absichtlich in die innerweltliche Unseligkeit gestürzt hat, obwohl er dazu nicht gezwungen war. »Diesen Grund«, sagte er, »sehe ich in dem Bestand einer außerweltlichen Unseligkeit, von welcher Gott durch die universelle Erlösung zugleich miterlöst werden will.« Der pessimistische Theoretiker Philip Mainländer ging dann noch einmal einen Schritt weiter. Er erklärte, wie Gott unselig wurde: »Gott ist gestorben und sein Tod war das Leben der Welt.« Die Welt ein zerfallender Leichnam, das erklärt vieles. Alle Metaphysiker, die pessimistischen inbegriffen, begannen mit einem Mythos.

Auch die pessimistischen Mythen sind abgewelkt. Lebendig blieb die Quelle, aus der sie kamen: daß das Bewußtsein nicht mehr um das Leid betrogen werden kann. Die Metaphysiker, post festum Architekten, welche die Welt noch einmal nachzubauen suchten, um zu zeigen, wer oder was sie gemacht hat – und wie, sind eine Rasse, die ausgestorben ist. Der blinde Wille, der sich in den verschiedenen Provinzen des Seins immer mächtiger aufbaut, war zum Schluß noch ebenso mythologisch wie sein Erzfeind, der Weltgeist, der dasselbe getan haben soll. Aber Leo Tolstoi schrieb im Sommer 1869: »Nie vorher habe ich soviel geistiges Glück genossen; Schopenhauer ist der größte Genius der Menschheit.« Und in unseren Tagen sagte der englische Pragmatist F. C. S. Schiller: Schopenhauers Werk sei weittragender als die Philosophie Descartes' und Kants ... Schopenhauers Stimme ging durch die Riesenwälle, mit denen ein falscher Friede philosophisch ummauert war. Es wird sich herausstellen, daß die Revolution, die soviel beredet wird, nicht in Luther und Rousseau und in Marx ihren Ursprung nahm, sondern in denen, die lauter und faszinierender das Leid nicht mehr verschwiegen. Der kleinliche, ängstliche und jähzornige deutsche Bourgeois, der Buddha europäisierte, war ein Prometheus, als er die Not in die Leere ausschrie. Man messe die Folge nicht an der Mitgliederzahl der Schopenhauer-Gesellschaft.

Die Epigonen schreien immer noch ... und die andern Epigonen schreien immer noch dagegen. Die Stunde aber fordert stets etwas anderes als Repetition. Sie fordert weder eine Neu-Orchestrierung der Schmerzen noch (was wir reichlich erhalten haben) einen neuen Einsatz vom himmlischen Chören, Luzifer zu übersingen. Sie fordert eine neue Besinnung auf die alte Aussage – ohne das Pathos, das uns nicht mehr ansteht, und ohne ein Entweichen in Bezirke, die den Klassikern des modernen Pessimismus noch ein Asyl boten. Die schlimmen Feststellungen sind immer noch gültig; die Illusionen der Entzauberten sind unwirksam geworden. Es stellt sich verschärft und in neuer Nüchternheit die Frage: wie ist Leben möglich? Wie kann man zusammenleben mit dem, was man weiß? Es ist keine Lösung, wenn man vorgibt, von nichts etwas zu wissen.

Was die »heilige Ruhe des Nichts« störte – und wie das möglich war . . . weshalb der unselige Gott unselig wurde . . . wie Gott es machte, zu sterben . . . darüber denkt nicht mehr nach, wer diese ausschweifenden Fragen für überlebensgroße Projektionen unseliger Menschen auf das Himmelszelt hält. Dagegen ist zu durchdenken, bis zur größten Klarheit hindurch, was es eigentlich mit der menschlichen Unseligkeit auf sich hat.

Aristoteles hat in der Melancholie nicht nur eine Krankheit gesehen – auch Genie. Das ist lange her. Die ältesten und jüngsten Physiologen hielten in schöner Kontinuität die Unseligkeit für ungesund und verschrieben gegen sie Klistiere und Zwangsjacken. Sie sahen vor Pathologie nicht die pessimistische Normalität. Ihre Brüder, die Theologen, registrierten Melancholia in der Schwarzen Liste der sieben Todsünden. Die Heilige Theresa, die sie auch eine »Krankheit« nannte, fand in ihr noch Schlimmeres: »Unter dem Vorwand der Melancholie sucht Satan viele Seelen zu gewinnen.« Dementsprechend wird sie von Nerven-Chirurgen, Heil-Psychologen, Beichtvätern und Politikern behandelt.

Man hat es mit den Exorzisten der Welt und aller vier Fakultäten zu tun, wenn man dem Pessimismus die Ehre gibt, die ihm gebührt; wenn man dem Menschen die Ehre gibt, die ihm gebührt.

II.

Pessimistische Anthropologie

Ludwig Feuerbach forderte, in nach-metaphysischer Zeit, daß man den Menschen »zum höchsten und alleinigen Gegenstande der Philosophie« mache. Er entwarf die »Anthropologie« als »Universalwissenschaft«. Max Scheler qualifizierte sie als »philosophische Anthropologie«, um sie von der Physiologie und Psychologie, Rassenkunde und Abstammungslehre, Prähistorie und Ethnologie als das Unternehmen zu scheiden, das auf die Frage: was ist der Mensch? nicht isolierte Data gibt.

Auch bevor Feuerbach die Lehre vom Menschen zum Programm machte, enthielt jede Theologie und Philosophie eine Anthropologie – meistens nur nebenbei. Mehr war die Rede von Gott oder der Idee oder der Natur. Daß der Mensch in diesen Vorstellungen sich offenbare, ist von Hegel sowohl gesehen als auch verschleiert – und erst in seiner Schule klar herausgearbeitet worden. Selbst der Pessimismus, der schon im emotionellen Namen mehr auf den Menschen hinweist als irgendein theozentrisches oder naturalistisches System, hat nie versucht, systematisch eine Anthropologie zu entwerfen.

Sie kann herausgestellt werden aus dem fundierenden Axiom: Das Leben ist nichts wert. Gemessen woran? Stellt man den Pessimisten diese Frage, die sie nie in einem Satz beantwortet haben, so ist die Antwort, in einem Satz: gemessen an einem Leben, das noch nie war, das aber stärker ist als – was war. Man könnte die pessimistische Anthropologie auch als negative bezeichnen, parallel zur negativen Theologie. Ihre Definition Gottes, in den kürzesten Satz zusammengezogen, lautet: Gott ist, was er nicht ist. Auch der Mensch, an dem der Pessimist mißt, ist nur in Negativen zu beschreiben. Es ist das Positive; weshalb, was wir positiv haben, negativ ist. Das Wortwörtliche: daß die wirkliche Welt die schlechteste aller möglichen Welten ist...

steht nur als ausfallende Metapher für die revoltierende Erfahrung, daß der Mensch auf etwas angelegt ist, wovon er nicht abgehen – und wohin er nicht kommen kann. Ein imaginäres und unvermeidliches Wesen ist der Anstifter zur permanenten Revolution, die alle bemerken – und in der falschen Richtung suchen. Die Unruhe, die anti-westliche Westler dem Westen vorwerfen, wird von theologisierenden Historikern als Eroberungstrieb zu primitiv ausgelegt. Ob dieser »Trieb« nicht mehr als eine einzige Herkunft hat?

Das, was in der Geschichte pessimistischer Theorien »Unlust« genannt worden ist, rief diese Revolution bestimmt nicht hervor. Das berühmteste Spiel auf diesem Feld, zwischen den negativen und positiven Bilanzziehern, die Verrechnung der Lüste gegen die Unlüste, hat mit der Geschichte philosophischer Tourniere viel – mit dem Pessimismus nur wenig zu tun. Georg Simmel verspottete den Satz: es gäbe mehr Leiden als Freuden... mit dem anderen: es gäbe mehr Diamanten, als je bezahlt werden können... Man sieht besser auf die großen historischen Dokumente des Leids. In ihnen offenbart sich, was Pessimismus immer gewesen ist: eine Erfahrung vom Menschen, die sein Antlitz findet in den Zügen des Leids; in ihnen stellt sich dar, was wesentlich an ihm ist. Er verrät sich in seinen Lamentationen; nicht in seinen Alexanderzügen und nicht in seinen Idyllen.

Die Nähe zu den historischen Dokumenten soll verhüten, daß die Aussagen eingeengt werden auf die besondere Erfahrung eines Einzelnen. Von keinem Pessimisten ist alles Leid ausgesagt worden oder alles in gleicher Stärke. Es gab kaum je einen radikalen Pessimismus: nicht dem Umfang nach, noch ungemischt. Es gab keine Leidenden, die sich nicht eine Erleichterung mitschufen. Ecclesiastes sagte auch, was nicht eitel ist: iß und trink und »lebe mit deinem Weibe, das du lieb hast«. Im siebzehnten Jahrhundert wurden viele Preislieder auf die süße Melancholia gedichtet; Shakespeare, der sie »eine höchst komische Trauer« nannte, hat (nach Statistiken) acht verschiedene Arten gekannt. Schopenhauer aß doppelte Portionen und lebte, in Abwandlung des Prediger-Wortes, mit seinem System, das er lieb hatte. Nietzsche tröstete sich mit dem Stolz des Prometheus. Und Eduard von Hartmann forderte, wie der Dichter Robert Hamerling mitteilt, seine Zeitgenossen auf, in seinem behaglichen Heim festzustellen, wie angenehm Pessimisten leben. Sie entwerteten – mit Auswahl.

Eine philosophische Anthropologie des Pessimismus hat es nicht mit der Psychologie trauriger Autoren zu tun, sondern mit den ewigen (sagen wir vorsichtiger: Jahrtausende alten) Quellen des Leids. Es begann nie mit einem Für-wahr-halten ... eher mit einem Ungenügen, das nicht abgelenkt werden konnte. Die Tagebücher des Knaben Schopenhauer klagten schon über dasselbe, was später – in der schweren Rüstung der ererbten fachlichen Tradition – als Wahrheit auftrat. Solche Klagen sind nicht so privat wie eine schlechte Laune und nicht so unpersönlich wie der pythagoreische Lehrsatz.

Jedes Ungenügen wurzelt in einer bestimmten Sphäre des Ich. Diese Sphären sind als niedere und höhere, als sinnliche und geistige, als individuelle und soziale, als eudämonistische und sittliche, als hedonistische und sozialeudämonistische katalogisiert und abgeschätzt worden.

Hier werden, ohne Abschätzung, fünf Ursprünge des Leids ausgezeichnet.

Soma – Sema

Das Schicksal hat schon viele Namen erhalten: von Göttern, Geistern, natürlichen und geschichtlichen Mächten. Das intimste Schicksal des Menschen ist das unbesungenste.

Keine Macht ist so phantastisch ignoriert worden wie der Körper. Daß sich der Geist ihn baut, ist eine prangende Sentenz. Sie soll auch verdunkeln, daß sich der Körper den Geist baut, den erfolglosesten Deserteur – aus der Zelle von Fleisch. Die plumpwitzige Formel »Man ist, was man ißt« – verhöhnt an der Oberfläche die tiefe Erfahrung, die sie nicht versteht. Lächerlichmachen ist eine Weise des Weg-sehens. Im Zeitalter des sogenannten Materialismus spielt der Leib immer noch die streng geheimgehaltene Hauptrolle.

Die größten realistischen Romanciers sind in ihrer Psychologie ungleich farbiger als in ihrer Somatologie. Höchstens der sensationelle Fall wird geschildert: der Syphilitiker Alvin, die tuberkulöse Mimi, der blinde Geronimo und der taube Goya. Der Alltag des Leibes wird ins Portrait nicht eingezeichnet, obwohl er so beteiligt ist an Himmel und Hölle. Nur dem Geschlecht wird Beachtung geschenkt – recht abstrakt; man behauptet, es vermenschliche sich erst in der Sphäre der Sublimation. Die Literatur der unsublimierten Sexualität wird Pornographie genannt. Der Schriftsteller von Rang wird aus diesem Bezirk ausgeschlossen, wodurch er erst zur Pornographie wird. Und weil man seine menschlichen Züge nicht erkennt, wird das Geschlecht auch noch tierisch genannt; und steht (vor allem bei Pessimisten) als verachtetstes pars pro toto, obwohl der menschliche Akt vom tierischen genau so weit entfernt ist wie das Essen vom Käuen. Der Leib ist weder ein lästiger Anhang – noch das Sichtbar-werden einer Seele; dies behauptet nur, wer alles, was ist, auch noch zu rechtfertigen sucht – zum Beispiel die Physiognomik. Der Leib ist der fremdeste, unerforschteste Bezirk innerhalb des Ich; das Greifbarste und Unbegreiflichste.

Das Weg-sehen von ihm hat Konsequenzen gehabt. In Thomas Manns Roman *Bekenntnisse des Hochstaplers Felix Krull* heißt es: »Die Bewegung, die unserm Geist durch die Sinne mitgeteilt wird, ist unzweifelhaft viel stärker als die, welche das Wort darin erzeugt.« Trotzdem tut man, als ob im Anfang das Wort gewesen wäre. Man wird mit Worten ernährt, nicht durch die Sinne. Das fängt mit Lesen und Rechnen an; es gibt keine entsprechende Ausbildung im Sehen und Hören, schon gar nicht im Riechen, Schmecken und Tasten. Deshalb muß mit aufdringlichem Licht, betäubendem Lärm, aggressiven Parfüms und

stechenden Gewürzen der Unterernährte aus seiner Lethargie
herausgereizt werden. Und was die Sinne nicht gelernt haben, kann die Phantasie nicht erfahren. Sie ist so unterernährt,
daß sie als wesentliches Element des Denkens gerade erst entdeckt ist.

Der Körper ist sprachlos. Wo man nicht hinhört, entwickelt
sich auch kein Sagen. Er hat keine Worte – weshalb noch die
Beredtesten Schwierigkeiten haben, sich ihrem Arzt zu erklären.
Über das Leben des Sprachlosen ist ein ewiges Schweigen
gebreitet; niemand ist so einsam wie sein Körper. Man kann es
auch so wenden: er stammelt, wird aber nicht verstanden.
Vielleicht ist er aufgeschlossener in Träumen. Wahrscheinlich
erzählen sie viel von der Luft und ihrem Druck, von der
Nahrung, ihren wohltätigen Ingredienzen und ihren Giften.
Aber niemand kann das rege Leben dort, wo die Eingeweide ihre
seltsamen Tänze vollführen, lesen.

Nur seltene Konfessionen verraten einmal eine Ahnung von
dem dunkelsten Kontinent. Das Tagebuch, das Novalis am Tage
nach dem Tode seiner Braut anfing, beginnt immer wieder:
»Früh sinnliche Phantasien«. Unvermittelt geht er über zu dem
Plan, der ihn beherrscht: ihr nachzusterben. Er bezog, was dem
Körper geschah, nicht auf die Verschmelzung von Sophie und
Jesus – nicht einmal als unzusammengehörig; und vermittelt so
eine Ahnung von dem fremden Leben des Körpers im Zentrum
des Ich. Er beobachtete seine Ausstrahlungen in die Sphäre des
Geistes: »Die Angst ist im Schwanken, eine Ungewißheit, meist
körperlich.« Lenau schrieb, 1834, in einem Brief: »Die Hypochondrie schlägt bei mir immer tiefere Wurzeln... Ich weiß, es
liegt im Körper.« Heine und Nietzsche deckten in den Martyrien
des Leibes die Fundamente theologischer Prachtbauten auf – und
schonten sich selber nicht. Sie hatten es leicht; Krankheiten
erinnern ziemlich eindringlich an den großen Vergessenen, der
uns herumschleppt. Was wir von ihm wissen, haben Invaliden
mitgeteilt.

Er konnte nicht ganz und gar ignoriert werden. Da wurde er
beklagt. Im perikleischen Griechenland, das der Majestät des

Leibes im Bild und im Wort Weihrauch spendete, schrieb Platon:
Soma – Sema, der Leib ist ein Grab. Sein später Schüler Plotin
lehnte es seinen Anhängern ab, sich porträtieren zu lassen: er
schäme sich, einen Körper zu haben. Und ein noch Späterer, der
einer der mächtigsten Päpste wurde, schrieb dem Lehrer aus
tiefstem Herzen nach: »Der Leib ist das Gefängnis der Seele.«
Am Tage, da er Papst wurde, verkündete Innozenz III.: »Wer
aber bin ich, der ich erhaben über die Könige sitze und den Thron
der Herrlichkeit innehabe? Denn zu mir ist beim Propheten
gesagt: Ich habe dich über die Völker und Reiche gesetzt, auf daß
du ausraufest und niederreißest, zerstörest und zerstreuest,
pflanzest und auferbauest . . .« »Wer aber bin ich?« »Wer aber war
er?

Er gab die Antwort, als er noch ein junger Mann war – nach
der Weise vieler Poeten, im Superlativ: »Befrage die Gräser und
Bäume: sie bringen hervor Blüten, Laub und Früchte; du aber –
weh' dir! – du bringst hervor: Läuse, Ungeziefer und Eingewei-
dewürmer! Jene scheiden Öl, Wein, Balsam aus, du aber schei-
dest Urin, Speichel und Kot aus; jene hauchen süße Düfte, du
aber gibst abscheulichen Gestank von dir!« Die Klage, die
Verachtung, die Verhöhnung sind Aufstände: gegen den
Schmerz, von dem Georg Büchner sagte: das leiseste Zucken,
und rege es sich nur in einem Atom, mache einen Riß in der
Schöpfung von oben bis unten. Und die Schmerzen sind nur die
dunklen Feiertage einer Haft, die im Gefühl der Schwäche voll
bewußt wird. Es ist furchtbar, »zu fühlen«, sagte Strindberg,
»daß mein Gesicht durch ein Auge geschwächt, daß mein Gehör
durch ein Ohr abgestumpft wird, daß mein Gedanke, mein
luftiger, leichter Gedanke, an das Labyrinth der Fettwindungen
gebunden ist. Du hast ja ein Gehirn gesehen – welche Umwege,
welche Schleichwege.«

Seit den Anti-Nazarenern des vorigen Jahrhunderts schiebt
man die Abneigung gegen den Körper der christlichen Vorstel-
lungswelt zu – und beachtet nicht, daß es christliche Denker
waren, die den Leib hoch gepriesen haben. Die *Civitas Dei*
schließt mit einem Hymnus auf den Menschen im Fleisch – und

nicht nur im Allgemeinen; im Speziellen werden die männlichen Brustwarzen besungen. Der Katholik Theodor Haecker schrieb in diesen Jahren: wäre der Körper nicht ein wesentlicher Bestandteil des Menschen, dann wäre es ohne Sinn – geradezu sinnlos, daß Gott in der zweiten Person der Dreieinigkeit Fleisch geworden ist. Und Pius XII. verkündete als Dogma, daß Maria im Fleisch zum Himmel gefahren ist; so sehr heiligte er es. Die christliche Unsterblichkeit ist eine leibliche; der Leib ist ein integraler und wertvoller Teil des Ich.

Das Christentum hat nicht die Verachtung des Körpers erfunden, wenn auch oft benutzt. Und der laute Körper-Kult antichristlicher Sekten seit der Renaissance hat nicht eine größere Vertrautheit geschaffen. Sport, Nudismus und ein sehr konventioneller Exhibitionismus pointieren eher noch seine scheue Existenz. Im Sport ist der Körper ein abgerichtetes Haustier geworden. In der Nackt-Kultur wurde die Kleidung tabu, die Nacktheit ein modisches Kleid. Der Exhibitionismus unterstreicht im offenherzigen Dekolleté die verlockende Fremdheit mehr als der Reifrock. Und durch Diät wird jede Mahlzeit eine Raubtier-Fütterung.

Das aber der Körper im Dunklen bleibt – hinter Kutten und Badehosen-, findet seine wesentliche Erklärung in der geheimen permanenten Revolution gegen ihn. Der Sieg ist versagt, auch mit Fußball und Rohkost. Man konnte dem, was er auferlegt, nicht einmal durch Nietzsches unterwürfigste, schmeichlerischste Anbetung entgehen: »Leib bin ich ganz und gar, und nichts außerdem; und Seele ist nur ein Wort für ein Etwas am Leibe.« Dieser arme Geschundene verkündete die Herrschaft der Muskeln: nicht, um Barbaren zu schaffen (eine Auslegung von Barbaren), sondern um der Trauer eine ihrer stärksten Wurzeln abzugraben. Er dachte, den Leib zu gewinnen (und so der Trauer, die er bringt, zu entgehen) – durch bedingungslose Übergabe. Er dachte, das Gefängnis zu sprengen, indem er es als Palast besang. Das war ein rührendes Bemühen, das sich schon gleich am Erfinder nicht bewährte; zeigte aber das echte Wissen um den innigen Zusammenhang zwischen Körper und Leid.

Wedekind machte, wider Willen, ihn noch deutlicher. »Das Fleisch hat seinen eigenen Geist«, jubelte er; dieser Geist führte Lulu zu Jack the Ripper. Und in *Tod und Teufel* offenbart sich dieser Geist als das, was er bei den großen Neu-Heiden immer war – ein Dämon: »Und das Stück Wild mit gepeitschten Hüften, / Sausend jagt's zwischen Steinen und Grüften / Auf und ab, auf und ab.« Daß der Mensch einen Körper hat, wäre auch dann ein gewaltiger Einwand, wenn er ewig lebte – gerade dann.

Das Pathologische der Abneigung, des Hasses, des Ekels – ja auch noch der Vergötzung in der Romantik, im Jungen Deutschland, bei Nietzsche und Wedekind verdeckt: daß in Verketzerung und Verherrlichung eine der »gesündesten«, ursprünglichsten, unvergänglichsten Reaktionen durchkommt: der Leib – abgesehen davon, daß er ein herrliches Portal ist zum Wunder des Daseins, ist ein Verlies, das lebenslänglich einsperrt und immer enger wird. Der am wenigsten beachtete Freiheitskampf ist die lange Reihe der vergeblichen Versuche, hier auszubrechen. In der Geschichte, die mit den indischen Yogis wohl nicht begann und mit der Christian Science wohl nicht endet, war die Askese die berühmteste Strategie. Sie wird – in der Ära der Tiefen-Psychologie, wo man in die Tiefe geht und übersieht, was obenauf liegt – untersucht in Kapiteln wie *Unbewußtes Schuldgefühl und Selbstbestrafung*, in Verbindung gesetzt mit Ödipus-Komplex und Sado-Masochismus; und gewiß findet man mit hier kennenswerte Zusammenhänge. Der größte Psychologe legte einen solchen bloß, in der *Genealogie der Moral*: »Andrerseits versteht es sich nur zu gut, daß, wenn einmal die verunglückten Schweine dazu gebracht werden, die Keuschheit anzubeten – und es gibt solche Schweine! –, sie in ihr nur ihren Gegensatz zum verunglückten Schweine sehen und anbeten werden – oh mit was für einem tragischen Gegrunz und Eifer! man kann es sich denken –« Leo Tolstois *Journal intime* zeigt, wie Gier und Verzicht verbunden sind. Nur ist es mit vielen Entlarvungen so, daß sie auch dort Larven finden, wo gar nichts mehr dahinter ist; die Methode arbeitet unaufhaltsam weiter. Da ist psychologischen und soziologischen Tiefen-Bohrern jene

große Askese entgangen, die gar nicht so tief ist: der Freiheitskampf gegen den Wall aus Fett und Knochen, der auf eine
Minderung der Empfindlichkeiten und Bedürfnisse aus ist. Die
Kampf-Technik von Yogis, Stoikern und westlichen Asketen
wie Loyola wurde auch ausgebildet im Krieg gegen den Kerker,
den jeder mit sich herumschleppt.

Es gibt auch freundliche Varianten dieses Unabhängigkeits-
kriegs. Die Ballerina und die Trapezkünstlerin verkünden die
frohe Botschaft, daß der mächtige Gegner fast nicht existiert.
Und diese Sehnsucht ist die Mutter jener gütigen, gefährlichen
Mächte, welche die Polizei Alkohol und Rauschgift nennt. Es
gibt viele Episoden in diesem Kampf. Und dann ist sie wieder da,
die Kette, die Ariel fesselt. Es ist ihr Klirren, das in den großen
Klagen zu hören ist.

Inferiorität ist kein Komplex

Mit der Erfahrung: lebenslänglich eingesperrt zu sein, zugleich der Eingekerkerte und der Kerker, der immer empfind-
licher und enger wird, bis niemand mehr drin ist – mit dieser
Erfahrung ist der Körper als ein Ursprung der großen Trauer
noch nicht voll beschrieben. Max Scheler unterschied zwischen der Schmerz-Lust-Sphäre und der Kraft-Schwäche-
Sphäre. Die ist noch einmal zu scheiden von dem Unter- und
Überlegensein.

Der Körper hat auch ein gesellschaftliches Schicksal. Verschiedene Kulturen und verschiedene Schichten haben verschiedene
Skalen, an denen seine Ohnmacht abzulesen ist; sie hängt davon
ab, wofür er beansprucht wird. Er war vielleicht im Athen des
vierten Jahrhunderts ein gutes Instrument, würde sich aber im
gleichzeitigen Sparta nicht bewährt haben. Der Wert eines
Körpers ist relativ zu den besonderen Ansprüchen, die an ihn
gestellt werden.

Unter ihnen ist der ästhetische ein Sonderfall. Sowohl Schwäche als auch Häßlichkeit schaffen körperliche Unzulänglichkeit; Vitalität und Aussehen bestimmen die Sphären, in denen der Pessimismus wächst, der von der körperlichen Unterlegenheit abstammt. Die Erscheinung des Einzelnen kann in ihrer Bedeutung für den Wettbewerb nicht überschätzt werden, da sie kaum abgeschätzt wird. Und zwar deshalb nicht, weil der Körper im besten Falle als Manifestierung eines Nicht-Körperlichen, kaum je als Fremdling gesichtet worden ist. Man nimmt ihn eher als selbstverständlich, weil er immer da war. Aber was geschähe, wenn wir verwandelt würden: wir blieben, was wir vorher waren – aber ohne sichtbar, hörbar, tastbar und riechbar zu sein? Solch eine Gesellschaft ist eine Utopie jenseits der Phantasie; viel eher kann man sich vorstellen: die Wölfe werden bei den Lämmern wohnen und die Pardel bei den Böcken liegen. So sehr bestimmt die Erscheinung des Einzelnen den Charakter jeder Gesellschaft. Die Besonderheit der Charaktere ist ganz vage vor der Besonderheit der Leiber.

Es gibt also eine Macht-Ordnung, welche die herrschende Ästhetik ausdrückt; sie könnte heute aus dem Film abgeleitet werden. Wer vom Schema zu weit abweicht, ist »häßlich«. So erklärten die griechischen Theologen Justinus der Märtyrer, Tertullian und Cyrillus von Alexandrien Christus für den häßlichsten Menschen; gewiß maßen sie ihn an den Figuren des Phidias. Aus dem Kreis ihrer Gegner wurde ein Brief veröffentlicht, der (angeblich) von einem jüdischen Prokonsul Lentulus an den römischen Senat geschrieben worden war. Er enthielt eine Personalbeschreibung, die Jesus in jugendhafter Schöne zeigte; auch er maß nicht am Heiland, sondern am Apoll. Noch im Jahre 1649 erschien in Paris ein Buch, *De Forma Christi*, in dem der Jesuit Vavassar den Streit als unentschieden bezeichnete. Unentschieden war nur ein Fakten-Streit – nicht, was Schönheit ist. Die christliche »Schönheit« setzte sich ebensowenig durch wie die christliche Abwendung von der Welt; beides wurde in der Renaissance offenbar. Die leidenden Christen unterlagen; ihre Jammergestalten wurden nie schön.

Kafka demonstriert an einem großartig-radikalen Fall ästhetische Unterlegenheit in seiner Geschichte *Die Verwandlung*. Ein kleiner Verkäufer wird über Nacht in einen großen »Mistkäfer« verwandelt. Der Mann ist unverändert: in seinen Gedanken und Gefühlen, in seinen Beziehungen zu Vater, Mutter, Schwester und Chef. Er ist nach wie vor »trotz seiner gegenwärtigen traurigen und ekelhaften Gestalt ein Familienmitglied«. Aber nicht mehr lange. Die traurige und ekelhafte Gestalt schließt ihn aus den Reihen der Menschheit aus. Also wird vor Augen geführt, daß das gesellschaftliche Individuum nicht nur ein Trieb- und Reaktions-Komplex mit Bewußtsein ist, sondern vor allem eine Sichtbarkeit.

Der Käfer Gregor Samsa ist der radikale (universale) Fall eines häufigen (mehr lokalen) Vorkommens, welches die Dichter oft beschrieben haben. Homer hat im Thersites, Shakespeare im *Richard III.*, Rostand im *Cyrano* die Unterlegenheit der Abweichung dargestellt. Die (sogenannten) Zukurzgekommenen sind zu kurz gekommen vor der lokalen Norm; Kafkas Käfer Gregor ist eine Abweichung von allen lokalen Normen – der universalste und extremste Fall. Extremer als der Fall der Geister; keine Erscheinung ist nicht so provozierend wie eine ungewohnte.

Der nicht-konforme Leib bedeutet noch mehr Unterlegenheit als jeder andere Non-Konformismus – weil erzwungen und nicht so gut zu kaschieren; auch wenn dem Cyrano heute durch eine Nasen-Änderung und dem Thersites durch eine umfangreichere Schönheits-Operation zu helfen wäre. Und der körperliche Paria trägt den Makel des Bösen wie der Ketzer, der immer zu einer Minorität gehört; Minorität macht schlecht. Trägt noch mehr Makel; denn nirgends gibt es weniger Verständnis – also: Toleranz. Die verschrobensten Ideen sind nicht so unerlaubt wie verschrobene Ohren. Nicht nur den Griechen war Schön und Gut innig verbunden; noch unlöslicher sind Häßlich und Schlecht. Der Teufel hinkt, weil der Hinkende ein Teufel ist; in einer Gesellschaft, in der das Hinken die Norm wäre, würde der Teufel ein Nurmi sein. Thersites schielte, lahmte, hatte einen Buckel, eine eingedrückte Brust, schüttere Haare und eine

schrille Stimme. So sah der Mann aus, von dem der Dichter sagte:
unter allen, die nach Ilium kamen, war niemand so niedrig wie er.

Kafkas Käfer Samsa ist ein Über-Thersites – und wird mit
äußerster Verachtung und Empörung bedacht. Er wird als
»Ungeziefer« nicht so sehr beschrieben als verurteilt. Man ist
dem Mann mit der unvorschriftsmäßigen Gestalt sehr bös. Man
benimmt sich »feindselig«, als hätte er die Geschäfts-Kasse
geraubt oder den Landesherrn beleidigt oder sich nihilistisch
geäußert. Das wäre nicht so eine unverschämte Abweichung wie
dieses »widerliche« Gesicht und dieses ekelhafte Bein-Ensemble.
Der kleine Geschäftsreisende, der Vater, Mutter und Schwester
brav ernährt hat, indem er sich abstrapazierte und demütigte, ist
nicht ein Revolutionär geworden oder gar verrückt – seine
Verwandlung ist eine furchtbarere Parallele; seine Figur ist aus
der Menschenart herausgerückt. Er ist ein Deserteur. Das ist um
so schlimmer, als es zwar Irren-Anstalten und Zuchthäuser gibt,
aber keine Verliese für entstellte Leiber.

Kafka gab den extremen Fall der körperlichen Ausgeschlossenheit. Aber schon der hinkende Byron, der hinkende Leopardi
und der bucklige Kierkegaard fühlten sich »nicht einbezogen in
den menschlichen Kreis«. Sie erleichterten sich wohl ihr Schicksal, indem sie die ästhetisch-moralische Rangordnung ihrer
Gesellschaft akzeptierten. Byron hatte sich offenbar überzeugen
lassen, daß die körperliche Erscheinung einen Rang anzeigt. In
einem Gespräch mit einem Freunde sagte er, der als Poet nicht
hinkte: »Wenn dies« (deutend auf seine Sirn) »mich über den
Rest der Menschheit setzt, dies« (deutend auf seinen Fuß) »weist
mir einen Platz an weit unter allen.« Kierkegaard drückte das
noch pathetischer aus. Ein Zeitgenosse schrieb: »Kierkegaard
war eine Art Karikatur.« Diese »Karikatur«, deren sich das
berühmteste Witzblatt seines Landes annahm, hatte viele Linien
um den Mund, den er, auch wenn er schwieg, bewegte, eine enge
Brust, spindeldürre Beine und eine sehr dünne Stimme. Aber bis
fast hundert Jahre nach seinem Tode wußte er zu verbergen, was
hinter seinem pathetischen Ausdruck »Pfahl im Fleisch« sich
verbarg: sein Buckel. Ihn benannte er mit dem christlichen

Namen der Sünde. Die alte Vorstellung: daß der Hinkende ein
Teufel ist, hatte noch über diesen schärfsten Denker Gewalt.

Die Angehörigen dieser armen Minorität fühlen sich umso
einsamer, als sie nichts gemein haben außer dem Ausgeschlossen-
sein. Das Alter (auch eine ästhetische Minorität) hat den Genera-
tions-Zusammenhang – und außerdem meist die Macht; die
ästhetische Minorität der Verkrüppelten, Entstellten, Häßlichen,
Unscheinbaren ist eine Gruppe elender Inseln. So sind gerade auf
ihnen die großen pessimistischen Gedanken aufgegangen. »Wer
gerade gewachsen ist, ist für Leichtsinn« – heißt es bei Fontane;
wer nicht, hat es leichter, schwermütig zu sein. Besiegte haben es
leicht, das Dunkel besonders hell zu sehen. Ausgeschlossenheit
schließt manches auf – zum Beispiel die großen Niederlagen, von
denen die Eingeschlossenen vielfältig abgelenkt sind. Manche
Krüppel verleumden wie Thersites. Manche morden wie Richard. Aber manche – in die Rolle des Zuschauers gedrängt wie
der kleine, Beethoven-ähnliche Schopenhauer, dessen Kopf zu
mächtig war für seine Statur, dessen Stirn zu niedrig war für ihre
Breite, der eine zu weite Nase hatte – sehen, was die Mit-
Spielenden in ihrem Verstricktsein ins Spiel nicht sehen können.
Wo andere leicht verführt werden, führt sie nichts hinweg. Die
Not des Körpers wird zur Tugend des Geistes. Ob die Not des
Körpers zur Tugend oder zum Laster des Geistes geworden ist,
kann nicht von der Methode entschieden werden, welche dem
körperlich Unterlegenen unter allen Umständen sein Ressenti-
ment nachweisen will. Leopardi klagte sehr über »die menschliche Feigheit, die das Bedürfnis hat, sich den hohen Wert des
Daseins einzureden«. So schriebe man beharrlich den äußeren
Umständen seines Lebens die Früchte seines Nachdenkens auf
die Rechnung. Die Verteidigung ist nicht stark; denn das Nachdenken geht nicht im Raum eines körperlosen und unbegrenzten
Geistes vor sich. Es wird immer Erfahrungen nach-gedacht; sie
wurden gemacht von bestimmten Körpern und Personen. Doch
ist es nicht so, daß die bitteren Wahrheiten ein Schielen wider-
spiegeln müssen; dies Schielen gab ihnen vielleicht nur die
Freiheit und Muße, sie zu sehen. Die Natur in ihrer Miß-Gunst

begünstigte sie. Leid schafft nicht Wahrheiten; aber läßt viel-
leicht Augen wachsen für sie. Niederlagen, nicht nur die des
Körpers, lenken den Blick auf die großen Niederlagen des
Menschen.

Die Ohnmacht im Kraftfeld der Gesellschaft ist mit der Unzulänglichkeit der körperlichen Leistung und der minderwertigen
Erscheinung nur zum Teil beschrieben. Die Erfahrung der
Unterlegenheit, eine der stärksten Wurzeln des Pessimismus,
wird vielfältiger genährt.

Man hat sich zu beruhigen verstanden, indem man dem
Wort Inferiorität das beruhigende »Komplex« anheftete: als sei
Minderwertigkeit – pathologisch, wegbehandelbar. Vor Infe-
rioritäts-Komplexen sieht man nicht die Inferioritäten, die ent-
scheidender sind. Das Gefühl der Minderwertigkeit ist auch
ein faktum humanum, das Janet als »sentiment d'incomplé-
tude« beschrieb. Es ist aber außerdem noch das faktum brutum des Wettbewerbs; ohne Wettbewerb kein Vergleichen,
ohne Vergleichen keine Unterlegenheit. Die Analyse eines
Patienten, bei dem es sich um eine Erkrankung handelt, die aus
dem Vergleichen kommt, mündet notwendigerweise in eine
Analyse der Gesellschaft. Die Analytiker haben vor dieser
Einmündung haltzumachen. Sie verschweigen, wo der Herd
der Krankheit liegt, weil sie die Gesellschaft nicht im Individuum heilen können – und das Individuum nicht in der
Wettbewerbsgesellschaft.

Der Inferiorität entspricht eine Superiorität. Es wird nicht viel
Wesens von ihr gemacht, weil dieser Komplex für den Erkrank-
ten eher nützlich ist. Die Ärzte haben mit dieser Deformierung
nicht viel zu tun, weil keiner sie beklagt. Sie ist, wo sie echt ist –
und öfter ist sie nur angeblich –, sehr vorteilhaft beim Wettlauf
und genießt großes Ansehen. Solange einer so handelt, als ob er
Napoleon wäre, wird er als Napoleon anerkannt. Nur wer sich
den Namen gibt, ohne den Mann wirklich zu imitieren, wird
eingesperrt.

In der Zivilisation des Westens ist die Natur nicht von großer

Bedeutung als Schöpfer von Inferioritäts-Gefühlen; wahrscheinlich gilt das von jeder Kultur, die in großen Städten residiert.
Eher hat das Hochkommen gegen die Natur im Mann des
Westens einen Dünkel genährt. Seine Triumphe über das Universum füllen ihn mit Stolz; seine Niederlagen spielen als noch
nicht errungene Siege keine große Rolle. Die Übermacht der
Natur drückte ihn nicht herunter, spornte eher an. Seine Inferiorität erlebt er sehr in einem anderen Bezirk: unter den Mit-
Menschen, unter den Gegen-Menschen. Die Konkurrenz wurde
das wesentlichste principium individuationis.

Die Vielfalt dieser Unterlegenheit ist unübersehbar. Die Nähe
spielt eine große Rolle; sie erleichtert das Vergleichen. Eine Perle
der Nachbarin ist viel schmerzlicher als ein Haufen von Perlen,
die ein entfernter Scheich besitzt. Alle Revolutionen lebten nicht
davon, was sie den vielen gaben, sondern, was sie den wenigen
nahmen: ihre gleißende Überlegenheit. Überlegenheit braucht
nicht unmittelbar zu drücken. Es genügt, daß der Überlegene
viele hinunter-legt, allein durch sein Dasein. Thersites fühlte sich
wahrscheinlich in jedem Gerade-gewachsenen besiegt. Viele
haben Napoleon gehaßt, die von seinen Siegen nicht betroffen
waren; er zeigte ihnen, welche Macht und welchen Glanz sie
nicht hatten. In der Wettbewerbs-Gesellschaft verlieren unendlich viele, wenn einer gewinnt: den Gewinn des Gewinnenden.
Was positiv Antrieb und Anreiz genannt wird, ist auch Antrieb
und Anreiz zu Mißgunst, Eifersucht, Neid. Schopenhauer wollte
sogar beweisen, daß er tüchtiger ist als sein Bankier. Es gelang
ihm – aber wieviel gelang ihm nicht? Das glich er aus durch den
Sieg der Minderbemittelten: Rache. Alfred Adler sagte: »Wissen
Sie, wie man den Schlüssel zu allen Neurosen findet? Man fragt:
wer soll zerspringen? Das ist immer der Zweck. Alle sind sie
irgendeinem zum Trotz krank.« Noch im Prometheus-Trotz,
noch in Nietzsches »Trotzdem« offenbart sich die Rache des
Besiegten.

Das Leid der Unterlegenen stammt aus dem Vergleich. Als der
englische Sozialist Robert Owen ein kleiner Junge war, wetteten
einige Freunde der Familie miteinander: Robert könne besser

schreiben als sein zwei Jahre älterer Bruder Johann. Man veranstaltete einen Wettbewerb – und gab Robert den Preis. Von diesem Tag an war es aus mit der Freundschaft zwischen den Brüdern. Der Erwachsene nahm sich diese Erfahrung nicht nur zu Herzen; er nahm sie auch zum Kopf – und legte die Wurzel des Hasses, des Neides, des Hochmuts frei. Er erfand den Sozialismus als Medikament gegen das Vergleichen. Egalité ist eine Beschreibung und eine Moral – und eine Erlösung vom Leid. Daß der Tod allen gemeinsam ist, nimmt noch ihm etwas von seinem Druck. »Ich hatte einmal«, schreibt der dänische Dichter Ludwig von Holberg, »als ich auf einer meiner Auslandsreisen in Genua heftig erkrankt war und keine Hoffnung auf Genesung hatte, große Angst vor dem Tod, und obgleich ich mir alle Argumente vergegenwärtigte, mit denen mein Beichtvater mich hätte trösten können, verharrte ich doch in meiner Schwachheit. Als ich aber gerade in diesem Zustand den Tod Ludwigs des Vierzehnten erfuhr, dachte ich: was bedeutet dein Leben im Vergleich zu diesem Mann!« Selbst im Angesicht des Todes hört das Vergleichen nicht auf. Eine der großen Tröstungen lautet: alle Menschen... »Es hat etwas Tröstliches für mich«, schrieb Nikolaus Lenau in einem Brief, »wenn ich in meinem Privatunglück den Familienzug lese, der durch alle Geschlechter der armen Menschen geht. Mein Unglück ist mir mein Liebstes, und ich betrachte es gerne im verklärenden Lichte eines allgemeinen Verhängnisses.«

Unterlegenheit und Überlegenheit gibt es erstens unter Tieren und zweitens in der Wettbewerbs-Gesellschaft. Friedrich Engels kommentierte Darwin: »Freier Wettbewerb« ist »der normale Zustand des Tierreiches«. Das Menschenreich zeichnet sich vielleicht dadurch aus, daß das Unter und Über verschmolzen wird mit dem Tiefer und Höher: um zu verhüllen, wie sehr die Hierarchie menschlicher Gesellschaften der »natürlichen« gleicht.

In nachfeudaler Zeit wurde gründlich untersucht, wieweit die Ausstattung, mit welcher der Einzelne antritt, »natürlich« ist oder das Privileg einer ersten Familie, einer regierenden Schicht,

einer herrschenden Rasse. Weniger hat man bedacht, daß die
Natur, nicht weniger blind als die Gesellschaft, Privilegien
produziert. Sie sind natürlicher, nicht menschlicher; das hat der
große Rousseau übersehen. Schönheit, Stimme, Vitalität, Gesundheit sind ererbt – wenn auch auf anderem Wege als ein Name
und ein Konto; und schaffen dieselben Oben und Unten.
Natürliche Privilegien schaffen nicht mehr »Recht« als gesellschaftliche. Es gibt eine natürliche Ungerechtigkeit wie eine
gesellschaftliche. Man kann die Ungerechtigkeit aus der Welt
schaffen, wenn man auch die natürlichen Privilegien – nicht
honoriert. Gerecht ist, daß kein ererbter Rang prämiiert wird.

In allen Revolutionen, sogar in fast allen Utopien (in den
Evangelien zum Beispiel nicht!) werden nur einige Schranken des
Wettbewerbs aufgehoben – nicht der Wettbewerb; der schran-
kenlosere ist nicht immer gerechter. Die Faszination der Evange-
lien liegt in der Kompromißlosigkeit ihrer Utopie. Fast so radikal
war nur noch die platonische; sie sah zwar nicht von Herren und
Untergebenen ab, zeichnete aber eine Gesellschaft – in der die
Herren nicht oben liegen.

Das von jeder Gesellschaft sanktionierte Unterlegensein ist
einer der großen Ursprünge der Pessimismen. Sie zeigen zwei
Formen: den Pessimismus der Gefallenen und den der Fallenden.
Die Sklaven, die sich ohnmächtig fühlten, schufen das Bild der
Hoffnungslosigkeit. Die Herren, die sich wacklig fühlten, schufen das Bild der Unbeständigkeit. Das Christentum, soweit es
der Seufzer der Beladenen war, malte das Jammertal; konsequent
wurde es im Christen Calvin, der den Armen sogar den Himmel
als einen jenseitigen Jammer zeigte. Den schönsten Ausdruck
fand diese Hoffnungslosigkeit in dem büchnerschen Füsilier, der
sagte: wenn wir armen Leute in den Himmel kommen, werden
wir mithelfen müssen, zu donnern. Wer unten ist, malt die
Beständigkeit des Elends – noch über den Tod hinaus. Wer oben
ist und sich schwindlig fühlt, malt die Unbeständigkeit des
Glücks. Sein Pessimismus lautet: Glück und Glas, wie leicht
bricht das; das wird übrigens erst bemerkt, wenn es einen Sprung
bekommen hat.

Nietzsche sah nur die pessimistische Revolte der Ohnmächtigen: ein Gebilde aus Mißgunst, Neid, Eifersucht und Haß; die Verleumdung des Siegers aus Rache für die Niederlage, die Verleumdung des Lebens aus Rache für alle Niederlagen. Sein eigener Pessimismus war anderer Herkunft und hatte andere Folgen. Er wucherte unter Aristokraten und Bürgern, die das Fallen in den Knochen hatten. Es war ihre spezifische Anfälligkeit, die dieser Bodenlosigkeit den Boden bereitet hatte. Tieck wurde schwindlig, als er die Säkularisierung des geistlichen Besitzes sah; Schopenhauer, als die Privatvermögen wegschmolzen; Metternich, als die Völker anmarschierten; Heine, als er voraussah, daß die Gleichheits-Schwärmer sich aus seinen Gedichtbänden Tüten drehen werden – er irrte sich, sie machten aus ihnen Lohntüten-Ersatz; Hebbel, als er fürchtete, daß die Revolution 1848 ihn von dem schwer-errungenen Platz wieder in den Hunger und die Demütigungen seiner Jugend zurückstoßen werde. Niederlagen, reale und die, welche man wittert, sind ein gutes Klima für trübe Einsichten. Erst nach dem doppelten Schiffbruch der europäischen Liberalen im Jahre 1849 – nach der Niederlage, die ihnen Feudale und Arbeiter bereitet hatten – florierte Schopenhauers Philosophie, obwohl sie schon dreißig Jahre alt war. Nach dem ersten Krieg trat *Der Untergang des Abendlandes* vom besiegten Deutschland aus seinen Siegeszug an. Nach dem zweiten kam der traurige Trotz der tragischen Philosophie des Trotzdem vom besiegten Frankreich; und die Verkündigung, daß der Westen höchstens noch vom Osten gerettet werden kann, vom besiegten England. Was in diesen Jahren der universalsten Niederlage, in denen die Länder von einander unterschieden werden können nach dem Grad, in dem sie besiegt wurden, an Religion aufkam, könnte am besten als Pessimismus unter Kontrolle charakterisiert werden.

Die Philosophie der Gefallenen und der Wackligen, welche Niederlage und Wacklig-sein als Grund-Erfahrung birgt, hat in einem besonderen Leben seine Wurzel oder in der makabren Atmosphäre einer untergegangenen oder untergehenden Klasse, Nation, Kultur und Rasse. Es ist aber dreierlei: die Wurzel, aus

der eine Philosophie stammt; die Praxis, zu der sie führt; die
Einsicht, die sie gibt. Wackelnde schufen den Pessimismus. Ist
das ein Einwand? Alle Aussagen über den Menschen kommen
von Menschen-Erfahrungen – wär' nicht das Auge sonnenhaft,
wie könnte es die Sonne sehen? Es steht nur in Frage, wie
wesentlich die Erfahrungen sind. Wie, wenn im Wackeln mehr
Wahrheit wäre als im Festen?

Die Politik wurde auch insofern das große Schicksal, als sie
alles Denken politisch kanalisierte. So wurde am Pessimismus
vor allem offenbar: die Partei, die ihn benutzt. Diese Partei sagt
nicht: nach uns das Paradies, sondern: nach uns die Sintflut. Ihr
Imperativ gegen die Zukunft befiehlt: »Rühre nimmer an den
Schlaf der Welt.« Ein kaiserlicher Österreicher übersetzte das:
»Quieta non movere.« Konservatismus wurde: Pessimismus in
Aktion.

Unter dem Namen »Konservatismus« leben zwei Vorstellungen, die kaum etwas miteinander zu tun haben. Ein Konservati-
ver ist einer, der bewahren will, was er für bewahrenswert hält.
Der Andere hält gar nicht für bewahrenswert, was er zu bewahren sucht – aber immer noch für besser als die Gefahr, die in jeder
Zukunft ist. Die Philosophie dahinter lautet: jeder Zustand ist
geronnenes Tohuwabohu; nur es nicht flüssig machen! Im
Konservatismus geht der Schwarze Mann »Chaos« ganz furchtbar um. Metternich und Heine und Schopenhauer und Wagner
und Hebbel liebten die herrschende Ordnung nicht – und
verteidigten sie: müde, heiter, grimmig, mit Weltuntergangs-
Musik. Die Verteidigung des Ungeliebten ist das Zeichen modernen Konservativseins: sie bewahren nicht, sie klammern sich an.
Sie sind Fallsüchtige, die sich am Gewordenen festhalten. Sie
bilden das seltsame Geschlecht der aufrührerischen Bewahrer.
Der *Ring der Nibelungen* wurde ihr klassisches Werk; es gestaltete die Alternative: entweder schlechte Ordnung oder Muspilli.
Der Bourgeois war für die schlechte Ordnung (wie Meister
Schopenhauer). Der Musiker war für den Untergang (wie Mei-
ster Schopenhauer). Wagner half das Wotan-Reich der siebziger
Jahre konservieren; fand es aber so unerträglich, daß er es

wenigstens im Städtchen Bayreuth symbolisch in Flammen aufgehen ließ. So eindeutig zweideutig waren schon immer Pessimisten. Aber erst heute steht auf ihrem Programm: »gesunde Vorurteile«.

Nichts hat die Einsichten moderner Pessimisten mehr verdeckt als die politische Rolle, die sie spielten. Sie verzweifelten fast immer – in der Richtung auf einen Siegfried. Er bekam sein Schwert-Motiv – das Finale mag dann den Feuerzauber haben. Sie zogen als Bürger eine schlechte Ordnung gar keiner vor; und sahen sich nach jemand um, der Ordnung macht. In seiner Imitatio des Don Quijote fragte der Tragiker Unamuno: »Was ist also die neue Mission des Don Quijote heute, in dieser Welt?« und antwortete: »Laut zu schreien, laut zu schreien in der Wildnis.« Was schrie der Zeitgenosse Primo de Riveras und Francos laut in der Wildnis? Um Hilfe nach einem spanischen Siegfried. Doch war es komplizierter.

Als Primo de Rivera 1924 zur Herrschaft kam, war der sechzigjährige Unamuno Professor des Griechischen an der Universität Salamanca. In ihrer Aula warnte er vor dem Tyrannen – und wurde auf die kanarische Insel Fuerteventura verbannt. Er floh nach Paris. 1926 fand in Pollensa auf Mallorca ein Autodafé statt, auf dem seine Bücher verbrannt wurden; hundertundfünfzig Mönche assistierten. Vier Jahre später, nach dem Sturz der Diktatur, holten ihn fünftausend Landsleute feierlich ein; erwarteten ihn am Grenzflüßchen Bidassoa und führten ihn in seine Universität zurück. Die glückliche Karriere eines klassischen Liberalen – und keine Spur von Don Quijote.

Primo de Riveras Nachfolger hieß Franco. Der Liberale Unamuno erklärte, sechs Jahre nach seiner Rückkehr aus der Verbannung, dem Korrespondenten des ›Petit Parisien‹: er sei für Franco; denn man müsse die Zivilisation retten. Fünftausend Peseten gab er für den Retter aus – und keine Spur von Don Quijote.

Noch im selben Jahre, am Tage der Fiesta de la Racia, hielt er eine Rede in Gegenwart der Zivil- und Militär-Behörden. Er wies darauf hin, daß dieses Abschlachten nicht so weitergehen könne. Da erhob sich der Führer der Fremden-Legionäre und schrie: abajos los Intellectuales! Offiziere drangen mit der Pistole auf ihn ein. Er starb bald danach: ob an der Natur oder der Diktatur, wurde nicht bekannt. Was ist er gewesen? Ein Don Quijote! Er kämpfte für das Mittelalter und für Franco – gegen die orthodoxe Kirche, gegen den tyrannischen Staat, gegen die großen Latifundienbesitzer und den scholastischen Wissenschaftsbetrieb. Er verkündete das tragische Lebensgefühl, die Freiheit und die Bändiger des Chaos.

Die großen Pessimisten waren hoffnungslose – Utopisten. Sie erfuhren das universale Gesetz der Niederlage, ersehnten eine Welt ohne Unterlegenheit – und fürchteten sich vor dem ungeordneten Jungle mehr als dem geordneten. Dies Beieinander lieben die Logiker nicht; und dekretieren hinweg, was nicht gefällt. Wer Freiheit will, darf nicht die Wackligkeit sehen. Wer sie nicht vergessen kann, darf weder den Freien noch den Bändiger wollen. Nach jenen Gesetzen – die vor der neuen Wirklichkeit nicht mehr bestehen.

Entrüstungs-Pessimismus

Was Pessimismus genannt wird, ist erst erforscht, wenn sichtbar wird, wo die Zentren des Ungenügens liegen. Man könnte ihn vielleicht am schärfsten umreißen als das Bild vom Menschen, das von seinen wesentlichsten Ungenügen her gezeichnet wird.

Dann ist ein sehr wichtiger Zug: das Messen am Vor-Bild und das Verwerfen. Ein Akt, der, weil er auch seine Pathologie hat, von Ärzten wegbehandelt wird. Erfolgreicher noch wird er kontrekariert von dem, was sich seit hundert Jahren als Gesellschaftskritik übt. Sie ist – neben sehr vielem andern, was sie auch noch ist – eine Weise, jenes Vor-Bild loszuwerden, das nicht ferne Institutionen, sondern seinen nahen Träger meint. Die militante Soziologie schaffte den Anspruch des Gewissens ab, das zunächst nicht den bestehenden Zustand, sondern den Mann, in dem es sitzt, negiert. Mit dieser Tätigkeit rückt das Ideal in einen Mittelpunkt dieser Untersuchungen. Im Idealismus hat der Pessimismus eine seiner stärksten Wurzeln. Die militante Soziologie hingegen ist anti-pessimistisch. Sie interpretiert die Welt nicht – und ändert sie auch nicht.

Innerhalb der einzigen Welt, die Jeder hat, gibt es Nahes und Fernes. Nah sind Eltern, Brüder und Kinder. Sie sind nicht so sehr blutsverwandt als Raum-verwandt. Es ist der Nachbar, der einen an-geht. Im Ausdruck: es geht mir nah, hebt die Sprache diese Einsicht auf. Das Individuum kann aus sich heraus-gehen. Es kann das Nahe immer wieder überschreiten. Je mehr einer von diesen Aus-Gängen zurückbringt, um so weiter wird er. Eine wesentliche Rangordnung ist bestimmt von der Umfänglichkeit.

Es gibt noch eine zweite Transzendenz. Nicht Kulissen werden niedergerissen – und die Welt wird immer geräumiger. Der Einzelne wird nicht mehr, sondern mehr er selbst. Es gibt nur diese zwei Richtungen aus der Enge: in die Weite und in die Höhe. Die Höhe wird gekrönt vom Ideal.

Es gehört zu den Worten, die ihre Bedeutung erhalten von der Definition, die man ihnen gibt; die Geschichte hat ihm bereits soviele gegeben, daß es bedeutungslos wurde. Es steht seit langer Zeit unter Anklage. Innerhalb der Verdachts-Psychologie, die stärker an ihm nagte als der Geier an der Prometheus-Leber, ist es ein wolkig-ätherischer Vordergrund vor einem festen und gemeinen Dahinter. Zuerst entlarvte man die Idealisten: als Roßtäuscher und Selbstbetrüger. Aus dem Verborgenen tauchte vieles auf: der Wille zur Macht war eine der letzten Zusammenfassungen.

Es wurden nicht nur Ideale entlarvt, auch das Ideal. Es sei mit ihm wie mit der Erdbeere: beide kämen aus dem Mist. Die Zehn Gebote zum Beispiel stammten von einem rigorosen Führer, der seine Herde nicht anders zusammenhalten konnte. Das drakonische Gesetz zur Bändigung von Wilden werde später »das moralische Gesetz in mir«. Ideale sind ererbte Diktate: also sprach die Entlarvungs-Psychologie.

Die folgenreichsten Methoden der Demaskierung sind von Marx und Nietzsche ausgebildet worden. Marx fand in der stattlichen Fassade die Verklärung der Ordnung, welche die Cäsaren der Wirtschaft aufoktroyiert hatten; das Ideal wurde zum immateriellen Polizisten, postiert im Innern – im Gewissen. Der Turnvater Jahn hatte schon vorher entdeckt, daß jeder deutsche Schulmeister ein paar Kompanien wert sei. So ähnlich sagte es Nietzsche auch – nur umgekehrt. Er fand im Ideal eine Erfindung der Schwachen (an Muskeln und Macht). Sie glichen, was ihnen fehlte, aus durch eine geistige Fessel, mit der sie die, welche haben, fesselten. Das Ideal hat die *eine* Funktion: in dem einen Fall, den Mächtigen zu schützen gegen einen Sklaven-Aufstand – in dem andern, den Sklaven zu schützen gegen Herren-Willkür. In Freuds *Super-ego* hat der Hemmschuh einen lateinischen Namen erhalten.

Die Theorien der Entlarvung erwiesen sich als sehr fruchtbar – und wurden als Weg-Interpretationen des Ideals von ihren Erfindern eklatant desavouiert. Dieselben Entlarver, die es aus der Welt zu schaffen suchten, schufen die folgenreichsten Ideale – die außerdem nur an der Oberfläche wie feindliche Brüder aussehen: den Klassengesellschafter, der nicht ausbeutet, und jenen andern Über-Menschen, der (voll Mitleid mit seinen weniger starken Zeitgenossen) Illusionen schafft, die ihnen das Leben genießbar machen. Die beiden einflußreichsten Ideal-Töter sind seine beiden stärksten Verkünder geworden. Sie haben Hunderte von Idealisten und Idealen entlarvt; und die alte Einsicht: daß der Mensch aus Armen, Beinen – und einem Vor-Bild besteht, nicht nur nicht wegerklärt, sondern leidenschaftlich bestätigt.

Wahrheiten setzen sich in der Regel nur als Übertreibungen durch. Die Aufklärung war groß und fruchtbar in der Ausrodung falscher Ideale. Aber man verliebte sich, wie das so geht, in sein Werkzeug – und operierte Gesunde. Die Methode, Masken abzureißen, die gar keine sind, hat noch keinen Namen: man sollte sie die Feste-druff-Klärung nennen. Dieser Parasit machte dem Ideal einen Prozeß auf Leben und Tod. Man sah vor Heuchlern und Selbst-Betrügern, vor Schauspielern und Papageien des Ideals nicht mehr die Kraft, die noch diesen farbigarmseligen Troß regiert. Und erkannte auch nicht, daß man mit der Ideal-Feindschaft knechten kann – wie mit dem Ideal.

Das Ideal ist ein Bild vom Menschen. Abstrakta wie Wahrheit und Gerechtigkeit sind keine Ideale; oder nur als Eigenschaften von Menschen, die in Wahrheit und Gerechtigkeit leben. Das Ideal wird gemalt mit Farben, die zum Teil der Wirklichkeit angehören, zum Teil der Sehnsucht. Das Ideal ist nicht ein Bild, es ist ein Vor-Bild. Das Vor ist dynamisch. Schiller sah die Dynamik nicht, als er dichtete: »Fliehet aus dem engen dumpfen Leben/In des Ideales Reich.« Hegel sah die Dynamik nicht, als er schrieb: daß »Vernunft nicht so unmächtig ist, um es nur bis zum Ideal zu bringen«. Das Ideal ist nicht »oben in des Lichtes Fluren«, kein Märchen, kein Traum und keine Halluzination. Es ist zwischen dem Greifbaren und dem Ungreifbaren. Es ist die Vorwegnahme eines noch nicht Existenten, das einen im Griff hat. Es ist Nietzsches *Ich lechze nach mir.*

Daß dieses Vor vieldeutig ist, macht dies Bild so vieldeutig. *Vor* Generationen von jungen Menschen stand (zum Beispiel): das Bild des Kaisers, des Papstes, Bonapartes, des Virtuosen im neunzehnten Jahrhundert, dem die Pferde ausgespannt wurden, des Bankiers Rothschild, der Garbo und des Führers. Vor-Bild ist hier nicht ein Mensch, sondern ein gesellschaftlicher Glanz: mit einem bestimmten Gesicht, in einem bestimmten Kostüm. Der höchste Ehrgeiz wird gemodelt nach dem erfolgreichsten Mit-Menschen, Vor-Menschen. Man könnte die Geschichte der Gesellschaften als eine Geschichte ihrer faszinierendsten Menschen schreiben. Wenn man hier von Idealen spricht, verbirgt man einen wesentlichen menschlichen Zug: das Ideal, das leiseste Dynamit.

Was unterscheidet die Imitatio Christi von der enthusiastischen Nachahmung einer Schauspielerin, deren leicht gekrümmter Rücken einer Generation von Schulmädchen suggerierte, leicht gekrümmt zu gehen? Der Trieb zur Identifizierung war auch in der Imitatio Christi oft so groß, daß Äußerlichstes nachgelebt wurde. Aber der Kaiser ohne Purpur ist kein Kaiser und der Virtuos ohne ausgespannte Pferde kein National-Held. Das Ideal hat weder Requisiten noch ein gesellschaftliches Oben; es ist eine Weise, zu sein, nicht eine Weise, zu glänzen.

Der glänzendste Mitmensch ist der wirklichkeitsgerechteste. Das Ideal ist der Beginn einer noch nicht herrschenden Wirklichkeit – und deshalb immer ein wenig lächerlich. Es gibt zwei Oben: den Himmel – und die privilegierte Schicht. Der höchste Glanz kann wechseln; im Krieg mußte sogar Jimmy Stewart auf der Leinwand in Uniform erscheinen; die schlenkrigen Arme waren nicht mehr genug.

Das Leben des Vor-Bilds ist dornenreich. Es ist in Wettbewerb mit dem Trieb, zu überleben, dem es nicht gewachsen ist. Auch mit vielen weniger elementaren Trieben, die dennoch verstehen, das sehr schwache Vor-Bild noch zu schwächen. Aber wenn auch noch so besiegt – es erholt sich, kommt wieder hervor, tritt auf vielleicht in einer schwer zu durchschauenden, vielleicht sogar abstoßenden Perversion. Das Ideal führt das lärmendste, verkleidetste, verborgenste Leben.

Es verbirgt sich. In Sympathien und Antipathien, auch in Hoffnungen auf sich und noch mehr in Feindschaften gegen sich, gegen das »moi haissable«, das so gern als hassenswertes Er auftritt. Selbst-Liebe braucht nicht Narzißmus zu sein (es kommt darauf an, welches Selbst man liebt). Selbst-Haß kann einer der stärksten Beweise der Lebenskraft des Vor-Bilds sein. Man findet es, wenn man seine Feindschaften (auch gegen sich) untersucht.

Es verbirgt sich. Zum Beispiel im Werk, das dem Leben widerspricht. Diskrepanz zwischen Leben und Verkündung kann Heuchelei anzeigen – und das Durchbrechen des Ideals. Es ist ohnmächtig vor dem Alltag – und so stark, daß es im vierten Buch der *Welt als Wille und Vorstellung* das Jahrhundert beeinflußt. Es konnte die Wände des kleinen gehässigen, geizigen, reaktionären Kleinbürgers nicht sprengen; entwich in ein Buch

und teilte ihm seinen ungeheuren Impuls mit. Daß einer anders
handelt und anders schreibt, wird ohne Untersuchung verurteilt.
Anstatt zu fragen: ist es nicht ein Gewinn, daß er wenigstens
anders schrieb?

Einen ihrer Ursprünge verdankt die Psychologie dem Auge in
Auge von mir und dem Vor-Bild. Dies Ereignis ist – anders als
die Psychologie, das florierende Neben-Produkt – selten und
unansehnlich geworden. Es ist ersetzt durch die Analyse der
sogenannten objektiven Mächte, von denen die subjektiven so
viel hermachen. Es wurde altmodisch, am Vor-Bild zu messen;
das Moralische tritt nur noch als Lautsprecher auf. Die Aktionen
(vor allem die geschriftstellerten) wurden zur großen Heeres-
Straße der Flucht vor dem individuellen Versagen. Man entwich
in Aktivität, Politik und das Extrovertierte – aus der trüben
Grübelei.

Als diese rettenden Aktionen noch nicht entdeckt waren,
verfolgten Franzosen des siebzehnten Jahrhunderts kühl den
Einzelnen in tausend Schlupfwinkel der Unzulänglichkeit. 1659
erschien La Rochefoucaulds Selbst-Portrait mit dem Satz: »Ich
bin Melancholiker« – und dem andern: »Ich bin der Ansicht,
man soll sich darauf beschränken, Mitleid zu zeigen; und sehr
darauf bedacht sein, nicht mitzuleiden. Diese Wallung ist wertlos
in einem Mann, der ausgeglichen ist. Sie schwächt nur das Herz.
Man soll sie dem Volk überlassen; es tut nichts aus Vernunft und
braucht deshalb Leidenschaften, um in Bewegung gesetzt zu
werden.« Diese Herren klagten nicht – und stellten um so
unerbittlicher fest. Die Deutschen taten es weniger subtil und
pathetischer. Grimmelshausen, Gryphius und Moscherosch waren empört. Der empörte Kant zitierte seinen empörten Landesherrn. Friedrich der Große hatte Herrn Sulzer, den Ober-
Inspektor der schlesischen Schulen, gefragt, wie es denn ginge.
Antwort: »Seitdem man auf dem Grundsatz (des Rousseau), daß
der Mensch von Natur gut sei, fortgebaut hat, fängt es an, besser
zu gehen.« Der König: »Ah, mon cher Sulzer, vous ne connaissez
pas assez cette maudite race, à laquelle nous appartenons.«

Diese verdammte Rasse ist ein Fels des Pessimismus. Kant

katalogisiert die Metaphern der Verdammung. Die Welt: ein Wirtshaus, wo jeder Einkehrende von einem Folgenden verdrängt wird; ein Tollhaus, wo jeder seine eigenen Absichten vernichtet; ein Zuchthaus, Ort der Züchtigung und Reinigung; eine Kloake (wie ein persischer Witzling gesagt habe), wo aller Unrat aus anderen Welten hingebannt worden ist. Kant und sein Schüler Schopenhauer (der in der Welt eine Kollektion von Karikaturen sah, ein Asyl von Narren, eine Spitzbuben-Herberge – und danach einen ästhetischen, intellektuellen und moralischen Pessimismus säuberlich von einander schied) sahen vor allem die moralische Kloake. Der Mensch ist aus krummem Holz gemacht, klagte Kant; bei »anscheinender Weisheit im Einzelnen« nichts als »kindische Eitelkeit«, »kindische Bosheit und Zerstörungssucht«; Falschheit in der Freundschaft, Haß gegen die Wohltäter, Schadenfreude beim Unglück des Nächsten. Meist sähe es nicht ganz so schlimm aus, weil die bürgerlichen Gesetze Schranken aufgerichtet hätten. Erst im Verkehr der Staaten miteinander entfalte sich die ganze Scheußlichkeit. Man müsse die menschliche Heuchelei sogar noch gutheißen; wie sollten die Leute miteinander leben, wenn sie nicht ihre Gesinnung einander verbergen würden?

Eduard von Hartmann, auf der Suche nach einem feinen Stammbaum, ernannte Kant zum »Vater des modernen Pessimismus«. Er war der Vater des modernen moralischen Pessimismus. Vater Kant stellte die Frage, ob wirklich wahr sei, was durch die Jahrhunderte behauptet werde: daß jeder lieber leben wolle als nicht. Die Antwort darauf könne man »jedem Menschen von gesundem Verstande, der lange genug gelebt und über den Wert des Lebens nachgedacht habe, überlassen, indem man ihn frage, ob er wohl nicht nur auf dieselben, sondern auf jede anderen ihm beliebigen Bedingungen (nur nicht in einer andern Feen- sondern dieser unserer Erdenwelt) das Spiel noch einmal durchzuspielen Lust hätte?« Schon Kant sah in der Ewigen Wiederkunft einen Prüfstein für das Ja oder Nein zum Dasein; sie ist nicht mehr eine pythagoreische Lehre, sondern (wie dann bei Nietzsche) der sprachliche Ausdruck einer Konfession.

Weshalb klingen die empörten Sätze den Lebenden so altväterisch? Weshalb könnten sie, wären sie nicht von Kant, kaum zitiert werden? Weshalb ist die Quelle des Pessimismus, die auf der Nicht-Verwirklichung des Vor-Bildes stammt, unterirdisch geworden und kaum bewußt eine Herkunft der großen Trauer? Weil die sogenannten objektiven Mächte den Einzelnen bewahren, den Kampf zu versuchen – und zu versagen. Der Protestantismus oder der Monopolkapitalismus seien schuld. Man glaubt alles gesagt zu haben, wenn man das Wort »Entfremdung« oft genug wiederholt. Aber die Entfremdung, die in jedem Zeitalter ihre historische Maske hatte, ist nicht nur Menschen-Werk und muß vom Einzelnen im Einzelnen ausgefochten werden – was den Barrikaden-Kampf nicht ausschließt. Es ist die Größe der großen Pessimisten gewesen, daß sie sich über den Ernst nicht hinwegtäuschten –, und nicht einen ferneren Kampf vorschoben.

Als die Idealisten des achtzehnten Jahrhunderts die Pluralität der Ideale entdeckten, bekam ihr Pessimismus eine neue Dimension. Ein deutscher Dichter und Kantianer, Kleist, schrieb: »Man sage nicht, daß eine Stimme uns heimlich und deutlich anvertraue, was recht sei. Dieselbe Stimme, die dem Christen zuruft, seinem Feinde zu vergeben, ruft dem Seeländer zu, ihn zu braten, und mit Andacht ißt er ihn auf.« Es gehört aber zum Ideal, daß es keinen Plural hat. Kleist verlor seinen monomoralischen Kinderglauben an die vielen Dekaloge, welche die zeitgenössischen Kollektoren – Archäologen, Historiker und Weltumsegler – bekannt machten.

Diese Pluralität ist nur ein Schein; die Relativität des Ideals nur eine Erfindung der Bücher mit dem Titel *Geschichte der Moralen*. Die Geschichte sieht sehr bunt aus, wenn man auf Namen und Kostüme und Vorschriften sieht. Der tyrannische Professor, der Philosophen-König heißt, der Golem, der Übermensch heißt – die Fähigkeit zur Interpretation hat im Laufe der Jahrhunderte eher nachgelassen; man begügt sich mit dem Exterieur. Selten wird gefragt, ob das Ideal nicht vielleicht wie ein bunter Plural aussieht, weil die Technik des Erreichens sich immer vorgedrängt hat: vor dem, worauf man hinauswollte. Ist die Elite oder die Masse der Geburtshelfer? Strengste Gerechtigkeit oder Mitleid? Das entscheidet nicht ein Ideal, nur einen Weg. Die Antworten auf Fragen der Zweckmäßigkeit leben als Ideale.

Auch ist die Schein-Relativität das Produkt der Einsicht und Einsichtslosigkeit einer Zeit in die individuelle und gesellschaftliche Wirklichkeit. Platon, der von Bertrand Russell mit dem englischen Faschisten Mosley verglichen wird, war als Soziologe nicht zu gut. Russell dachte, es lag am guten Willen – weil er nicht auf die Idee kam, daß in mancher Beziehung Platon noch nicht so klug war wie heute ein durchschnittlicher Privatdozent der Soziologie. Die historischen Ideale sind zu einem guten Teil nicht Willenskundgebungen, sondern Mangel an Einsicht. Das Wie der Verwirklichung hat seine Geschichte; sie war abhängig von den Einsichten und den Mitteln der Zeit. Geschichtslos aber ist, was man verwirklichen wollte. In den Jahrhundert-Diskussionen diskutierten meist nicht Ideale miteinander, sondern Firmen, die das Ideal nur auf der von ihnen erbauten Chaussee erreichen wollten. Die Evangelien wurden auch deshalb solch eine Macht, weil das Wohin vor dem Wie sehr sichtbar wurde.

Die geschichtlichen Entstellungen des Ideals könnten gerade wir besonders gut studieren, wenn die offizielle Phraseologie es erlaubte. Sie scheidet zwischen Verbrechern und Dummen, die ihnen auf den Leim gingen – und sieht nicht die Beteiligung des Ideals am blutigen Ereignis. Auch die Tyrannien leben vom gewaltig-rufenden Vor-Bild. Es war Pate der menschenfresserischsten Bewegungen dieses Jahrhunderts. Solange die Henker noch leben und die Opfer noch nicht vergessen sind, wird es schwer sein, klarzumachen: wie sehr selbst in den Höllen unserer Tage das Paradies im Spiel war. Es sind immer Wahrheiten, mit denen man am besten täuscht. Die richtige Kritik am Gegner treibt einem Tyrannen Rekruten zu, die vor allem vor dem zu Recht Getroffenen davonrennen. Es war die Wahrheit und das Ideal, welche die teuflischsten Maschinen trieben. Nicht Plebejer, sondern verführte Idealisten ruinieren die Welt.

Relativität, relativ, relativieren – durchdekliniert durch alle Fälle und durchkonjugiert durch alle Tempora – dominieren das pessimistische Vokabular. Sie erzeugten eine Resignation, welche die Zeiten nicht kannten, die sagten: daß der Mensch nach dem Ebenbild Gottes geschaffen ist... und daß es nicht größeres gäbe als den Menschen. »Die Relativität der Werte« wurde ein geflügeltes Wort, das noch keine Schere tranchiert hat. Tatsächlich durchwaltet die Kulturen, wie sie in Dokumenten auf uns gekommen sind, eine Harmonie, welche die sogenannte Relativität Lügen straft.

Hat man diese Relativität erfunden, um abzulenken von dem Eigentlichen: daß man nach sich vergeblich lechzt?

Die Sphinx und der Abgrund

Der französische Erzähler Anatole France berichtet in seinen Erinnerungen, der erste Aufsatz, den er schrieb, habe den Titel gehabt: *Was ist Gott.* Die Mutter wollte, daß er ein Fragezeichen dahinter setze. Er weigerte sich – das sei keine Frage. Was Gott ist, sei bekannt. »Seit dieser Zeit«, fügte er hinzu, »mache ich mehr und mehr Fragezeichen.«

Die Anekdote enthält die Geschichte der Menschheit. Würde sie ihre Autobiographie schreiben, so müßte sie feststellen: es begann mit Sicherheiten (woher kamen sie?) – und wurde immer fraglicher, fragwürdiger, Frag-würdiger. Es ging nicht in der Richtung auf die große Lösung, eher von ihr hinweg. Die Geschichte des philosophischen Denkens ist ein Prozeß progressiver Skepsis gewesen. Friedrich Schlegel, am Ende dieses Prozesses, schrieb: »Mit dem Wissen nimmt das Nicht-Wissen in gleichem Grade zu, oder vielmehr das Wissen des Nichtwissens.« Der Philosoph ist der problematischste Detektiv mit dem hoffnungslosesten Fall, weil nicht nur sein Vermögen, zu durchschauen – auch der Fall im Fluß ist.

Viele Kulturen kannten die Sphinx: Ägypten, Griechenland, Yukatán. Sie wurde verschieden gebildet; immer ging man an ihr zugrunde. Aber, wie es im *Ödipus* aufgewiesen ist: es hatte auch immer wieder den Anschein, als sei sie im Abgrund. Ihre Frage: was ist am Morgen vierfüßig, am Mittag zweifüßig, am Abend dreifüßig? wurde beantwortet. Sie stürzte sich unter dem Jubel der aufgeklärten Ignoranten vom Felsen – ein Erlebnis, das jeder Lösung eines Kreuzworträtsels und jedem Studium eines philosophischen Überreders folgte. Bis sich dann herausstellte, daß es immer Ödipus war, der besiegt worden ist. Man wußte nicht, wer oder was der Mensch ist. Die großen Tragödien schilderten diese Blindheit. Marx, der das Phänomen des Tragischen einmal untersuchte, als Lassalle ihm seine Tragödie zur Beurteilung sandte, schrieb: »Die Unwissenheit ist ein Dämon, wir fürchten, sie wird noch manche Trauerspiele aufführen; mit Recht haben die größten griechischen Dichter sie in den furchtbaren Dramen der Königshäuser·von Mykene und Theben als das tragische Geschick dargestellt.« Nur war, was bei Sophokles tragisch war, von Marx aufklärerisch ausgelegt. Es sah oft aus, als sei die Sphinx vernichtet; bis sich erwies, daß die Frage stärker gewesen war als die Antwort. Doch wurde alles getan, diese Niederlagen zu kaschieren. Radikale Skeptiker sind Kuriositäten in der Geschichte der Philosophie – oder wildgewordene Kleinbürger. Als Pyrrhon, der Skeptiker, starb, wurden ihm zu Ehren seine philosophischen Kollegen von Steuern befreit. Aber zweifelsohne nicht um seines Zweifels willen.

Nicht genug ist des Wunderns über das Phänomen des Sichwunderns. Seine Projektion ist das Rätsel. Hier ist der mächtige Ursprung aller großen Expressionen. Sie sind teils emotionelle Echos, teils Versuche, zu enträtseln; der Unterschied zwischen der Theorie und den Künsten verschwindet vor diesem gleichen Anspruch. Es ist viel zu wenig, von Neugierde zu reden und dem Durst nach Wissen. Gier nach Neuem ist die Tugend der Gelangweilten; und zuviel ist hergemacht worden von einem Durst, der gar nicht da ist, weil das Angebot alle ertränkt.

Auch befriedet das Wissen nicht dies friedlose Staunen: daß alles ist, wie es ist – und nicht den Drang, es loszuwerden. Man staunt mit offenem Mund, weil es hier nichts abzubeißen gibt. Im

Staunen ist die Wahrheit, die gefunden werden will und nicht gefunden werden kann, in Aktion; sie bannt den Menschen und eröffnet nichts. Die Geschichte der Theorie – der Mythen, Theologien, weltanschaulichen Dichtungen und Metaphysiken – ist zu einem guten Teil der gewalttätige Versuch, zu erzwingen, was nicht gewährt wird. Sie geben heute den Anblick eines friedlosen Friedhofs, auf dem man sich vor den Niederlagen der Titanen in Ehrfurcht verneigen kann. Diejenigen aber, die noch nie gestaunt haben, sehen auf die Reihe der Kreuzzügler mit Überlegenheit herab und erheben den Finger mit den Worten eines Schulhaupts von heute: »Der Philosoph darf sich nicht zum Diener seiner Wünsche machen.« Aber sind die Ansprüche der Sphinx – »Wünsche«?

Die Geschichte der Philosophie ist so verwirrend, weil die Geschichtsschreiber sie so sehr verwirrt haben. Sie haben selten herausgestellt, wie sehr die Denker gestaunt haben; nur, wie scharf und unscharf sie folgerten – und wen oder was sie kritisch fortgesetzt oder zersetzt haben. Aber: wer am meisten staunte, war am meisten Philosoph – und war am stärksten verführt, das Unbekannte bekannt zu machen. Innerhalb einer Kultur und Gesellschaft, hatte er dennoch den Willen, alle Fragen zu überkommen bis zum Jenseits des Menschlichen.

Die Geschichte der Philosophie ist eine Reihe von Tragödien. Historiker der Systeme pflegen sie freundlicher als eine Ketten-Reaktion darzustellen, die in ferner Zeit einmal mit einer tollen Behauptung ihren Anfang nahm. So sehen sie nicht die Unvergänglichkeit der grandiosen Ungeduld, der menschlichsten: das lebende Individuum will den Abschluß. Auch Hegel wollte ihn noch, als er den Plural der Wahrheiten als Singular interpretierte. »Das Ganze ist die Wahrheit«: er stand, wie er glaubte, am Ende der Zeit und hatte das Ganze. Wer aber ihm nachspricht – und nicht am Ende der Zeiten zu stehen glaubt, ist ein radikaler Skeptiker. Der Skeptiker sagt: Das Ganze ist die Summe aller Einseitigkeiten.

Wesentlicher als die Geschichte der Ideen, die heute en vogue ist, war die (bisher geheime) Geschichte des Staunens, das mit jedem Denker neu begann – auch wenn sein Rätsel (das substantivische Abbild des Staunens) die Kostüme der Zeit trug und dem gelernten Philosophen in der Sprache der gelernten Vorgänger und ihrer gelehrten Probleme überliefert wurde. Heute ist es so weit, daß Philosophie als eine Geschichte von Fragen gelehrt werden könnte. Die Geschichte der Antworten aber wäre Psychologen wie Nietzsche, Typologen wie Dilthey, Morphologen wie Spengler, Soziologen und Kulturhistorikern auszuliefern.

Wissenschaftler staunen nicht. Man soll den Trieb, auseinanderzunehmen, nicht mit dem Staunen vermengen, obwohl er schon in frühen Jahren als Vermengung auftritt. Wissenschaftler kommen zum Ziel, weil sie nicht enträtseln, sondern das Rätsel umformen: ins Handlichere. Sie finden Konstanten, beantworten die Fragen, die sie sich vorgesetzt haben – und bringen neue Rätsel in die Welt. »Wissenschaftliche Philosophie« ist hölzernes Eisen; der Wissenschaftler hat es nicht mit Rätseln zu tun, sondern mit bisher ungeklärten Verhältnissen.

Die Philosophie steht der Kunst näher, was oft gesagt worden ist – und dann war es falsch: eine Verkennung sowohl der Philosophie als auch der Kunst. Man wollte sie beide verbinden im Namen der Unverbindlichkeit vor der Wahrheit, auch Phantasie genannt. Sie sind aber verwandt in dem, was sie nicht erreichen: daß sie es nicht weiterbringen als bis zur Offenbarung dessen, was so sehr erforscht werden will und nicht erforscht werden kann – und angezeigt ist in allen Mona-Lisa-Lächeln, dem unglücklichen Fast-Weinen der verborgenen Wahrheit. Ihr Unglück ist, daß sie drängt, entschleiert zu werden – und kein Prinz findet sich. Philosophie kann nicht mehr, als das scheinbar Enträtselte als rätselhaft – erhellen. Sie versuchte immer wieder mehr. Und immer wieder fiel die Welt zurück ins Fragliche.

Jede Zeit, die Chance und Mut hatte, das Erreichte rückgängig zu machen, war eine philosophische. Die Romantik war solch eine Zeit. Ihre klassische Selbst-Definition ist die beste Bestimmung des Philosophierens. Sie steht bei Novalis: »Indem ich ... dem Gewöhnlichen ein geheimnisvolles Ansehen, dem Bekannten die Würde des Unbekannten ... gebe, philosophiere ich.«

Was hier allerdings nicht steht, ist: daß das unbekannte Geheimnisvolle drängt, bekannt zu werden. Wer diesem Drang nachgab – Mythologen, Gnostiker und Stifter abstrakterer Gebilde –, fand die sogenannte absolute Wahrheit, das heißt: eine Vergewaltigung der dringlichen Frage, die dazu reizte. Am wenigsten gaben diesem Drang einige Mystiker nach. Eckhart war unnachgiebiger als Spinoza und Hegel: »Wenn einer wähnt, er habe Gott erkannt, und sich irgend etwas darunter vorstellt, so hat er irgend etwas erkannt, nur Gott nicht.« Die Geschichte der Mystik ist auch die Geschichte der offenen Frage: bis zu Kierkegaard. Die Geschichte der Mystik ist auch eine Geschichte des ausgehaltenen Staunens. Sie ist die (noch recht unbekannte) Heroen-Geschichte des Denkens. So unbekannt, weil so verdeckt vom mystischen Okkultismus.

Auch das Staunen – das überhistorische Element der Philosophie-Historie – hat sein Werden: die Entfaltung eines immer differenzierteren Sich-wunderns. Die Philosophie hat auch ihren Progreß: die immer reichere Einsicht in das Rätsel. Was man von Kant bis Husserl gegen das Geschlecht der Metaphysiker gehalten hat: das Nicht-vorwärts-kommen, ist nur eine Kritik von der Vorstellung her, man müsse bei einer Lösung landen. Einsteins Allgemeine Feldtheorie ist auch philosophisch ein Fortschritt gegenüber der Lehre des Thales: die Vernunft macht immer heller, in welchem Dunkel wir sind; das hat Thales noch nicht geahnt. Die Vernunft kommt nicht näher – aber stellt sich immer schärfer auf das Rätselhafte ein.

Das Staunen hat auch seine Soziologie. Warum staunen Kinder mehr als Erwachsene? Romantiker mehr als Aufklärer? Warum gibt es staunende Zeiten: für Menschen und Gesellschaften? Man gewöhnt sich das Geheimnis an wie das Rauchen, das Reisen und die Ehe. Gewöhnung heißt: etwas wird von den Sinnen, Gefühlen und Gedanken nicht mehr in Frage gestellt. Man gewöhnt sich das Leben langsam an; Kinder sind erst dabei, es gewohnt zu werden – und deshalb anfälliger für Fragen. Ein Ereignis zerreißt das dichte Gewebe des Angewöhnten, welches das Geheimnis so gut verkapselt hat. Es wird virulent. Der

Philosophische ist einer, bei dem sich das Gewebe um das Geheimnis nie ganz schließt. Die Philosophen aber (im Gegensatz zu den Philosophischen – und zugleich in Personal-Union mit ihnen) schufen jene Systeme, künstliche Gewebe aus Logik und nicht-einbekannten Geheimnissen, welche die Prothesen abgaben für alle, die nicht mehr selbstverständlich lebten. Die Magier der Vernunft holten so viel aus dem reinen Denken heraus wie die Zauberkünstler aus den Taschen des erstaunten Publikums.

Diese Begriffs-Paläste stehen nicht mehr. Als nicht mehr verschleiert werden konnte, daß die Sphinx nicht in den Abgrund gestürzt worden ist, daß Adam und Eva erfolglos vom Baum der Erkenntnis aßen, wurde die Erfahrung der verborgenen Wahrheit, die enthüllt werden will und nicht enthüllt werden kann, zu einer mächtigen Quelle des Pessimismus. Jene Erfahrung hat eine lange Vergangenheit. Sie ist eingebettet in die Geschichte der Skepsis, die sehr bunt war, da sich oft Skepsis nannte, was nur begrenzte Kritik gewesen ist – und eine große Reserve von Unangetastetem besaß. Kant war nicht skeptischer als Leibniz, nur vorsichtiger. Der amerikanische Pragmatismus war nicht skeptischer als Emerson, nur weniger schwärmerisch. Die Reihe der Skeptiker schrumpft zusammen, wenn man ihre heimlichen Gläubigen ausschließt. Man nennt besser die, welche Ernst machten und eine Antwort streng verboten: Agnostiker. Ein früher war Eckhart. Ein später war Nietzsche, Bertrand Russell schenkte ihnen die beste Charakteristik: »Wahrheit ist nicht zu erlangen, außer wenn sie unwichtig ist.«

Man wird noch nicht dadurch Philosoph, daß man nicht mehr den Mut des Aristoteles hat. Viele haben mit der Lösung auch die Frage verloren. Den einflußreichsten philosophischen Schulen dieser Tage ging es so. Agnostizismus braucht nicht zu philosophischer Haltung zu führen – und nicht zum Pessimismus. Er führte dahin bei Ecclesiastes, der klagte: »Alles, was da ist, das ist ferne, und ist sehr tief, wer will's finden?« Er führte dahin bei Innozenz III., der klagte: »Wie sehr der Forscher auch in Mühe die Nächte durchwacht, so gibt es doch kaum etwas, es sei noch so gering, welches der Mensch zur völligen Durchsichtigkeit durchdrängt, es sei denn die Erkenntnis: daß er nichts vollständig erkennen könne.« Er führte dahin in den Briefen des Kantianers Kleist, der nach dem Studium der *Kritik* die nackte Folgerung ziehen konnte, weil keine geheime Reserve mehr es verhinderte – wie bei Kant, der noch pietistisch-immun war.

Keine Erkenntnis ist pessimistisch – als Erkenntnis. Aber Agnostizismus und Pessimismus sind innig verbunden. Die Einsicht: »Der Sinn, den man ersinnen kann, ist nicht der ewige Sinn« war immer eines seiner großen Motive. Es sind die »unausbleiblich sich wiederholenden Stürze des Ikarus«, schrieb Sergius Bulgakow, die »dem Philosophieren das Gepräge seiner leidgeweihten Größe« verleihen. So unerträglich war dies Leid, daß die größten Skeptiker desertierten.

Kant, der die Anästhesierung des Staunens strenger und erfolgreicher verbot als irgendeiner vor ihm, hielt sich selbst nicht an den strikten Befehl, den er gegeben hatte. Marx, der das Staunen tötete, als er es mit der Aktion zum Schweigen zu bringen suchte, setzte eine Reihe von aktivistischen Metaphysikern in die Welt, die noch jede rote Verkehrsordnung in ihrer großen Antwort verwurzeln. Schopenhauer erfand die vernünftige Sinnlosigkeit. Selbst die Empiriker halten es nicht bei der Zurückhaltung aus. Sie lehren, daß wahr nur ist, worauf man den Finger legen kann – und schmuggeln dann unter der Hand die überschwengliche Wahrheit ein: daß der Mensch ein Ding ist unter Dingen.

Dies sind die ergreifendsten Zeugnisse für die Macht des Leidens an der Ohnmacht des Erkennens. Sie waren Schiffbrüchige wie Faust – und vital genug, es sich zu verhehlen. Sie schlossen die schmerzliche Erfahrung aus – in soliden Zeiten vor den Halbheiten des Kantianismus und Marxismus – mit jenen gewaltigen Begriffs-Festungen, durch deren Mauern die Stimmen der seltenen Skeptiker nicht drangen. Man hielt es nie aus, ohne die Wahrheit zu sein, die unter diesem Namen immer die Wahrheit verdeckte.

Rätselhaftsein ist schon auf niederer Ebene eine beunruhigende Provokation, wie alle Leser von Kriminalromanen wissen. Es gibt Menschen, die nicht sterben wollen – aus Neugierde, wie der Erd-Roman weitergeht. Forscher haben oft berichtet, wie sehr die Lust an der Enträtselung ihre Arbeit stimulierte. Aber alle diese Enträtselungen sind nichts als Vereinfachungen des Rätsels. Wenn Einstein eine Formel findet, die zwei Rätsel in eins schmilzt, so ist das einfacher, »schöner« – wie die Ästhetik der Forscher sagt, aber nicht weniger rätselhaft.

Wer leidet darunter? Ist dies eine professionell angelernte Qual? Sie quält viele, die im entleerten Raum dastehen, weil die abschirmenden Kulissen zerfielen. Wahrscheinlich erschien vielen Europäern, denen in den Vierzigern die Wände mit allem daran weggeschossen wurden, das Bekannte rätselhafter als ihren Ahnen, die von mündelsicheren Papieren gedeckt waren. Manchem muß die farbige Kruste des Daseins – Möbel, Psychologie, Götter und die Lieblings-Theorie – weggesprengt werden, bevor sichtbar wird, daß nichts zu sehen ist. Vielleicht ist das in den Städten überhaupt nicht möglich, weil hier die Kulissen nie ganz verschwinden. Die am meisten Menschen sind, werden am stärksten getroffen vom Leid. Am Schluß der *Penthesilea* heißt es: »Die abgestorbne Eiche steht im Sturm; / Doch die gesunde stürzt er schmetternd nieder, / Weil er in ihre Krone greifen kann.« Die großen Pessimisten waren die gesunden Eichen.

Man könnte die Ohnmacht vor der Wahrheit das theoretische Unglück nennen. Es reicht viel weiter, als sichtbar wurde. Denn die umfassende Sinngebung trat immer stellvertretend ein für den Ausfall eines realen Schutzes. Der Schutz-Charakter der Theorie wird offenbar im Vater Gott, in der Mutter Natur; und selbst die abstraktesten Gewebe leisteten noch, was die Vorfahren kräftiger besorgt hatten.

Deshalb wird Skepsis und Agnostizismus nicht nur als unbesänftigter Druck des Rätselhaften erfahren, noch mehr als Zerreißen des Auffang-Netzes, das den Einzelnen zu halten hat, wenn er aus seiner Szene ins unmöblierte All fällt. So suchte man in der Zeit, in der die Wahrheit immer mehr zerging, dies vielfältig zu verbergen: durch eine ärmliche Renaissance in Staub gesunkener

Metaphysiken; dann, als sich das nicht bewährte, kräftiger:
durch Berufung auf abgelebte Glauben; und schließlich durch
den verzweifelten Staats-Streich: die Inthronisierung der Wissenschaft als Nachfolgerin der Philosophie. Vor allem aber durch
den Ukas, der im Westen geboren und im Osten bewaffnet
wurde: daß die »Lösung der theoretischen Rätsel eine Aufgabe
der Praxis« (Marx) sei.

Ab-Leben

Selbst Sophokles, der das stolzeste Preis-Lied auf den Menschen
gedichtet hat, schloß kleinlaut: »Nur den Tod vermochte er nicht
zu überwinden.« Nur! Wäre er auch die einzige Macht, die nicht
zu überwinden war – sie machte alle Überwindungen zunichte.
So sagen seit je die Pessimisten.

Wie verhielten sie sich zu dem Unbesiegbarsten? In allen
Tonlagen: vom Zorn bis zum Augenzwinkern. Voltaire wurde
böse: das Geborenwerden sei ein Verbrechen, auf das Tod
stehe. Der Leibarzt Friedrichs des Großen, Zimmermann, versuchte zu scherzen – in einem Buch mit dem Titel *Über die
Coquetterie des Sterbens.* Ilya Metchnikoff meditierte *Über die
üble Angewohnheit des Sterbens* – gegorene Stutenmilch gegen
die üble Angewohnheit empfehlend; ein anderer *Über den
Unfug des Sterbens.*

Die, welche erhaben resignieren, nennt man Weise. Die,
welche pathetisch – nicht resignieren, Pessimisten. Es gab recht
optimistische Pessimisten im neunzehnten Jahrhundert; Schopenhauer, Eduard von Hartmann und Mainländer fanden einen
modus vivendi mit dem Tod. Der Spanier Unamuno war unver-
söhnlich. Er berichtet von einem Gespräch, das er mit einem
Bauern seines Landes hatte. Unamuno machte ihm klar, daß,
selbst wenn Gott existiere, er, der Bauer, vielleicht dennoch nicht
unsterblich sei. Der Bauer sagte: »Wozu dann Gott?« Der

Philosoph wiederholte zustimmend: wozu dann Gott? Du und ich und Spinoza, sagte Unamuno, wollen nicht sterben; das ist unser Wesen; der arme portugiesische Jude hat sich nicht dazu bringen können, an seine Unsterblichkeit zu glauben – so philosophierte er (sich zum Trost) den Mangel an Zuversicht hinweg. Unamuno philosophierte nicht mehr. Reflektierte nur noch auf die Unmöglichkeit, mit Philosophie hier etwas auszurichten. Der Tod, wenn man ihn nicht unterbekommen kann, tendiert zur Zerstörung aller Deutungen.

Richteten sie je etwas aus gegen ihn? Das ist eine Fakten-Frage, die kaum zu beantworten ist. Auf einem Folianten Leonardo da Vincis fand man den Satz: »Wenn ich glauben werde, daß ich zu leben gelernt habe, dann werde ich zu sterben gelernt haben.« Das Wenn-Dann beantwortet nicht die Frage: hat er gelernt? Montaigne sagte: »Philosophieren ist sterben lernen.« Wagner schrieb in einem Brief: »Wir müssen sterben lernen!« Aber: hat er gelernt? Der Mann, der den *Phaidon* geschrieben hat? Und jeder, der ihn zitiert? Hat er es gelernt? Die sehr geheime Geschichte dieses Lernens ist noch nicht geschrieben worden – immer nur die Geschichte der Argumente. Erst im Pessimismus werden die Motive lauter als sie. Das Denken verrät, daß es aus denselben Fragen stammt wie die Religion, was durch die Einteilung des Geistes in Bezirke vertuscht wird. Und die aufdringlichste Frage ist: der Tod.

Im Mittelpunkt der Pessimismen ist die Klage über die Vergänglichkeit. Karpfen können hundertundfünfzig Jahre werden, Hechte zweihundert, die kalifornische Sequoia gigantea war schon ein Zeitgenosse der Sumerer. Das macht auf den philosophischen Biologen Julian Huxley keinen Eindruck. Er wirft der Natur vor: sie benähme sich ziemlich wie die Automobil-Industrie. Man verkaufe lieber neue Wagen, als daß man die alten, bei denen es mehr und mehr hapert, repariert. Das ist keine Feststellung, das ist eine Klage.

Worüber? Ein Stern vergeht. Ein Gebirge vergeht. Jeder Winter nimmt vieles mit. Die Jahre begraben einander. Woher stammt der makabre Ton? Die Pflanze hat keinen Tod und das

Tier hat keinen. Völker haben keinen Tod und Kulturen haben keinen. Nur der Mensch hat einen Tod. Er projiziert ihn ins Universum: auf Pflanzen, Tiere, Völker und Kulturen – und scheitert hier in einem kolossalen Maßstab. »Vergänglichkeit« ist die Übertreibung eines Wesens, das den Tod, der ihm allein bestimmt ist, aufs Himmelszelt malt. Der Untergang Karthagos würde ihn nicht erschüttern, wäre er selbst unsterblich. Die Ruinen-Stadt Rom, Leonardos verblaßtes *Abendmahl* und der Friedhof der Bücher ist schrecklich nur als Sinnbild. Es gibt nur einen einzigen Tod im All: den Menschen-Tod.

Er ist nicht ein makrokosmisches Schicksal, nicht einmal ein biologisches – nur die Erfahrung von Menschen. Sie hat, wie alles Menschliche, ihre Vergangenheit. Die Biographie dieser Erfahrung ist die (noch nicht geschriebene) essentielle Historie der Menschheit. Lang und bunt, voller lokaler Tode, so daß man vor ihnen den Tod nicht sieht. Selbst Schopenhauer hat ihn nicht scharf im Blick gehabt, als er im Traktat *Nachträge zur Lehre von der Nichtigkeit des Daseins* das Sterben als »ein wesentlich nichtiges« beklagte. Es wird mehr verloren als die Erfüllung von Plänen. An der Wurzel aller Begegnungen mit dem Tod ist eine große gemeinsame Erfahrung.

Man soll sie sich nicht von Sterbenden enthüllen lassen. Sie sind ihm nicht näher – vielleicht ferner, weil besonders leidenschaftlich dem Leben zugewandt: siehe Brunhilde und Isolde. Man ringe mit ihm, Brust an Brust – sagen die Dichter; und sähe ihm ganz von nah ins Gesicht. Aber diese mythologischen Totentänze finden (nach Ansicht der Ärzte) ohne Bewußtsein statt. Und vorher zeigt er sich auch nicht, falls man den Berichten über letzte Stunden Glauben schenken darf. Matthias Claudius schrieb auf seinem Totenbett an den Verleger Perthes enttäuscht: »Mein ganzes Leben hindurch habe ich an diesen Stunden studiert; nun sind sie da, aber noch weiß ich so wenig wie in meinen gesündesten Tagen, wie es zum Schluß gehen wird.«

Der »Schluß« scheint mehr zum Leben zu gehören als irgendeine frühere Stunde. Epaminondas fragte, bei Mantinaea tödlich verwundet: ob sein Schild in Sicherheit sei; dann ließ er sich den

Speer aus der Wunde ziehen. Handelt es sich um hohe Geister oder Körper, liegt der Fall besonders schlimm. Die Umgebung zwingt sie zu einem letzten Wort über das Letzte – zur Probe aufs Exempel; sie kommen vor gesellschaftlichen Verpflichtungen nicht zum Tod. Martin Luther wurde von Dr. Jonas und Magister Celius examiniert: »Ehrwürdiger Vater! Sterbet Ihr standhaft im Glauben an Christus und seine Lehre, die Ihr gepredigt habt?« Den indianischen Häuptling Hatney auf Cuba wollte man auf dem Scheiterhaufen zum christlichen Himmel bekehren. »Kommen dort auch die weißen Männer hin?« fragte er, »dann will ich kein Christ werden, denn ich will nicht dorthin, wo ich so grausamen Menschen begegne.« Man stirbt wie man lebte; das Sterben gehört zum Leben, nicht zum Tod. Friedrich Wilhelm sah sich noch die neue Livree seiner Diener an, hielt ein Tabaks-Kollegium in Dauer-Sitzung und kommentierte das »Nackt komm ich auf die Welt, nackt gehe ich wieder fort« mit einem »Nein, nicht ganz nackt, ich werde meine Uniform anhaben.« Goethes Mutter, nur eine bürgerliche Verwalterin, bestimmte den Wein und die Größe der Kuchenstücke für die Trauergäste, gab die Anweisung, daß nicht zu wenig Rosinen zum Kuchen genommen werden, und beantwortete eine Einladung mit der Entschuldigung, daß sie sterben müsse. Auch dort, wo die himmlischen Freuden und Leiden den Sterbenden beherrschen, ist es nicht der Tod, sondern das Leben, das regiert.

Dem Tod sahen sie vielleicht ins Auge an einem heiteren Tag, frei von atmosphärischen Hochs und Tiefs, Philosophen-Kongressen und ähnlichen irdischen Störungen – ohne Bitterkeit und Ausgelassenheit. Sie gewöhnten die Augen an ihn, indem sie an einen Abschied zurückdachten. Auch der war ein Über-Gang: man verließ eine Welt und ging zunächst einmal in den Tod dieser Welt. Man erfuhr – was nicht mehr sein wird. Kulissen fielen – die neuen waren noch nicht da; man war ausgesetzt. Um so mehr, je weniger die Zukunft ihre Schatten vorauswarf und die Leere farbig drapierte. Für die Dauer einer Trennung wurden sie empfänglich für jene, welche die letzte ist, weil nicht nur ein Teil der Welt verloren wird. Nur einige Mystiker waren wahrscheinlich für Momente imstande, während des Lebens das Leben zu verlieren.

Die Erfahrung des Todes ist lebenslang, eine Fülle von Erfahrungen. Sie war zuerst vielleicht die Erfahrung mit einem Toten, der in unsere Welt eine Lücke riß. Aber jeder verliert mehr Menschen durch das Leben als durch den Tod; auch die Erfahrung mit dem Tod der Nächsten ist mehr als ein Verlust, den man erleidet. Es ist ein Verlust, den er erlitten hat – und wir erleiden werden; so begegnen wir dem Tod.

Er ist ein totaler Verlust – unabhängig davon, was im Nachbar ersetzt wird. Ein deutscher Nachkriegs-Roman konstruierte (analog der astralen Sphäre und übrigens auch des katholischen Fegefeuers; Anni Besant wies auf diese Parallele hin, die vielleicht eine Abhängigkeit ist) ein Zwischen Diesseits und Tod: noch Erinnerungen, noch das Nach-Klingen alter Beziehungen – aber keine Leiber mehr. Man könnte noch ein näheres Zwischen erfinden: der Lebende wird mit seinem Leib und seinem Charakter und seiner Erinnerung auf einen fernen Stern versetzt, der in nichts mehr diesem Leben ähnelt. Da treibt sein Ich allmählich viel mehr ab als (sagen wir) das Ich unserer frühen Jahre. Wie würde man eine solche Sternenfahrt in der Vorwegnahme erleben? Als Ab-Leben: das einzige Wort, das die Erfahrung des Todes voll definiert.

Der Tod ist nicht Tod durch die spezifische Verwandlung: durch das, in was verwandelt wird. Aber gerade darauf wurde die Aufmerksamkeit abgelenkt: *Das Buch der Toten*, was die assyrische Göttin Isztar unten sah, wie es in den eleusinischen Gefilden aussieht – das alles ist der Tod nicht. Es ist kein Unterschied, ob ich in Asche verwandelt werde oder den Großen Bär oder einen Engel. Der Tod ist das plötzliche und radikale Aufhören des Vertrauten. Er ist der Verlust von Gräsern, Hunden, Mädchen, Büchern – und meiner selbst, auf einmal und total. Ich: ist ein personales Beisammen; und jeder Abschied ist ein vorweggenommener Tod, wenn das Stück Ich, das verloren wird, nicht ersetzt werden kann. Was dann, nach dem letzten, umfänglichsten Abschied kommt, war wohl immer nur eine sehr vage

Ahnung vor der massiven Vertrautheit mit dem, was geht. Der Gesang der katholischen Liturgie am Sarge eines Verstorbenen: *vita mutatur, not tollitur* verhüllt, daß, wenn ich einen Tisch in Asche »verwandle«, ich ihn »wegnehme«.

Tod – und sei er der dreifache Tod der Theosophen: der physische, astrale und mentale – ist Ab-Leben; alle Tode, die erfahren worden sind, wurden vor allem als Ab-Leben erfahren. Hat je einer – angesichts einer Leiche – den Übergang vom Diesseits zum Jenseits erlebt wie den Übergang von einem Tage zum andern? Wie auch das Jenseits vorgestellt und bewertet worden ist, zunächst war da der gewisseste Verlust: das Leben. Und die Furcht vor dem Tode ist – allen Sophisten (bis zu Dühring herab) entgegen – die Furcht vor dem Ab-Leben, nicht vor dem Nachher. Würde sich auch der Leib nicht in ein Gewimmel von Maden oder in ein Häuflein Asche verwandeln, sondern in die strahlende Schönheit eines herrlichen Geistes – aber ohne Erinnerung, die allein das Leben des Menschen zum Leben macht: es wäre Ab-Leben.

Es ist gar nicht so, wie Nietzsche es dargestellt hat, daß die »wunderlichen Apotheker-Seelen« aus dem Tod »einen übelschmeckenden Gifttropfen« gemacht hätten. Eher waren es Apotheker, die das Gift wohlschmeckend zu machen suchten. Das Gift ist die Zerstörung der persönlichen Welt: der einzige Inhalt dessen, was (wenn man kein Biologe ist) unter »Leben« gemeint sein kann. Dagegen helfe nur ein Jenseits, das (allem Augenschein zum Trotz) die buchstäbliche Fortsetzung des Diesseits ist – und sich von ihm unterscheidet wie ein Sonntag vom Sonnabend zuvor; ähnlich den Gesellschafts-Utopien, die auch nur das Bekannte etwas versonntäglichen. Wahrscheinlich sahen auch die Zuversichtlichsten nicht so genau, was sein wird, wie sie sahen, was vorbei sein wird. Die heute gar nichts mehr sehen, wenn sie aufs Nachher sehen, flüchten sich in die Ethnologie; und legen fernen Menschen in den Mund, daß sie unendlich unbekümmert waren. Aber: hat ein einziger Christ sein Ab-Leben vergessen über der Aussicht aufs neue Heim?

Der Verlust ist total – unabhängig davon, was später ersetzt wird. Alles wird verloren, was einer sich angelebt hat. Was das ist, ändert sich von Jahr zu Jahr. Aber es bleibt eine Konstante: alles. Deshalb ist es allein die Erfahrung des Todes, die wirklich einsam macht. Die Leidenschaft der Romantik für Freundschaft, die – nach Nietzsche – nur braucht, wer keinen Gott mehr hat, war die Flucht vor der Vereinsamung, die der Tod dem Lebenden schafft. Diese Erfahrung, die mehr ist, als Menschen tragen wollten, führte immer zu einem Arrangement mit dem Tode. Auch die radikalsten Pessimisten haben sich arrangiert. In jedem Leben gibt es diesen Pakt: er ist mehr als alles andere – dieses Individuum, das unbekannteste.

Tod ist: die Voraus-Erfahrung von der Auflösung eines Alls, das Ich zu sich sagt. Die Erfahrung des Todes ist gebunden an die Erfahrung des Ich: seine Universalität und Inselhaftigkeit. Lebewesen, die nicht Ich zu sich sagen, können keinen Tod erleiden. Je stärker einer Ich ist (das heißt: eine Welt, die viel mehr da ist als alle konstruierten Universen, von denen er angeblich ein Teil ist): desto stärker ist auch der Tod da als die Drohung, dieses realste All zu sprengen. Stendhal sagte: »Lord Byron war der einzige Gegenstand, dem Lord Byron Aufmerksamkeit schenkte.« Achim von Arnim sagte: »Jeder Mensch fängt die Welt an und jeder endet sie.« Unamuno sagte: »Das Individuum ist das Ziel des Universums.« Das sind die Männer, die am meisten den Tod wußten. Der Egotist denkt vor allem an den Tod. The happy few – sind die unglücklichsten. Ein alter deutscher Vers sagt:

> Ich leb', ich weiß nicht wie lang,
> Ich sterb', ich weiß nicht wann,
> Ich fahr', ich weiß nicht wohin...

Ich, ich, ich, ich, ich, ich... ist die Voraussetzung jeder Erfahrung des Todes.

Zwischen mir, der ich identisch bin mit der wirklichsten Welt, und meinem Tod besteht die geregeltste Beziehung: je stärker ich bin, um so stärker ist er. Es gibt keine andere Schwächung seiner Kraft als die Schwächung meiner Kraft, was die Kreuzzügler

gegen den Tod (wie wir später sehen werden) immer ihrer
Strategie zugrunde gelegt haben. Zum Beispiel in der *Theolo-
gia deutsch*: »Lege das Selbst gänzlich und einfach von dir.
Nimm deinen eigenen Willen hinweg, die Hölle wird nicht mehr
sein.«

Der Biologe Huxley schreibt, es seien eher die Jungen, nicht so
sehr die Alten, die am Tode leiden. Die Statistik meint, die
meisten Selbstmorde ereignen sich in frühen Jahren. Vielleicht,
weil in der Jugend auch der Tod am vitalsten ist; das Alter hat
bereits so viel Schläge hinter sich, daß sich auch der Tod eher
geschlagen gibt. Aber: Stärke kommt auch vom gelebten Leben.
Je größer die Vergangenheit wird und je kleiner die Zukunft,
umsomehr hat sich ein Leben konsolidiert. Die Bedrohlichkeit
des Todes wächst nicht nur mit der Nähe, auch mit der Fülle
dessen, was aufzugeben ist.

Die Logiker des Todes haben nachzuweisen versucht, daß er
mitgegeben ist mit der Zeit – und haben als Gegen-Bild die
Zeitlosigkeit geschaffen. Alle Platoniker bis auf die jüngsten
haben die Zeit entwertet, um den Tod verkleinern zu können.
Platon liebte Ägypten, weil hier der Zahn der Zeit nicht so
sichtbar arbeitete. Heidegger setzte Zeit und Tod gleich. Tennes-
see Williams spricht in der Einleitung zu seinem Stück *Die
tätowierte Rose* von dem »herabmindernden Einfluß der Zeit,
dieses Zerstörers des Lebens«. Hölderlins zitierteste Zeile: die
Dichter, zeitenthoben, »stiften, was bleibet«, macht den Poeten
zum Kreuzritter gegen den Tod – in schönen Worten seine
Niederlage verbergend. Die Mythologie, die Zeit und Tod
identifiziert, wird nicht gerecht der Tatsache, daß Zeit ebenso gut
mit Leben ohne Ende identifiziert werden kann.

Der Tod ist weder mit dem Individuum noch mit der Zeit
logisch mitgesetzt – oder der persönliche Gott wäre begrifflich
unmöglich. Der Tod ist ein factum brutum. Aber zu sagen, er sei
das Wesen des Menschen, ist eine pessimistische Exaltiertheit –
ebenbürtig den phantastischsten Verschleierungen.

Ich leb', ich weiß nicht wie lang,
Ich sterb', ich weiß nicht wann,
Ich fahr', ich weiß nicht wohin,
Mich wundert, daß ich so fröhlich bin.

Man wunderte sich nicht nur, warum man so fröhlich ist ... auch
so böse, so laut und so geschäftig. Hebbel war überzeugt, daß
Napoleon das »Welterobererschwert aus der Hand gefallen
wäre, wenn er sich die Milchstraße einmal betrachtet und sich
klargemacht hätte, was die Erde gegen die Welt vorstellt«. Er
selbst lehnte alles Tun ab, da er »schon zu tief in das Nichts alles
irdischen Wesens und Treibens geblickt, um noch für irgendein
Ziel zu Nest tragen zu können« – und baute einen Palast, sein
Werk. Nietzsche fragte, angesichts des Todes – ebenso verwun-
dert wie der Fröhliche und wie Hebbel, der über die Napoleons
den Kopf schüttelte: »Wie seltsam, daß diese einzige Sicherheit
und Gemeinsamkeit fast gar nichts über die Menschen vermag,
und daß sie am weitesten davon entfernt sind, sich als die
Brüderschaft des Todes zu fühlen.«

Denen, die sich wunderten, haben viele Philosophen vieles
geantwortet: zum Beispiel, der Tod sei »in zunehmender Emp-
findelei aus unseren Gedanken verbannt«. Max Scheler hat einen
speziellen Ausdruck geprägt für diese Verbannung: »metaphysischer Leichtsinn«. Vielleicht aber sind es gerade die Verzärtelten
und die Leichtsinnigen, die vom Tode am stärksten gezeichnet
worden sind.

Zu Zeiten ist der Tod sehr populär; das sagt nicht, daß er
sehr stark erfahren wird. Die zweite Hälfte des neunzehnten
Jahrhunderts war solch eine Zeit. Innozenz hatte im zwölften
Jahrhundert geschrieben: »Leben ist nichts anderes als ein
lebendiger Tod«; im Jahre 1855 brachte man seine Schrift, die
viele Jahrhunderte vergessen war, wieder ans Licht. Nun
schrieb Virchow: »Leben ist ein langsames Sterben.« Und Karl
Ernst von Bär: »Lebewesen heißen solche Dinge, die sterben
können.« Aber Leben ist nicht nur ein langsames Sterben –
auch ein schnelles Erobern; und dies nimmt das Bewußtsein so

sehr gefangen, daß es beim langsamen Sterben nur selten dabei ist.

Auch ist der Tod nur zu Zeiten sichtbar – und deutlich nur den Mystikern, denen er unverkleidet begegnete. Er wird zu jeder Zeit gelernt wie das ABC und das Vaterland. Er wird gelehrt in der Bibelstunde, der Kirche und von Philosophen. Man begegnet ihm in der Tracht der Zeit. Man hat ihn auf Bilder gemalt, mit Versen behangen und mit riesigen Reichen beschenkt. In der Partei arbeitet er als Funktionär. Manchmal bläst er die Posaune des Letzten Gerichts, um die Armen auch noch in die Mutlosigkeit hineinzuschrecken; und manchmal wird er als Einbildung belacht, um die Genossen nicht abzulenken. Der Tod ist während des Lebens dem Leben unterlegen, Teil des Lebens – oft Steigerung des Lebens. Trotzdem, wer getraut sich zu sagen, wie erfolgreich ein Mensch gelebt hat mit seinem Tod? Die Ägypter glaubten... die Bantu-Neger glaubten... Berichterstatter im japanisch-russischen Krieg teilten mit, daß ein abgeschnittenes Häuflein japanischer Soldaten, die ihr Regiment einer russischen Übermacht unterliegen sahen, sich den Tod gaben; sie wollten rascher zu ihren Kameraden kommen, um ihnen zu helfen. Woher wissen die Reporter? Was sind die Mitteilungen der Ethnologen und anderer Aussprüche-Sammler wert? War der Tod je in einem einzigen Ich abwesend? Es gibt auch empirische Fragen, die nicht beantwortet werden können.

Die Pessimisten sahen im Tod den Unruhstifter über allen Unruhstiftern; er reizt gegen das Unabwendbarste. Er sitzt mitten in einer Welt aus Sonne und Mond und Pflanze und Tier und Menschen, die zu sich Ich sagt: eine bunte Weite, die sich individuell verengt hat und bisweilen immerhin so breit ist wie Goethe. Dies kleine Universum wird schließlich auseinandergesprengt. Es hielt einige Jahrzehnte zusammen, mit dem Sprengstoff im Innersten; der Zeitzünder ist eingestellt auf eine sehr begrenzte, unbekannte Zukunft – Umstände und Zufälle rücken etwas an ihm. Das Denken im Zeitalter der Massen will, daß hundert Tode schlimmer sind als einer. Es ist nicht nur Eine Welt nahegerückt, auch Ein Tod – klagt man. Der Selbstmord der

Menschheit aus Fahrlässigkeit ist eine technische Möglichkeit, sagt man. Man lebt in den Bildern vom Menschheits-Tod – um den einzelnen kleinen großen Tod, den man erleiden wird, mit monumentalen Phantasien zu verspinnen.

Vor diesem Menschen, dessen wesentliche Züge sind: das Körper-Gefängnis; die Niederlage; der Mensch, ohnmächtig vor seinem Bild des Menschen; die unenträtselbare Sphinx; der Tod, der radikale Entwerter vom sicheren Ende her … fragt man: wie es denn komme, daß die Geschichte nicht eine Kette von Klagen gewesen ist – ein langer Pessimismus, sondern, ganz im Gegenteil, eher eine Geschichte stolzer Eroberungen und frohgemuten Blicks in die Zukunft, wie ihn Religionen und Philosophien und fröhlich endende Tragödien zeigen? Froh weisen sie hin auf die unterworfene Natur und die geschaffenen Ordnungen. Und selbst Schopenhauer, in seinen optimistischen Stunden, war sehr beeindruckt von der Tatsache, daß in London so viele Menschen auf so wenig Raum zusammensitzen, ohne einander totzuschlagen.

Die Frage ist: weshalb waren nicht alle Menschen seit eh und je pessimistische Philosophen?

III

Die Kreuzzüge gegen das Leid

Die Technik und die Zauberstäbe

Das Präparat, das hergestellt wird, um einiges besonders sichtbar zu machen, läßt vieles weg. Der Pessimismus, den der vorige Abschnitt fünfmal beschrieb, ist ein Präparat.

Weggelassen ist, was zwischen morgens und abends die Adiaphora sind. Weggelassen ist alles, was umfassend und überschwenglich zusammengenommen worden ist in dem Glück-auf-der-Welt-zu-sein. Weggelassen sind die Leid-stillenden Verwicklungen in den Tag: die Vorstellungs-Kulissen, die nicht nur eng machen – auch schützen; die Leidenschaften, die nicht nur Leiden schaffen – auch abschaffen; alle Verabredungen, eingegangen mit einem Vorhaben. Kant zitierte Voltaire: der Himmel habe uns gegen die vielen Mühseligkeiten des Lebens zwei Dinge gegeben – die Hoffnung und den Schlaf. Das Leid ist gut gebettet. Er selbst fügte ein Drittes hinzu, das man ihm nie recht zutraute: das Lachen.

Weggelassen ist, was Goethe »die freundliche Gewohnheit des Daseins« nannte: eine Schutz-Hütte, die viel besser schützt als die mehrbesungene Lebenslust. Das Hängen am Dasein, die stärkste aller Ab-Hängigkeiten – sowohl vom Bad am Morgen als auch von einer philosophischen Terminologie –, hat immer einen andern Inhalt; und ist gar kein Hängen und Ab-Hängen, als wären das Ich und das Angelebte zweierlei. »Die freundliche Gewohnheit des Daseins« ist das Verflochtensein ins Atmen, ins Spiel der Muskeln, ins Grimmigaussehen und in ein Dickicht aus Worten, Gestalten und Klängen. Wo ist das Leid? Unter würdigen Unterscheidungen wie Arbeit und Spiel, Werk und Zeitvertreib, Spontaneität und Rezeptivität, höhere und niedere Beschäftigungen tummelt sich, dem Zwange und den Möglichkeiten folgend, der leidende Leiden Vergessende. Dies Sich-tummeln dämpft noch das größte Leid. Und noch gar nicht gedacht ist des Polsters, das aus Dumpfheit, Stumpfheit und Sumpfheit besteht.

»Das Leid« ist eine große Übertreibung, wie jeder Narr

feststellen kann. Man sehe nicht in einer exaltierten Stunde (alle wesentlichen Stunden sind exaltiert) in sich hinein, sondern in einer nicht exaltierten Stunde zum Fenster hinaus. Jene Exaltation ist – wie manche andere – ein Vergrößerungs-Glas, hergestellt von den Glas-Schleifern Buddha, Innozenz und Schopenhauer. Was sie erblickten, erscheint dem unverstärkten Auge phantastisch verzerrt. Ihm ist nur eine Verwicklung, was dort als gordischer Knoten seinen Auf-tritt hat.

Die Superlative in den großen pessimistischen Dokumenten sind die Folgen von superlativen Erfahrungen: die sind gründlicher ausgetragen und bekamen den gründlicheren Ausdruck; Über-Triebe leben hinter den Übertreibungen. Aber sie waren auch immer Sedative. Je mehr gelitten wird, um so mehr Hilfe ist notwendig; die Übertreibung ist eine. Von der Art, über die bald nachzudenken ist – vor der Frage: wie man mit dem fertiggeworden ist, mit dem man nicht fertig werden konnte. Die Übertreibung ist auch das Heil der Gestalter und aller derer, die sie aufnehmend imitieren – der Konsumenten, wie die Rezeptiven genannt werden im Zeitalter der Ökonomik.

Die Anhänglichkeit und »die freundliche Gewohnheit« und die Lebenslust haben nie ausgereicht. Auch nicht die Forderungen des Tages und die Forderungen bei Nacht. Es war da immer der Zwang, zu stärkeren Mitteln zu greifen. Ein guter Teil dessen, was heute einem langen Rück-Blick »Kultur« heißt, ist ein Museum dieser großen Mittel.

Menschen sind mit den Negativa auf zwei Wegen fertig geworden. Die große erfolgreiche Chaussee ist die Überwindung durch Ausmerzung. Wilde Tiere wurden ausgerottet, Mikroben unschädlich gemacht, zu Zeiten und in bestimmten großen Provinzen der Mensch vor dem Menschen leidlich beschützt. Diese großartigen Schritte, die ihr Ziel erreichten, riefen eine enthusiastische Stimmung hervor; im Enthusiasmus wurde der »Fortschritt« geboren – einer der Singulare, die mehr sind als ihr Plural.

Der Fortschritt ist handgreiflich in der Technik. Sie als einen

Park von Krücken zu charakterisieren, zeigt eine unklare Ansicht vom Menschen. Er ist keine Pflanze und die Technik kein Fremdes, seiner Natur Angestücktes. Sie ist seine Emanation – wie die Poesie und die Kathedrale. Man kann in beiden Fällen nicht das Geschaffene addieren zum Natürlichen: es ist seine Natur, zu atmen, Symphonien zu schaffen – und Hupen. Auch ist Technik mehr als das Arsenal von Autos und das Röhren-System einer Stadt: zum Beispiel auch ihr Erziehungssystem und ihre politische Organisation. Sie zeigen dieselbe Herkunft und denselben Charakter, wenn man auch nicht gewohnt ist, auf die Schule die Kategorie der »Krücke« anzuwenden, was sie dennoch auch ist. Daß Eisenbahnen aus dem Jahre 1833 nicht mehr gebaut werden, wohl aber politische Institutionen aus den Jahren der spanischen Inquisition, beweist nur, daß zwischen einem Bagger und einem politischen Ausschuß auch wesentliche Unterschiede sind – die in diesem Zusammenhang nicht interessieren.

Heute ist das götzendienerische Verhalten zur Technik immer noch wahrer als das snobistisch-mäkelnde. Es werden zuviel Krokodils-Tränen vergossen über die böse Technik – von Autoren, die am liebsten in jede Maschine hineinkröchen. Technik: das sind die aufgespeicherten Resultate der langen Kämpfe gegen die Feinde der Menschen. Wer die Unterwerfung der menschlichen und nicht-menschlichen Natur unter den Willen unqualifiziert als Hybris bezeichnet, sollte zu lebenslänglichem Nabelbeschauen verurteilt werden. Die sich heute, angesichts der Zivilisations-Narren, lustig machen über die Denker des Fortschritts (unter ihnen leider auch der große Poet Werfel), sind zweimal töricht und unwissend: sie sehen nicht den guten, erfolgreichen Kampf; und schon gar nicht, daß auch diese Männer (genau wie ihre vornehmtuenden Kritiker) mehr hatten als eine Prahlerei: das Heil, mit dem sie dem Leid begegneten. Auch die Fortschrittler schritten nicht nur vorwärts, auch hinweg: in ein Land ohne Schwerkraft.

Dies zweite Feld menschlicher Siege liegt in der Phantasie. Jedes Heil ist der Ersatz für eine Heilung, die nicht möglich war.

Fontane zieht die Summe und sagt: »Es geht überhaupt nichts ohne Hilfskonstruktionen.« Das ist das nüchterne Wort für das pathetischere, im Zeitalter des technischen Vokabulars. Das Heil hat mit der Technik gemein, daß es geschaffen ist zur Überwindung von Unzulänglichkeiten; und ist von ihm getrennt darin, daß jede Technik sich ohne Ende vervollkommnet, während das Heil wirkt und dann unwirksam wird – es wächst nicht, es ist heilsam eine Weile und welkt ab.

Im Gegensatz zur Technik gehört das Heil zur Familie der Ab-Lenkungen: es lenkt ab von dem, was nicht aus der Welt geschaffen werden kann. Es lenkt ab vom frontalen Angriff: vielleicht auch aus Gemeinheit, Faulheit und Kleinmut – aber vor allem (in den fünf Fällen, die wir ausgesondert haben), weil dieser Kampf ein Stellungs-Krieg ohne Ende ist. Die Ab-Lenkung ist nicht eine bourgeoise Erfindung – obwohl manche Ablenkungen es sind. Die Aristokraten lasen griechische Schriftsteller und die Sowjets haben rote Zerstreuungen, zu denen auch die Dialektik gehört.

Das Wort Ab-Lenkung drückt nur aus, was nicht erreicht wurde. Man lenkte vom Entscheidenden ab. Es wurden aber so Siege erfochten, wenn auch weniger beständige. Alle Heils-Praktiken: Zaubereien, Gebete, Mythologien, Theologien, Tragödien, theoretische und künstlerische Metaphysiken hatten ihre Zeiten und ihre Zeit. Diese super-technischen Hilfen haben viele Ursprünge gehabt: Gott ist als Vater entstanden, als logischer Schluß – und auch als Erfindung von Dunkelmännern; »das wahre Gebiet und der wahre Gegenstand des Betrugs sind die unbekannten Dinge«, sagte Montaigne. Die Über-Welten haben viele Herkünfte gehabt und viele Funktionen erfüllt. Sie waren vor allem das Heil für Wunden, die nicht geheilt werden konnten. Sie wurden zu Zeiten fertig mit dem großen Leid, mit dem man nicht fertig werden konnte wie mit Dunkel, Kälte und Bazillen. Die Geschichte des Heils ist die Geschichte des Unheils, welches sie nötig machte. Es sind nicht die Dunkelmänner, die das Unheil schaffen, obwohl sie es gerne täten; sie fischen nur in ihm.

Das Heil, wo es in Kraft ist, wird mitgeboren. Man bekommt es fix und fertig, wie die Windeln. Zeiten, in denen es eine Pluralität von Heil gibt, zum Aussuchen, so daß die Wahl schwer fällt, und mancher zögernd außerhalb erfriert – projizieren ein universales Heil in die Vergangenheit: eine Menschheit – ein Heil. Das sehnsüchtige Pamphlet *Die Christenheit oder Europa* ist das berühmteste Dokument einer zuviel-göttrigen Zeit und einer seligen Unkenntnis der Geschichte. Es gab, als das lokale Terrain noch recht abgeschlossen war gegen die gegenwärtige (und historische) Vielstimmigkeit, recht solide Schutz-Hütten: man wurde aus ihnen nicht vertrieben, solange keine öffentlichen Spaltungen entstanden; und man sich deshalb nicht spaltete.

Jeder ist ein potentieller Heil-Bringer. Es hängt immer ab von der Macht seiner Not und dem Vermögen seines Ausdrucks. Ist sie sehr groß und die Begabung sehr stark und der Zeitgenosse bereit, so mag einer für eine Weile eine Welt unter sein Heil zwingen. Dann ist alles Aberglaube, was außerhalb sich beruhigt. Jetzt ist das Wort »Aberglaube« gestaltlos geworden, weil der Hintergrund fehlt, vor dem es sich abzeichnen kann. Nicht nur Amerika zeigt eine Sekten-Fülle, die im Pluralismus ihre Philosophie erhalten kann. Der Glaube der Zeit ist der Privat-Glaube: ein sehr dünnes Heil, aber zugeschnitten auf den Leib des Trägers. Die katholische Kirche trägt der Entwicklung Rechnung: sie wird starrer; Nachgiebigkeit ist nur gut auf festem Boden. Die Geschichte der Staaten ist eine sichtbare Entwicklung zu immer umfänglicheren Organisationen. Die Geschichte der Kirchen ist eine sichtbare Entwicklung zu immer lokaleren Sekten. Es geht zu auf Eine Welt – und Kein Heil.

Jedes Heil ist die Gewißheit, daß im Grunde alles in Ordnung ist; es wird um so dringender, wenn über dem Grunde alles in Unordnung ist. Es wurde geboren für Erfahrungen, die mit geringerem, weniger überschwenglichem Trost nicht zu überkommen waren. In der Bibel heißt es: »Und Gott sah alles, wie er es gemacht; und siehe da, es war gut.« Hegel sagte dann, ganz anders, dasselbe: »Alles, was ist, ist vernünftig.« Und der zeitgenössische amerikanische Philosoph William Ernest Hock-

ing variiert den biblischen Hegelianismus: »Zu wissen, daß die
Welt einen Sinn hat, ist das philosophische Minimum.« Walter
Scott setzte allen Hiobs-Botschaften entgegen: wir können nur
oft nicht erkennen, daß wir allen Grund haben, zufrieden zu sein.
Byron hatte ihm den *Cain* gewidmet. Er dankte, indem er ihm
Frieden zu geben suchte: es läge alles nur an »unserer menschlichen Unvollkommenheit, an der Tatsache, daß wir die uns
bedrückenden Übel zwar wahrnehmen und empfinden, aber zu
wenig über die Ordnung des Universums wissen, um zu erkennen, wie ihr Vorhandensein sich mit der Güte des großen
Schöpfers vereinen läßt«. Ein Glaube in glaubensloser Zeit: in
dubio pro reo. Und nicht sehr haltbar vor der Erwägung: geht
nicht die Unvollkommenheit so weit, daß man zwar der »Güte
des allmächtigen Schöpfers« gewiß ist – aber nicht seines Seins?

Die Zuversicht, daß es gut mit ihnen gemeint sei, konstruierten sie in zwei großen Operationen. Die eine verdient, nach
ihrer zentralen Kategorie, den Namen »Noch Nicht«. Die
andere ist die Veranstaltung der Um-Wertung, die ein Um-
Wollen, Um-Fühlen und Um-Denken ist; ihre extremste Kategorie ist der Schein. Diese Heil-bringenden Techniken, deren
Verlust heute vielstimmig beweint wird, waren die Größe einer
vergangenen Zeit.

Was im Sprachgebrauch Technik genannt wird, konnte viel
weniger – und hatte mehr Zukunft.

Noch nicht ist ein Versprechen. Das Noch ist betonter als das Nicht. Der Akzent sagt: das Nicht wird einmal aufgehoben sein. Die gute Zukunft nimmt der schlechten Gegenwart ihren Druck. Es ist die Vor-Freude, die das Jetzt vor dem Futurum fast zergehen läßt. Wie großartig, fragten die Enthusiasten des achtzehnten Jahrhunderts, werden wir aussehen, wenn unsere Akademien hundert Jahre alt sein werden?

Das Noch Nicht besteht aus vielen Zeit-Erstreckungen, je nach dem Substrat: noch nicht – für wen? An wem wird sich das Versprechen erfüllen? An mir, dem Lebenden? An mir, nach dem dreifachen theosophischen Tod? Das Noch Nicht kann soweit hinausgeschoben werden, wie das Ich. Es ist ein echtes Heil, solange ich es bin, der das Versprechen erleben wird . . . wo immer. Das zuverlässigste Fortschritts-Heil schufen die Vorstellungen vom Leid-befreiten Leben nach dem Tode; sie haben hier ihre mächtigste Wurzel gehabt.

Es wurde dann versucht, das Noch Nicht-Heil zu retten auf dem Boden der Erde. Der Einzelne erhielt ein irdisches Jenseits; ihm wurden Kinder und Kindeskinder angestückt. Noch einen Schritt weiter, man löste ihn aus dem Strom des Vitalen und schuf die Einheit der Menschheit; so schenkte man ihm ein Vorleben und Nachleben.

Das Noch Nicht wurde die Vorwegnahme der erfüllten Zukunft: der Gegenwart künftiger Generationen. Doch wurde das schwierig. Man machte Erfahrungen mit dieser Zukunft – was einem beim echten Jenseits erspart geblieben war. Die Zukünfte von einst sind unsere Vergangenheiten. Wir können viele Noch Nicht kontrollieren; sie sind Jahrtausende, Jahrhunderte und Jahrzehnte alt. Auch wurde eines Tages erfahren, daß dieses Noch Nicht, auf anonyme Substrate wie Nachkommen und künftige Generationen bezogen, nur eine Heils-Phrase ist. In Artzibaschews Roman *Ssanin* steht: »Aus welchem Grunde soll ich meine Person in Schändung und Tod führen, nur damit die Arbeiter des zweiunddreißigsten Jahrhunderts keinen Mangel an Nahrung und Geschlechtsgenüssen leiden?« Gegen das wirkungslos gewordene Noch Nicht rebellierten Schopenhauer, Kierkegaard und Nietzsche; Hegel und alle seine Derivate gingen daran zugrunde. Mit diesem Aufstand begann unsere Gegenwart.

Als die Aufklärer selbst skeptisch wurden gegen das Noch Nicht, fand seine letzte Verwandlung statt: in seine kraftloseste Existenz. Das Noch Nicht enthält zwei Postulate: das Sich-regen und das Vorwärts. Als das Vorwärts unterging in der vagen Bestimmung: vorwärts in die Unendlichkeit – blieb nur noch das Sich-regen übrig, das Streben. Das Streben als Ankunft ist die letzte Phase des Fortschritts-Glaubens, der mit dem großartigen Ankommen im Jenseits so kräftig begonnen hatte. Die Auswechslung der Aktivität gegen das Ziel war Goethes Heil: »Wer immer strebend sich bemüht, den können wir erlösen.« Den können wir anerkennen, das wäre verständlich. Aber erlösen? Es sieht fast so aus, als sei hier das Noch Nicht umgewandelt in etwas viel Stärkeres: als sei da mehr als eine Hoffnung auf Kommendes – ein Haben. Kants »Guter Wille« hatte sich ebenso unabhängig gemacht von der Zeit und ihrer Erfüllung. Als das Versprechen auf eine irdische Erlösung nicht mehr gegeben werden konnte, versuchte man, mit etwas weniger auszukommen: dem Heil der Regsamkeit.

Vom Noch Nicht bleibt nichts als die Dynamik, das inhaltslose Element. Es ist mehr geworden als nur: ein Heil durch Vorwegnahme – und gewinnt nicht, wozu es in die Welt gesetzt worden war. Das Heil des Immer-strebend-sich-bemühens – und Nicht-Ankommens, das Faustische als Heil, die Formalisierung des Fortschritts im unentwegten Schreiten: war das Ende des Noch Nicht.

Die menschliche Schöpfung des Jenseits hatte das geschichtliche Denken in die Welt gesetzt. Auf seinem Boden war ein geschichtliches Heil erwachsen: die Erlösung einer Gegenwart durch ihre Zukunft. Als es verweltlicht wurde, begann die Entkräftung. Der leidvolle Leib und der Tod sind nicht wegzuzaubern mit einer enthusiastisch geschriebenen Geschichte der Medizin; auch nicht mit Voronoff, Steinach und der Alters-Statistik. Hier hatte nur ein Noch Nicht helfen können, das die Zeit des Individuums verlängerte über den Zerfall des irdischen Körpers hinaus. Die Lehren vom Jenseits waren notwendig, wollte man das Noch Nicht wirksam machen. Man tut gern so, als wäre hier nicht, nach dem Absterben der Jenseitse, eine Heillosigkeit entstanden – nur weil man sie nicht überwinden kann.

Vor der Erfahrung der Unterlegenheit hat das nur-weltliche Noch Nicht seine stärkste Macht gehabt. Die großen Revolutionen waren immer mehr als reale Umwälzungen: das aktuelle Genießen gesellschaftlichen Heils; vor diesem Genuß sind wissenschaftliche Utopisten und unwissenschaftliche Zwillingsbrüder gewesen. Die Idee der permanenten Revolution bis zum End-Zustand wurde die permanente Wegblendung der sozialen Gegenwart. Das liberale Noch Nicht ist dem marxistischen, das ihm so ähnelt, weil sie den gleichen Vater haben, nicht unterlegen, wie es den Anschein hat; aber überschwengliche Zitierungen der Zukunft sind nur wirksam in einer dynamischen Situation. In den lauen Lüften des Status quo, in denen das Liberale heute vegetiert, ist die beste Utopie nichts als Zeitvertreib.

Das säkularisierte Noch Nicht ist kein wirksamer Zauberstab gegen die Ohnmacht vor dem Vor-Bild. Darf ich den astralen Leib passieren, auf zwei Stationen mich von den Schlacken befreien und die Ansätze vervollkommnen, dann ist eine gute Chance. Aber in siebzig Jahren ist nicht viel Zeit für das Noch Nicht; eines frühen Tages ist nicht mehr zu verheimlichen, daß alles nur Ausweichen ins Poetische war. Deshalb haben die Verkünder des irdischen Fortschritts die Ethik umgewandelt in Politik; die vollkommene Gesellschaft bereitet dem Lebenden nicht so viel Niederlagen wie die eigene Vollkommenheit. Der Partei-Kämpfer ist von der Pflicht entbunden, ein Beispiel zu sein: der Fortschritt entbindet ihn vom Fortschreiten. Nichts hat so sehr beigetragen zur Befreiung des Einzelnen vom Vorbild als seine Einspannung in die Arbeit für eine bessere Menschheit. Bis der Zauber zerging, unter der Entzauberung der Erlösungs-Parteien.

Am besten hatte, einige Jahrhunderte, das im Irdischen sich erfüllende Noch Nicht hinweggezaubert dies »Ich sehe, daß wir nichts wissen können, das will mir schier das Herz verbrennen.« In diesen Jahren erklärte ein Zoologe auf einem wissenschaftlichen Kongreß: »Deshalb kann ich Ihnen auf die Frage nach der Wahrheit nur antworten: haben Sie noch drei Milliarden Jahre Geduld!« Es ist für Wesen, die nicht hundert Jahre alt werden, nicht ganz leicht, drei Milliarden Jahre Geduld zu haben. Aber dies Noch Nicht ging gar nicht einmal zugrunde an der kleinen Zeitdifferenz. Man begann, daran zu zweifeln, daß die drei Milliarden Jahre es machen werden.

Wenn aber vom Unkräftig-werden der Zauberstäbe die Rede ist, so darf nicht übersehen werden, daß auch mit kraftlosen Stäben gezaubert wird – vor einem Publikum, man weiß nicht, was es denkt. Im Sommer 1953 fuhr der amerikanische Schriftsteller William Faulkner nach Wellesley, Massachusetts, um seine Tochter Jill zu sehen – und das Noch Nicht neu zu illuminieren. Was ist an unserer Welt nicht in Ordnung? fragte er. Und antwortete: »Sie ist *noch nicht* zu Ende gemacht.« Es ist *noch nicht* soweit, daß man seine Unterschrift geben kann: alles o. k. Nur der Mensch kann es dahin bringen, nicht Gott. Und Faulkner erzählte die Geschichte der Schöpfung noch einmal. Gott schuf die Erde und den Menschen. Dann hielt er inne und überließ ihm das Ganze. Das war nicht ein Experiment. Gott kannte die Seele, die er geschaffen hatte. Er verlangte auch nur, daß man sich anstrenge für die guten Dinge: Freiheit des Körpers und der Seele, Sicherheit für die Schwachen und die Hilflosen, Friede und Freiheit für alle. Die Engel im Himmel hörten artig zu – mit Ausnahme eines Schwarz-Glänzenden, des Unverbesserlichen. Er war arrogant und stolz, verlangte, erhob Einspruch, und war so ehrgeizig, Abänderungen zu wollen. Da stellte Gott den Ehrgeiz in Rechnung – und sah voraus: Dschinghis-Khan, Caesar, Stalin, Bonaparte und Huey Long. Gott aber setzte den

Ehrgeiz und die Rücksichtslosigkeit ein, um die Menschen zu animieren, anzustürmen gegen das Zerstörenswerte. Faulkners Ansprache endete nicht mit einem revolutionären Appell. Eher redete er seinen Zuschauern zu, sich nicht etwa wie Jeanne d'Arc zu erheben. Man kann auch leise und langsam ändern. Er war sehr zufrieden und zuversichtlich – was die Zukunft betraf.

Das Leben eines langlebigen Zauberstabs – in toter Zeit.

Die Zauberflöte:
Der Traurige wird fröhlich sein

O Prinz, nimm dies Geschenk von mir!
Dies sendet unsre Fürstin dir.
Die Zauberflöte wird dich schützen,
Im größten Unglück unterstützen.

Hiermit kannst du allmächtig handeln,
Der Menschen Leidenschaft verwandeln,
Der Traurige wird freudig sein.
Den Hagestolz nimmt Liebe ein.

O so eine Flöte ist mehr als Gold und Kronen wert,
Denn durch sie wird Menschenglück und Zufrie-
denheit vermehrt.

Die Operation, die zugrunde liegt, kann als Um-Fühlen beschrieben werden. Sie ist im Kleinen und im Großen prakti- ziert worden – und war erfolgreich sowohl gegen Zahnschmer- zen als auch gegen den Tod. Gegen Zahnschmerzen war sie nicht so sehr von Bedeutung; man wurde ihrer auf andere Weise Herr.

Woran gemessen ist das Um ein Um? An den Leiden, die sich dann wieder fühlbar machen. Um-fühlen wird etwa vollzogen in dem Prozeß, der Gewöhnung heißt. Das Fremde wird nahegebracht, einbezogen in den Kreis des Vertrauten; alle, die verdrängen, nehmen sich diese Chance. Das Fremde kann auch das Leid sein.

Es gibt keins, das nicht ans Herz genommen werden kann. Das mächtigste Beispiel für dies Vermögen ist das Um-Fühlen des Todes. Er wurde familiär »Heinrich« genannt, mit dem Kosenamen »Heine«; Matthias Claudius nannte ihn noch herzlicher »Freund Hein«. Mozart war in seinem fünfundzwanzigsten Jahr schon ganz eng mit diesem »wahren, besten Freunde«; so daß »sein Bild nicht allein nichts Schreckendes« mehr für ihn hatte, »sondern recht viel Beruhigendes und Tröstendes«. »Ich danke meinem Gott«, schrieb er in einem Brief, »daß er mir das Glück gegönnt hat, mir die Gelegenheit (Sie verstehen mich) zu verschaffen, ihn als Schlüssel zu unserer wahren Glückseligkeit kennenzulernen.« Die Gelegenheit war der Tod seiner Mutter. Mozarts Praxis war: er ging mit ihm schlafen, nahm ihn in die Arme. »Ich lege mich nie zu Bett«, heißt es, »ohne zu bedenken, daß ich vielleicht (so jung als ich bin) den anderen Tag nicht mehr sein werde.« So ist das Leid entleidet worden. Es gibt viele Grade des Um-Fühlens: vom Unerträglichen zum Erträglichen und zur Seligkeit.

Hinter dem Um wirkt ein Wille, der sich nicht durchzusetzen vermag und leidet – was wider seine Natur ist. Er hat sich nie leicht aufgegeben – und den großen Ausweg ins Werkzeug gefunden. Wo er seine endgültige Ohnmacht erlitt, gelang es ihm nicht, mit dem Ursprung des Leids – aber mit dem Leiden fertig zu werden: indem er das Um-fühlen in Gang setzte. Das große Mittel wurde die Vorstellung, die Einfluß hat auf das Fühlen. Wesentliche Vorstellungen und Begriffe wurden geschaffen von der Not, die sie rief: was sie gegen das Leiden zu leisten hatten. Man hat in diesem Jahrhundert (in Amerika, widerwilliger in Deutschland) das pragmatische Motiv an der Wurzel von Vorstellungen, Begriffen, Theorien herausgestellt – aber begrenzt auf

den Bereich der Technik; auch die Kategorien der Transzendenz
entsprangen einer Not. Die zentralen Begriffe der Metaphysik
wurden wesentlich erzeugt für ein Heil.

Die Kreuzzügler brachten es – anders als die bescheideneren
Techniker – mit Hilfe aller Wahrheiten nie weiter als bis zu einer
vorübergehenden Lösung. Sie wurde durch die Jahrhunderte
demonstriert und analysiert und kritisiert und diskutiert – und
lebte nie von dem, was sie offiziell war: Abbild einer Wahrheit.
Sie kapselte Leid ein, daß es nicht zu sehr quäle; oder verwandelte es gar in Glück. Platons Höhlen-Gleichnis hat viel geleistet für
die, welche in Höhlen leben und nicht ausbrechen können. Was
heute herabsetzend als »Rationalismus« verlacht wird (und
vielleicht auch wirklich nur noch ist), hat eine hohe Herkunft:
die Erlösung durch Lösungen, die im Irrationalismus auf gleiche
Weise zelebriert wird. Dieser heilsame Kult von einst hat
allerdings nichts mehr zu tun mit einer Zeit, die der abstrakten
Spielmarken, welche sich konkret geben, nicht mehr entraten
kann – weshalb man die abstrakte Kunst, die dagegen revoltiert,
die konkrete nennen sollte; denn in ihr ist der Versuch, von der
ausgerechneten Metapher zurückzugehen zu dem Noch-nicht-
konfektionierten. Was »moderne Kunst« genannt wird, ist allerdings auch die Wiederentdeckung, daß das Gedankenbild nicht
der einzige Weg des Um-fühlens ist. Vernünftelei hatte eine
Hierarchie der Künste geschaffen, in welcher der Musik der
unterste Platz angewiesen war, weil sie so wenig »Ideen« hätte
(und auch nur in der Vokal-Musik). Die Romantik setzte die
Musik auf den Thron – und zwar die Instrumental-Musik. Man
wandte sich von der Welt der Vorstellungen ab, weil sie hoffnungslos fest-gestellt waren.

Das ist nicht immer so gewesen. Im Dienst des Um-fühlens
sind die großen wirksamen Gedanken hervorgetrieben worden:
mystisch-künstlerische, gnostisch-theologische, abstrakt-meta-
physische Theorien. Zu sehr wurden immer die logischen Operationen beachtet; der Rationalismus (und alle Denk-Gebilde
sind Rationalismen verschiedener Grade) war in seiner großen
Zeit eine Heils-Lehre – wie Spinozas Abhandlung *De emenda-*

tione intellectus verrät. An den monumentalen Wissens-Enzy-
klopädien, die wir nur mit verschiedenen Gattungsbezeichnun-
gen benennen, schrieb ein heimlicher Mitarbeiter mit; er wußte,
welche Interpretationen des Körpers, des Kampfs, des Vor-
Bilds, der Wahrheit und des Todes vom Leid befreien oder sie gar
in Hallelujas auflösen. Die Systeme sind aus der Empirie entstanden – und der Sehnsucht nach Heil: und funktionierten so.

Ihre Reihe kann auch als Ideen-Geschichte beschrieben werden (eine Folge von Thesen und Hypothesen, Anregungen und
Entfaltungen); auch (soziologisch) als Propaganda-Geschichte,
meist der Starken und manchmal der Schwachen. Vor allem war
sie eine Geschichte der Beeinflussung von Leidenden, ein Um-
fühlen durch Um-denken. Hinter mancher, mit allen Logiken
und wissenschaftlichen Entdeckungen unterkellerten Konstruktion stand die unbemerkte Frage: wie muß das All geordnet sein,
daß wir ertragen, was nicht zu ertragen ist? Das Denken, auch
zum Bezirk der Phantasie gehörig, ist sehr beweglich – zumal in
Regionen, in denen es nicht so gebunden ist wie im Wahrnehmen; und selbst der Baum vor dem Fenster läßt noch viel
Freiheit. Hinter den umfassendsten theoretischen Satz-Ketten
wirkte der Wille gegen das Leid, der nicht im Begriff, erst in der
von ihm beeinflußten Sphäre zur Ruhe kam.

Deshalb verrät es Ahnungslosigkeit, das Theoretische zu
isolieren. Ahnungslos ist Robert Graves' Sentenz: »Der Begriff
des Supra-Naturalen ist eine Krankheit der Religion« – wo er
doch gerade ihre Gesundheit war. Ahnungslos ist die Sowjet-
Enzyklopädie, die unter dem Stichwort »Gott« dekretiert: »Völlig frei erfundene, fiktive Persönlichkeit«. Sie ist ebenso »frei
erfunden« wie die »Klassenlose Gesellschaft« – und leistete
mehr. Die Kern-Worte der großen Deutungen sprechen nicht
eine Wahrheit aus, sondern ein Heilsames. Deshalb sind theoretische Möglichkeiten, die das nicht leisten konnten, unentwickelt
geblieben; zum Beispiel der böse Gott, der Monotheismus
Satans. Er ist eine Denkbarkeit, Beispiele bieten sich an, ein
Aristoteles oder Hegel hätte ihn plausibel machen können; nur
fehlte es an Bedarf.

Das größte theoretische Unternehmen zum Zweck des Um-
fühlens wurde die Theodizee. Die lange Reihe der Plädoyers
begann mit den Bibeln und endete mit Schopenhauer; die
Heutigen leben, trotz mancher Nachzügler, in der Theodizee-
losen Zeit. Die großen Trainer des Um-fühlens durch Um-
denken werden Optimisten genannt; die ersten in christlicher
Zeit, ohne daß sie etwas von ihrem Titel wußten, waren Plotin,
Augustin, Scotus Erigena und Abälard. Leibniz, der an das Wort
Optimismus geheftet ist, weil ein Zeitgenosse es gegen ihn
polemisch abschoß, zog dann die Summe: nur das Gute sei
positiv, das Böse aber lediglich ein Mangel, eine Privation, eine
Abwesenheit und Schranke des Guten, die sich, wenn überhaupt
eine Welt von endlichen Wesen existieren sollte, gar nicht habe
vermeiden lassen.

Die Plädoyers variierten nur ein paar Motive. In der Bibel
heißt es: »Da aber der Herr sah, daß der Menschen Bosheit groß
war auf Erden und alles Dichten und Trachten ihres Herzens nur
böse war immerdar, da reute es ihn, daß er die Menschen gemacht
hatte.« Der Herr wurde mit dem Sündenfall nicht belastet. In den
Enneaden wird die Gottheit nicht verantwortlich gemacht für
den Unter-Gott, dessen Welt voll Leid ist. Plotin, einem der
ersten militanten Anti-Pessimisten, schien es eine verstiegene
Frechheit, die Schöpfung der Welt und ihre Beschaffenheit zu
tadeln. Er tat alles, um Gott zu bewahren vor dem Vorwurf, eine
schlechte Welt geschaffen zu haben. Es war immer die Willens-
unfreiheit Gottes und die Willensfreiheit des Menschen, die dem
Leid seinen Stachel nahm.

Die »Schuld« entstand als ein Heils-Weg. Die Schuld ist eine
Erfindung zum Leichtermachen des Leids. Der Physiker Carl
Friedrich von Weizsäcker schrieb: »Im Christentum ist auch
vom Leiden die Rede, aber mehr von der Schuld.« Weil durch sie
das Leid umgefühlt wird. So wird sie bis zum heutigen Tage
gebraucht in der Wendung: es ist deine eigene Schuld. Wenn ich
es mir angetan habe, ist es nicht so schlimm, als wäre es mir
angetan worden; und das wiederum ist nicht so schlimm, als wäre
niemand schuld. Die Willensfreiheit ist eine Kategorie der

Versöhnung – und deshalb immer von zentraler Bedeutung gewesen.

Die Frage: wer weiß, wozu es gut ist? ist eine andere Kategorie zum Frieden hin. In den glücklicheren Fällen weiß man bereits, wozu es gut gewesen ist. Joseph kommentierte den Josephs-Roman: »Ihr gedachtet, es böse mit mir zu machen; aber Elohim gedachte es gut zu machen, daß er täte, wie es jetzt am Tage ist am Leben zu erhalten ein großes Volk.« Wer weiß, wozu es gut ist? wurde eine ganze und felsenfeste Aussöhnung in Hegels *List der Vernunft*, die so listig ist, das Leid zu einem preisenswerten Mittel zu machen. Kants geschichtsphilosophisches Manifest wurde das Hohe Lied der Not: »Dank sei also der Natur für die Unvertragsamkeit, für die mißgünstig wetteifernde Eitelkeit, für die nicht zu befriedigende Begierde zum Haben, oder auch zum Herrschen! Ohne sie würden alle vortrefflichen Naturanlagen in der Menschheit ewig unentwickelt schlummern. Der Mensch will Eintracht; aber die Natur weiß besser, was für seine Gattung gut ist; sie will Zwietracht.« Goethe, der Verteidiger, schuf zum Preis der Not die Theodizee in einem Satz und einer Figur, Mephisto: »ein Teil von jener Kraft, die stets das Böse will und stets das Gute schafft«. Hegels Mephisto hieß Antithesis – und tat dasselbe. Ein heutiger Fürsprecher heißt Toynbee: ohne Not keine Kultur. Schiller sagte es, in der *Braut von Messina*, für den Hausgebrauch:

> Etwas fürchten und hoffen und sorgen
> Muß der Mensch für den kommenden Morgen,
> Daß er die Schwere des Daseins ertrage
> Und das ermüdende Gleichmaß der Tage.

Die Apologeten vergaßen nur immer, eine kleine Frage zu beantworten. An Plotin: weshalb blieb die Gottheit nicht in ihrer seligen Ruhe? An Kant: weshalb können die Anlagen des Menschen nicht ohne Zwietracht entwickelt werden? An Toynbee: weshalb nicht Kultur – ohne Not? Die Apologeten sind Tröster am Bett von Schwerkranken: wie gut, daß du dich einmal ausruhen kannst.

Nicht nur Apologien, auch Apologeten haben ihre Geschichte gehabt. Erst verzauberten sie andere – dann waren sie selbst entzaubert. Am siebenten Oktober 1759 erschien, vom Privatdozenten Kant, der *Versuch einiger Betrachtungen über den Optimismus*, »wodurch er zugleich seine Vorlesungen auf das bevorstehende halbe Jahr ankündigt«. Die Ankündigung lief aus in die Sätze: »Ich bin demnach und vielleicht ein Teil meiner Leser mit mir überzeugt, ich bin zugleich erfreut, mich als einen Bürger in einer Welt zu sehen, die nicht besser möglich war. Von dem besten unter allen Wesen, zu dem vollkommensten unter allen möglichen Entwürfen als ein geringes Glied, an mir selbst unwürdig und um des Ganzen willen auserlesen, schätze ich mein Dasein desto höher, weil ich erkoren ward, in dem besten Plane eine Stelle einzunehmen. Ich rufe allem Geschöpfe zu, welches sich nicht selbst unwürdig macht, so zu heißen: Heil uns, wir sind! und der Schöpfer hat an uns Wohlgefallen.« An den lebenden Kant hingen sich, wie auch an jeden, der nicht schließlich mit einer *Kritik* sich befreit, die Vokabeln der Zeit. Siebenundzwanzig Jahre später erschien von ihm die kleine Schrift *Mutmaßlicher Anfang der Menschengeschichte*. Sie war eines der letzten Rückzugsgefechte des Optimismus, das hier dokumentarisch wurde. Der Schöpfer und sein Gefallen an den Geschöpfen hat Platz gemacht – einem heroischen keep smiling: »Der denkende Mensch fühlt einen Kummer, der wohl gar Sittenverderbnis werden kann, von welchem der Gedankenlose nichts weiß: nämlich Unzufriedenheit mit der Vorsehung, die den Weltlauf im Ganzen regiert, wenn er die Übel überschlägt, die das menschliche Geschlecht so sehr, und (wie es scheint) ohne Hoffnung eines Bessern, drücken. Es ist aber von der größten Wichtigkeit, mit der Vorsehung zufrieden zu sein (ob sie uns gleich auf unsrer Erdenwelt eine so mühsame Bahn vorgezeichnet hat).« Weshalb ist es von der größten Wichtigkeit? »Um unter den Mühseligkeiten immer noch Mut zu fassen.« Der Mut war nicht erst Nietzsches Erfindung. Er war – bis zu Hemingway, was übrigblieb, als nichts anderes mehr übrigblieb. Mut ist im modernen Vokabular eine Kategorie der Verzweiflung.

Die radikalste Operation des Umfühlens, der zauberkräftigste Stab gegen das, was weggezaubert werden sollte, war die Aufteilung der Welt in Sein und Schein. Das, was nicht zu ertragen war, wurde in die Sphäre des Scheins verwiesen: was nicht ist, kann auch nicht wehetun. Der Dhammapada, die Lehre der Eleaten, die Christian Science schufen die Wahrheit zu dieser Erlösung. Die Literaturen, die Konstruktionen, die Konfessionen sind bekannt; nicht so bekannt ist, wieweit sich diese Radikalität bewährte. Die Frage nach der Bewährung ist die Frage nach dem Vertrauen zum Zeugen. Was ist hier nur Literatur und sprachliche Imitation?

Wissenschaft ist die Befreiung vom Sinnfälligen, die Einführung in die Welt des Scheins. Die Wissenschaft hat die Preisgabe des Sonnen-Aufgangs durchgesetzt. Es ist nicht schwer für den, der sowieso gelernt hat, nicht im Augenfälligen zu leben, einen Teil dessen, was sich als real aufdrängt, als Schein zu erfahren. Doch ist von hier noch ein weiter Weg bis zum Sansara, bis zum universalen Nichts der Eleaten und der Welt als Vorstellung. Die maßvolle Entrealisierung des Realen ist alltäglich. Die universale Gleichsetzung von Sein und Schein, von Wert und Nicht-Sein ist – ein selten begangener, literarisch berühmter Heilsweg.

Eher gelang die partiale Ausmerzung durch ein gewalttätiges: Es ist nicht. Die Weg-Dekretierung des Körpers und des Todes steht nicht nur im Buch; gerade an den härtesten Fakten wurde die radikale Prozedur mit dem größten Erfolg durchgeführt. So erfolgreich, daß Kranke keinen Arzt rufen; wenn es keinen Körper gibt, dann auch kein Heilmittel gegen ihn. Der radikalste Zauberstab – prächtig entfaltet in den Literaturen des Ostens – ist der wundertätigste gewesen, sollte er so universell gezaubert haben, wie sich heute der Westen vorstellt, der vor dem Osten in Ehrfurcht erschauert – ohne ihn zu kennen. Es ist etwas anderes, die indischen Literaturen herauszugeben und zu kommentieren – und herauszufinden, wie die Menschen, in deren Mitte sie entstanden, mit dem Leben lebten; der Schluß von einem Werk auf die Menschen, unter denen es entstand, ist naiv. Heute ist der

Osten im Westen vor allem ein Ausdruck westlichen Selbst-Hasses.

Hätte die Verdunstung der Welt in den Schein genügt, dann hätte man hier nicht das Mitleid so nötig gehabt. Es war wohl die zugänglichere Methode, sich vom Druck zu befreien. Daß es in jeder Sprache ein Wort gibt für Mit-Leid, nicht aber für Mit-Freude, zeigt an, daß dies Mitleid eine der großen Techniken war, die gegen das Leid gefunden wurden. Das Mitleid wurde viel ausphilosophiert in einer Welt, die keins hatte und es daher nicht begreifen konnte. Hobbes verfehlte das Mitleid völlig. Er sah in ihm: »die Phantasie für ein Unglück, das mir zustoßen wird – hergeleitet aus dem Unglück anderer«. Das würde bedeuten, daß man nicht mehr Mitleid empfinden kann, wenn man für sich nichts mehr zu fürchten hat. Spinoza schlug in dieselbe Kerbe: der andere erinnere uns an das, was uns zustoßen kann. Das kann geschehen, geschieht – aber, was wir dann leiden, ist nicht Mitleid. Spinoza versuchte die soziale Funktion dieses selbstischen »Mitleid« nachzuweisen: Vernunft hielte uns an, von diesem Mit-Leid uns zu befreien, indem wir andere von ihrem Leid befreien. Eine gute Psychologie – die das Mitleid nicht kennt.

Doch ist sie nicht ganz so falsch, wie es aussieht. Es gibt ein passives Mit-Leid. Dort, wo die Grenzen des Einzelnen so wenig fest sind, daß die Sympathie-Gefühle nicht scharf getrennt sind von den egoistischen. Die Wand zwischen Mein und Dein ist – durchlässig. Die unfreiwillige Identifikation ist eine tägliche Erfahrung. Die Nähe, die größte Kupplerin, spielt hier ihre große Rolle. Dies Mitleid hat wenig zu tun mit jenem, welches dem spinozistischen darin ähnelt, daß auch es selbstbezogen ist. Es ist aktiv und sucht das Leid auf. Es ist eine Art Desertion ins Leid: der Überläufer will sich vertraut machen mit dem Feind, dem er nicht entgehen kann. Das Mitleid, welches das Leid aufsucht, bevor es kommt, ist die Erleichterung, die in jeder Freiwilligkeit liegt.

Man nennt das Masochismus und verdeckt damit, daß die sogenannte Perversion fundiert ist in einer Provokation zum

Umfühlen, die erst bestimmt ist, wenn ihre besondere Abstammung angegeben ist. Das Mit-Leid ist ein Leid und ein Heil: der Traurige wird freudig sein.

Fünf heroische Niederlagen

Die Geschichte des Geistes als einen göttlichen Siegeszug zu beschreiben, ist ein Unrecht, welches mit Hegels *Vorlesungen zur Philosophie der Geschichte* und dem Satz: daß die Wunden des Geistes ohne Narben heilen... zu seinem Höhepunkt kam. Was versucht und nicht erreicht worden ist, darf nicht untergehen in einem gigantischen Hurra. Der Mensch hat ein Recht auf seine Niederlagen. Wir skizzieren hier fünf arme Siege.

Die Scheidung zwischen Leib und Seele ist nicht offensichtlich; sie ist eine Erfindung. Man sieht nicht zwei, sondern eins. Der Sieg der Konstruktion über den Augenschein ist zu verdanken dem Wert-Dualismus, den sie zu begründen hatte: der irdische Leib und die himmlische Seele. Zwei Substanzen sind aneinandergekettet: eine höhere und eine minder-wertige. Der Leib ist nie als höherwertig ausgedacht worden – wozu? Wieder eine Illustration für die trans-theoretische Herkunft philosophischer Theorien.

Der Dualismus hatte die Funktion: den Körper weg-zu-fühlen, um-zu-fühlen. Thomas von Aquino weiß: »Der selige Genuß, der in der Beschauung göttlicher Dinge liegt, vermindert den körperlichen Schmerz.« Vielleicht, wenn es keinen körperlichen Schmerz gäbe, wären die »göttlichen Dinge« gar nicht notwendig geworden.

Das Um-fühlen ging vonstatten in einer Skala von Entwertungen. Entwerten ist ein Ersatz für vernichten. Die Vernichtungs-Praktiken gegen den Körper, die zu keinem reinen Resultat führten, endeten in Entwertungen: dem Kompromiß. Die Vernichtungs-Züge – zusammenfassend: Askese – versuchten immer, schon im Leben Leib und Seele zu scheiden, das Gefängnis zu sprengen. Die Askese ist vieldeutig; man klärt nicht jede auf, wenn man eine durchschaut; ihr Hauptbetreiben aber war das Brechen der Knechtschaft, die der Körper ausübt. Sie scheiterte immer daran, daß die Vorstellung von zwei verbundenen, aber trennbaren Elementen nur dem Wunsch, sie zu trennen, entsprossen war. So kam es zum Kompromiß.

Das Weg-fühlen ist in der Christian Science praktiziert worden. Das Um-fühlen ist der maßvolle Versuch. Es wurden Vorstellungen geschaffen, die alle Emotionen gegen ihn mobil machten: Ekel, Verachtung, Gleichgültigkeit. Man behandelte ihn wie den niedrigsten Knecht, den man aus seinem Angesicht verbannt. Die Seele wurde immer mehr, auf daß der Körper immer weniger wurde. Man manipulierte ihn fast in das Nichts hinein.

Wie sehr in allen diesen Veranstaltungen des Um-fühlens zum Zwecke des Weg-fühlens einer sich frei machte, kann nicht einmal geahnt werden. Die Dokumente, die da sind, gleichen Haufen von Wort-Chiffren; die Interpreten dieser Zeugnisse müssen erst noch geboren werden. Die Schwierigkeit der Entzifferung wird ganz offenbar, wenn selbst ein Fall, den man gut kennt, nicht gelesen werden kann. Ein Studien-Freund von mir, ein Neu-Kantianer, der aus seinem ersten Semester in seinen ersten Weltkrieg ging, schrieb von der Front an eine deutsche philosophische Zeitschrift: ihn interessiere nicht, ob eine Kugel seinen empirischen Leib durchbohre, seinem Noumenon könne sie nichts anhaben. Wieweit war der Brief die Arbeit eines Wortemachers – wieweit ein Zeugnis des Weg-fühlens mit Hilfe einer philosophischen Theorie, von deren Heils-Qualität er noch lebte? Und wie haltbar war die Existenz dieses körperlosen Studenten?

Der radikalste Modus des Um-fühlens war die Leidenschaft für den Leib, an dem man litt. Als alle andern Versuche erschöpft waren, blieb nur noch das Paradox. Das Paradox ist die Tour de Force des Heillosen. Als man den Leib auf keine andere Weise mehr loswerden konnte, pries man ihn. Hinter dem »Epikuräismus« (eines der verdeckendsten Worte) Georg Büchners, Nietzsches und Wedekinds war das: ich preise, quia absurdum. Die Mittel der Belagerung und Beschimpfung waren abgebraucht. So liefen sie zum Feind über – und das war immer das Ende der Wehr. »Die Enthüllung des Fleisches« – als der Jüngling Richard Wagner seine Tänzerin fragte, ob sie für freie Liebe sei, und sie ihm antwortete: muß das sofort sein? – war nur eine politische Rebellion gewesen. Die Befreiung des Körpers und die Befreiung vom Körper verschmolzen bisweilen in demselben Aufbegehren, das dadurch so zwielichtig geworden ist.

Vorstellungs-Paare wie Leib und Seele, Stoff und Geist... sind wahrscheinlich unabhängig voneinander entstanden – und erst spät zusammengebracht worden in dem großen überlokalen Wort Dualismus.

Auch die Scheidung zwischen äußerer und innerer Freiheit verdankt einem spezifischen Druck ihre Entstehung, den aufzuheben sie bestimmt war. Sie war nie geeignet, die Macht, an der gelitten wurde, zu zerstören – wohl aber zu entwerten. Hier wurde keine Technik entwickelt, die so hoch hinauswollte wie die Askese. Die gesellschaftliche Macht, unter der einer lebt, ist nicht in seiner Hand wie sein Körper; und selbst an ihm scheiterten noch die radikalsten Asketen. Der Unterlegene kann nicht so weit entmachten, wie der Asket entkörpern kann. Er kann vielleicht seine Macht nicht gebrauchen – nicht einmal, um eine Fliege abzuwehren; aber was er an Macht nicht gebraucht, legt er dem Angreifer zu. Gandhi führte das Prinzip des Nicht-Gebrauchens in die Weltpolitik ein. Die Konsequenzen wurden nicht sichtbar, weil die Japaner nicht in Indien eindrangen und die von Gandhi philosophisch beherrschten Inder nicht zusahen. Das Heil des Nicht-widerstehens ist im Großen und Kleinen eine Illusion: jeder Verzicht auf Anwendung von Macht stärkt die Attacke.

Die Eremiten waren der konsequenteste Versuch, dem Unterlegensein zu entgehn. Sie flohen von dem Bezirk, in dem es wuchert, bis ans Ende der Welt. Da es bald ein Ende nicht mehr geben wird – die Erde wird bis in die fernste Ecke angefüllt sein mit Macht – ist der Eremit eine aussterbende Möglichkeit; übrigens hat es ihn auch bisher kaum gegeben, er war immer schon nur ein Klausner. Das Heil des Eremiten ist ein Pendant zur Leiblosigkeit; der Mensch kann ebensowenig vom Menschen getrennt werden wie der Leib von der Seele. Es ist während des Lebens nur ein einziger Abschied von der Menschheit denkbar: die Rückentwicklung zum Tier – ein Ausweg, der im sechzehnten Jahrhundert theoretisch erwogen wurde.

Der Mitmensch, die Mit-Macht, kann nicht vernichtet werden; der Stoizismus wurde der große Kompromiß. Man eremitierte nicht in Menschen-ferne Höhlen, sondern ins Innere. Die Schläge, vor denen der Eremit geflohen war, erkannte man nicht an – und blieb in der Nähe von Nero. Man befestigte sich in einer Burg, die uneinnehmbar war, solange man »sich« nicht aufgab. »Sich«: das ist die Möglichkeit, Nein zu denken, Nein zu fühlen und Nein zu wollen – Gedanken-, Gefühls- und Willens-Freiheit. Es ist die Unabhängigkeit des Ohnmächtigen: unter Erdbeben, Tyrannen und diktatorischen Majoritäten. Es ist »Die Freiheit des Christenmenschen« und Kants »Guter Wille« und der Eigen-Sinn des Non-Konformisten, der dem Zeitgeist seinen eigenen stumm und verbissen entgegensetzt. Es ist die Rettung der Würde des Menschen – und ihre Auslieferung an die bösen Mächte, die wissen: was sich äußerlich durchsetzt, setzt sich (nach angemessener Zeit) auch innerlich durch; Platons Tyrann Dionys wurde die Zeit gegeben, Cola di Rienzi und Hitler nicht. Stoizismus war auch, oft genug, die Auslieferung an eine innere Tyrannis. Die Gewalt, der man außen entgeht, tut man sich innen an. Daß man sein eigener Herr ist, verrät, daß man auch sein eigener Sklave ist. Man setzt die Tyrannen frei – und tyrannisiert sich. Das Heil der Stoa ist die Transparenz aller Freiheit und aller Knechtung – und, in der Karikatur, noch die Haltung des dummen August, der die Prügel bekommt und sich totlacht.

Die Trennung von Innen und Außen, die so notwendig war, ist ebenso künstlich wie die von Leib und Seele. Der innere

Eremit kann im ewigen Nein die Abhängigkeit nur bis zu einem Grade und eine Zeit lang als Unabhängigkeit um-fühlen. Verachtung, Gleichgültigkeit, das große nihilistische Durchstreichen sind Befreiungen; um so hilfreicher, wenn sie verankert sind in einer wohltuenden Konstruktion des All und des Menschen. Mit dem Zerfall eines solchen Alls begann das Schwächerwerden dieses Zauberstabs. »Der Mann ohne Eigenschaften« ist der Stoiker, der nicht mehr in geheimer Harmonie mit dem Universum ist: eher ein lebenslänglicher Protest. Aber wie lebt ein Protest ohne Ende?

Auch hier war Nietzsche – der letzte in der langen Reihe der Eremiten und Stoiker und Männer ohne Eigenschaften – der radikalste Heiland: er schuf zu guter Letzt noch den *Willen zur Macht*. Kann man sich nicht erlösen, indem man ihr wegläuft, dann versöhne man sie, indem man zu ihr überläuft. Seine Hymnen auf die Macht sind Variationen seiner Hymnen auf den Leib, zu dem er auch übergelaufen war. Er litt an dem Stärker und Schwächer mehr als Seneca, obwohl er nicht unter einem Nero lebte. Hatte es viel tiefer erfahren als der römische Freund des römischen Mörders, als der Liebhaber der Macht – solange sie nicht gegen ihn war. Nietzsche hatte einen sechsten Sinn für sie entwickelt und durchschaute sie in allen Vermummungen. Und hatte deshalb nötiger als irgendeiner vor ihm, sie loszuwerden. Und schuf den letzten Versuch, sie um-zu-fühlen: indem er ihr Lob sang – den traurigsten Lobgesang, glitzernd von großartigen Erhellungen.

Die Reihe dieser Kreuzzüge und ihrer kurzen Siege eine Folge von Illusionen zu nennen, ist der Dünkel einer Zeit, die nicht illusionsfreier ist, sondern illusionärer. Sie verniedlicht den mächtigen Willen, der hervorgetrieben hat, was nun als Unaufgeklärtheit verharmlost wird. Wollte man charakterisieren, was auf diesen Zügen geschah, so wäre eher von Unmündigkeit zu reden; und eher von Mangel an Mut als von Mangel an Kenntnis. Oder man fügte hinzu: daß auch Nicht-wissen zu einem guten Teil – Mutlosigkeit ist. Wem aber das Ereignis des unfreiwilligen

Erwachsenwerdens nicht den Atem verschlägt, wird es nicht durch-schauen. Er ahnt nicht, daß hier nicht ein gemütlicher Übergang von Lehrjahren zu Meisterjahren vorliegt, sondern etwas Schwindelerregendes, was als Katastrophe nicht übertrieben bezeichnet worden ist.

Gegen die Niederlagen vor der Festung des Vor-Bilds ist Ähnliches aufgeboten worden wie gegen die Sphinx. Die Metaphysiker vergewaltigten das unerträgliche Fragen zum Schweigen. Die Moral-Gesetze gaben dem, der nach sich lechzte, die Möglichkeit der Schein-Erfüllung im Gesetz oder in der Liebe zum Gott; vor dieser Leistung ist die Differenz, die mit so großem Aufwand in theologischen Debatten ausgeschmückt wurde, unwichtig. Die Versöhnung, die Schein-Versöhnung fand statt.

Alle Gebote hatten auch eine soziale Funktion: die Herde zusammenzuhalten, den Starken sowohl Gottes Segen zu geben – als auch die Zügel anzulegen. Das ist in vielen Details untersucht worden. Aber jene Moralen forderten nicht nur: sie versprachen und erfüllten. Es gibt keine kategorischen Imperative. Alle waren sie (mehr oder minder geheim) konditional. Jedes Du sollst hat sein Wenn. Das kategorischere unterscheidet sich darin von dem minder unerbittlichen, daß sein Wenn sich nicht auf dies oder das bezieht. Das größte Wenn war: wenn Du mit Dir ausgesöhnt sein willst. Die Kluft zwischen Mir und dem Mir, das mir vor-schwebt – nicht als freundliche Gaukelei, sondern unabweisbar, schloß sich: unter dem Zauberstab des befolgten Gebots oder der Gefolgs-Treue.

In dem Maß, als dieser Weg mehr und mehr verödete, erschloß sich ein anderer. Die alte Unterscheidung von »Pflichten gegen sich« und »Pflichten gegen andere« wurde aus guten Gründen nicht mehr verstanden. Die Ethik wurde Sozial-Ethik. Tolstoi wirkte als Anachronismus. Es wurde unanständig (und »reaktionär«), sich selbst als Material seines Bildes zu sehen. Wie die absolute Wahrheit lächerlich wurde vor der nützlichen, so das Vor-Bild vor der Partei. Die Entfaltung des sozialen Gewissens war auch eine Verkümmerung des personalen – eine (Schein)-

Befreiung von einem fordernden Bild, das man nicht zum Leben bringen konnte. Von ihm wird nur noch geredet wie von der gestrigen Mode.

Novalis wußte noch etwas von diesem (jedem auferlegten) Vor, weshalb er heute nicht mehr verstanden wird. Weil er ein exemplarisches Paar mit dem historischen Namen »Der König und die Königin« an die Spitze stellen wollte – wurde er als »Monarchist« abgelegt; er war es so wenig, daß er erklärte, es hätte schon lange vor der Französischen Revolution keine Monarchen mehr gegeben. Er wird ins anti-demokratische Schubfach getan, weil er diesen »Monarch« nicht zum Ersten Diener des Staats degradieren, sondern zu einem Beispiel erhöhen wollte. Unter den Einwänden: was geschehen soll, wenn ein solches nicht zur Verfügung stände... und wie es in der industriellen Gesellschaft Wirkung ausüben solle... verbirgt sich, daß man sich hier eines Anspruchs zu entledigen sucht, der nicht mehr von herrschenden Dekalogen schein-befriedet wird.

Man hatte den Einzelnen mit Gott versöhnt – weil er mit sich nicht versöhnt werden konnte. Man hatte ihn mit der Gesellschaft der Zukunft versöhnt – weil er mit sich nicht versöhnt werden konnte. Schließlich versöhnte man ihn mit der Theorie, daß das Vor-Bild als angeschwemmtes Fett psychologisch und soziologisch wegmassiert werden kann – weil er mit sich nicht versöhnt werden konnte. Die Veranstaltung der Wissenschaften zur Entlarvung des Vor-Bilds förderte eine große Reihe glänzender Entdeckungen zu Tage – und war nicht destruktiv, sondern geradezu aufbauend. Sie leistete viel zur Unterdrückung jener (die Pessimisten nährenden) Einsicht: daß der Triumph des Bildes über den, der ein Leben lang voll Sehnsucht hinaufschaut, eines der leidvollsten (und weggedrängtesten) Ereignisse ist.

Die aber, welche bekannten, wurden schon immer als Exhibitionisten in die Pathologie gesperrt. Man rechnet Rousseau mit Ergötzen nach, wie sehr er übertrieben hat. Wahrscheinlich war das nur ein Ausdruck dafür, wie sehr er unter dem Bilde vor ihm litt. Die böse Wissenschaft, die dies Vor-Bild genetisch evaporiert, ist gar nicht so unfromm – wie die Frommen im Lande

schreien. Sie ist auch in dieser Prozedur, was sie fast immer
gewesen ist: Dienerin einer Heilung oder eines Heils. Der Herr
bleibt und die Diener wechseln: Augustin und Freud, sie lösten
und sie banden auch. Auch das Es, das Klassen-Individuum und
der Wille zur Macht anästhesierten das ewige Lechzen nach sich
selbst – eine Weile.

Staunen war immer selten, weil man vor Antworten nie dazu
kam. Die Antworten waren immer vor den Fragen; und nur in
einem Herkules-Aufwand einmal beiseite zu schieben.

Kein Zauberstab hat so gut gearbeitet wie der, welcher die
uralten Fragen zum Verstummen brachte. Das ist der Grund,
weshalb das Leiden am Rätsel fast wie eine Berufskrankheit
erscheint: eine Überspanntheit von Philosophie-Professoren. Es
muß mit der Lupe gesucht werden. Selbst die größten Denker
hatten soviel zu tun, die Antworten ihrer Vorgänger zu verbes-
sern, daß sie eher in Kontinuität dachten (zur Freude aller
Historiker) als aus einem zeitlosen Es-nicht-fassen-können. So
ist es schwer, zu sagen, wie groß der Druck des Rätsels war – und
wie sehr die sowohl bunten als auch abgezogenen Plausibel-
machungen zu seiner Aufhebung geschaffen wurden. Für solch
ein Unheil fehlen die Vorarbeiten. Zuerst müßte die Geschichte
der Mythologie, Theologie und Metaphysik als eine einzige
gesehen und dargestellt werden; denn alle Enträtselungen sind –
unbeschadet dessen, was sie außerdem noch sind – großartige
Maulkörbe gegen das Fragen gewesen. Deshalb müßte diese
Geschichte nicht als eine Kollektion von Poeten- und Gelehrten-
Leben entworfen werden, auch nicht als eine bewundernswerte
Wucherung von Ideen – sondern als die Serie der Kreuzzüge
gegen die Sphinx.

Das Heil, das hier gesucht und gefunden wurde, war die
künstliche Schließung einer offenen Wunde; den Verschluß hat
man immer Wahrheit genannt. Sie war auch – wir erwähnten das
– ein Mittel zu einem Heil; eine Gewißheit, die Sicherheit gab.
Das darf nicht verdecken, daß sie in dieser Funktion nicht
aufging. Wahrheit ist ein Anspruch. Kant, der in der *Kritik* ihn

ablehnte, wurde von den Zeitgenossen der »Alleszermalmer« genannt; wenn man bei diesem gewalttätigen Bild bleiben darf, könnte man sagen, er habe die Menschheit der Sphinx zum Fraß vorgeworfen – unter Beifügung eines so schwierigen Schriftsatzes, daß die Gelehrten ihn bis zu diesem Tage nicht zu Ende studiert haben. Es bleibt aber ewig seltsam, daß gerade dieses Geschick des Menschen ihn am wenigsten bedrückte. Die Sünde, nicht die Sphinx peinigte Kant.

Die Frage nach Woher und Wohin und der Komplettierung des Fragmentarischen war immer leichter loszuwerden als der Körper und der Tod, die Macht über mir und das Bild vor mir. Doch wurde auch dies Unternehmen immer schwieriger, je mehr man sich selbst auf die Schliche kam. Die Naivität nahm ab in dem Maße, in dem man sich fragte: was man denn eigentlich tue, wenn man das Rätsel aus der Welt schaffe. Würde eine Lebensgeschichte der Skepsis geschrieben werden, es würde offenbar, wie nur zögernd man bereit war, vor sich keine Geheimnisse zu haben. Das Geheimnis aller Geheimnisse aber ist: wie schloß man der Frage den Mund?

Skepsis war oft nur eine Methode von Dogmatikern, zum Beispiel im Falle Descartes'; dafür lieben ihn die Dogmatiker. Aber schon das vorsichtigste In-Fragestellen ist schmerzhaft; was Sokrates erfahren und mit dem Leben bezahlen mußte. Fragen ist die subversivste aller Tätigkeiten. Die energischen Skeptiker waren meist Aphoristiker – und wurden begraben unter Gelächter oder positiv verwertet von Empirikern. Tatsächlich ist die Geschichte der Skepsis eine der Prähistorien des Pessimismus, in den sie vor hundertfünfzig Jahren einmündete. Damals starb die Rasse der großen Wahrheits-Schöpfer aus. Und es entstand, als niemand mehr nachwuchs, der das Ungeheuer in den Abgrund stürzte, die Notwendigkeit: den Mythologen, Theologen und Metaphysikern zeitgemäßere Drachen-Töter folgen zu lassen.

Sie sind nicht so großartig wie ihre Vorgänger. Viele von ihnen sagen, was der berühmteste Pragmatist, Karl Marx, in die Form prägte: bisher habe man die Welt interpretiert; nun gelte es, sie zu ändern. Man hatte sie auch bisher geändert, wo man konnte; der Gegensatz von Interpretieren und Ändern ist nur dort einer, wo man interpretiert – anstatt (oder: um nicht) zu ändern. Der neue Drang zur Wirklichkeit aber war auch die Beruhigung vor einem Unvermögen. Das Durchhauen des Knotens ist nicht eine Lösung, sondern die Flucht vor ihr. Und außerdem sind die Marxisten jene Pragmatisten, welche die absolute Wahrheit sowohl verachten als auch verkünden.

Radikalere gingen direkt auf die Sphinx zu – und leugneten sie. Im Seminar eines deutschen Philosophen, zur Zeit des ersten Weltkriegs, sagte man, noch bescheiden – nach Lohengrin: danach darf nicht gefragt werden. Die Phänomenologie »klammerte«, schon weniger bescheiden, das Erstauntsein »aus«, ließ nur das zu, was sie beantworten konnte und nannte das Ganze: Philosophie als Wissenschaft. Aber erst in der Semantik ist ein Unternehmen entstanden, das geschaffen worden ist, die Sphinx ins Zentrum zu treffen: in der Frage. Wenn man keine Methode, sie zu beantworten, sieht, wird die Frage annulliert; so rettet man sich vor ihr. Die anti-metaphysische Tendenz begann mit der Zerstörung aller Antworten (ein klärendes Unterfangen) – und endete mit der Zerstörung der Frage, gegen die man keine Methoden schmieden kann: eine post-metaphysische Heilslehre. Auch hier gilt: was nicht ist, kann auch nicht Leiden schaffen. Die Semantik ist (unbeschadet ihres Nutzens) die Christian Science der Wahrheitssuche. Niemand aber schreit heute – wider Willen – lauter als Pragmatisten und semantische Neo-Positivisten aus: wie sehr die verborgene Wahrheit beunruhigt, seitdem sie nicht mehr hinter Schloß und Riegel einer Dogmatik sitzt.

Das Äußerste an Umwertung der Ohnmacht vor der Frage ist von einem Mann bewerkstelligt worden, dessen nüchternem Wesen man diese Radikalität kaum zutraute. Der tief zu verehrende Lessing zauberte die entsprungenen, drohenden Fragen in jenen berühmten Sätzen fort, die in seinen Streit-Schriften gegen den Pfarrer Göze stehen: »Nicht die Wahrheit, in deren Besitz irgend ein Mensch ist, oder zu sein vermeint, sondern die aufrichtige Mühe, die er angewandt hat, hinter die Wahrheit zu

kommen, macht den Wert des Menschen. Denn nicht durch den
Besitz, sondern durch die Nachforschung der Wahrheit erwei-
tern sich seine Kräfte, worin allein seine immer wachsende
Vollkommenheit besteht. Der Besitz macht ruhig, träge, stolz – –
Wenn Gott in seiner Rechten alle Wahrheit, und in seiner Linken
den einzigen immer regen Trieb nach Wahrheit, obschon mit
dem Zusatz, mich immer und ewig zu irren, verschlossen hielte
und spräche zu mir: wähle! Ich fiele ihm mit Demut in seine
Linke und sagte: Vater gib! die reine Wahrheit ist ja doch nur für
dich allein!« Das wurde der Trost von Generationen, die sich die
Niederlage nicht mehr verschleiern konnten; und ist wert, nicht
nur zitiert, sondern bedacht zu werden. Es wird hier die
Wahrheit, die zu enthüllen ist, getrennt von der Tätigkeit des
Versuchs, sie zu enthüllen. In den Akt, nicht in sein Ziel, setzt
Lessing, was er »den Wert des Menschen« nennt. Der Sinn des
Denkens liegt darin, daß etwas geschieht – nicht darin, was
geschieht. Die Erlösung durch Handeln ohne Ansehen des
Resultats begann schon damals. Das Resultat ist die Regsamkeit:
das Mittel wird zum Endprodukt. Die Spontaneität wird (lange
vor den Marburgern) ein Wert in sich: der, welcher alle anderen
Werte ablöst. Hervorgetrieben aber wurde dieser Holzweg von
der Erfahrung des Bankrotts, der im achtzehnten Jahrhundert
nicht mehr zu verhüllen war. Der Mensch wurde erkannt als ein
Wesen, das sich erfüllen muß – und nicht kann.

Wie kann man solch eine Niederlage in einen Sieg verwandeln?
war die geheime Frage. Indem man den unglücklichen Frager
Faust umwertet in ein glückliches Perpetuum mobile, das nirgendwohin kommt. Die unendliche Wirksamkeit wird zum
Ideal: Fichte! Und der nüchterne Lessing produzierte dies Um-
fühlen im Zustand der Überschwenglichkeit – wie später der
trunkene Nietzsche. Amor fati ist ein viel zu schwaches Wort.
Man möchte es übersetzen: die verliebte Verfallenheit an das
schlimme Geschick. Das Verhalten Lessings zu einem Gott, der
ihm die Wahl freistellte, war nichts Geringeres.

Der Enthusiasmus dafür, daß einem versagt ist, wonach man
streben muß – dieses Um-fühlen des Negativsten ins Positivste,

ist vielleicht der letzte Versuch gewesen, mit der alten Sphinx fertig zu werden. Sie liegt nicht im Abgrund – auch wenn noch so viele Intellektuelle in unseren Tagen es sich einredeten, weil sie durch die Welt abenteuerten, an Kriegen und Revolutionen teilnahmen, Parteien organisierten und so das Ungeheuer, an dem schon Ödipus gescheitert war, zu vergessen suchten. Der hohe Kurs der Vita activa in diesem Säkulum ist in genauer Relation zu dem niederen, den ewige Wahrheiten noch haben. Als kein Glaube mehr half, glaubte man an das Sich-tummeln. Auch dieser Glaube versetzte nicht nur Berge – sogar Leiden.

So wurde die Fragwürdigkeit nicht mehr durch eine Antwort entwürdigt – sondern durch die Gewöhnung an den Zustand des Nicht-Fragens.

Vielleicht ist die wesentlichste Geschichte des Menschen zu schreiben als eine Geschichte seiner Wiegenlieder gegen den Tod. Nur selten klangen sie einmal martialisch und erinnern an Schlachtgesänge.

Die Lebenden, die eher Museen bauen als für spätere Museen vorsorgen, haben eine schöne Kollektion zur Verfügung, die ihnen nicht viel nutzt. Auch ist der Führer, an dem man sich orientieren kann, noch nicht geschrieben worden; er würde zeigen, wie man die ältesten Waffen immer wieder modernisiert hat. Man wollte den Tod aus der Welt schaffen und konnte nicht. So war das Gefühl zu versöhnen; man dachte ihn um, um ihn freundlicher zu empfinden. Einer der größten Dienste, die das Denken leistete, war die Schaffung der transzendenten Technik: so daß man, obwohl ihn vor Augen, wacker durchs Leben gehen konnte.

Zugrunde liegt das Faktum brutum, das historisch keine Wandlung erfahren hat: ein Mensch liegt da, steht nicht auf, ißt nicht, redet nicht – und wird weggetan. Das war immer gegeben – und einer der mächtigsten Kristallisations-Kerne, um den Gesichte, Stimmen, Vorstellungen und Gedanken anschossen. Aus dem Faktum brutum wurden sehr menschliche Fakten; aber die großartigen Gespinste, die es einhüllten, fielen immer wieder ab, und das ursprüngliche So war immer wieder da – und mit ihm der Schrei des Achilles: lieber ein lebendiger Hund als ein toter Held.

Die Gespinste sind für die, welche nun im ursprünglichen So leben, Schau-Stücke; waren aber einmal Teil des Faktums. Vielleicht nicht alle. Selbst der Tod ist umrankt von Spitzfindigkeiten. Von Prodikus und Epikur ist der Satz berichtet: »Wie soll ich den Tod fürchten? Ist doch, wenn ich bin, der Tod nicht, und bin doch, wenn der Tod ist, nicht ich.« Dies Bonmot hat wahrscheinlich nie eine Funktion gehabt; es lebte von der Idee, daß der Tod nicht ist, wenn ich bin – und hat nie mehr erreicht als ein Diskussionsredner, dem man nicht widersprechen kann, weil man seinen Trick nicht durchschaut. Das gilt für eine ganze Serie ehrwürdiger Weisheiten. Wenn Sokrates den Tod mit dem Schlaf vergleicht, so vergißt er, zu erwähnen, daß zum Charakter des Schlafes das Erwachen gehört. Und wenn er vom Tod als »dem tiefsten und daher süßesten Schlaf« spricht, so vergißt er, daß nur liebliche Träume und die Erquickung, die man nachher spürt, diesen »Tod« süß machen. Er sagte auch: »Nein, der Tod braucht nicht gefürchtet zu werden, denn entweder hören wir ganz auf, zu fühlen und zu denken, oder wir gehen ein zu den Sternen und den unsterblichen Göttern.« Aber beides wollte Alkibiades eben nicht. Er wollte nicht aufhören, zu fühlen; und er wollte nicht mit den Sternen und den unsterblichen Göttern leben, sondern mit der Jeunesse dorée von Athen. Cicero, sonst so ein guter Anwalt, plädierte: »Wer nichts weiß, kann nichts vermissen.« Aber der Sterbliche vermißt schon heute, daß er morgen nichts wissen wird. Dann schrieb Marc Aurel die obligate Sentenz gegen den Tod: »Wenn man gar nichts fühlt, so wird man auch kein Übel mehr fühlen; erhalten wir aber eine andere Art des Fühlens, so werden wir auch zu anderen Wesen, und hören mithin nicht auf zu leben.« Dies »Mithin« rächte sich an ihm. Seine Reflexion verfing bei ihm gar nicht. Die Flüchtigkeit des Lebens war sein zentrales Thema. Galilei variierte die Vorfahren: »Wer nicht lebt, kann auch nicht lamentieren« – als ob das ein Trost wäre; als ob das Lamentieren nicht immer mehr beruhigt hätte als dieses kraftlose Versprechen. Schon damals dispensierten sich die Naturwissenschaftler vom scharfen Denken, wenn sie ihr Reich verließen.

Man hat sehr viel gegen den Tod geschrieben – ohne auch nur sich selbst zu überzeugen. In diesem Jahrhundert setzte man die Wissenschaft selbst als Elite-Truppe ein. Und als die Philosophen, zurückhaltend, sich nur mit dem Organ der Erkenntnis beschäftigten, übernahmen es die Naturwissenschaftler, sehr neben-amtlich, aus vollem Herzen und unkritischer Gutmütigkeit zu antworten. Professor Schleich (zum Beispiel) vernichtete den Tod – bei Rowohlt, 1920. Es sei nicht nur nicht schlimm, wenn man eine Beute der Würmer wird; dann fange überhaupt das Leben erst richtig an. Schleich lebte im Zeitalter des Exakten, er ließ sich nicht mehr wie Prodikus auf Schlüsse ein. Er baute auf A. Weißmanns Theorie von der Unsterblichkeit der Einzeller, bei denen es keine Leichen gäbe, keine Verwesung und keinen Substanzverfall. »Aus einer Mutterzelle werden zwei Töchter, diese werden wieder zu vier Enkeln, diese zu 16, dann zu 64 und so fort, indem jedes dieser Lebewesen ein neues aus seinem Leibe abstößt und für sich weiterexistiert, nicht bis es stirbt, sondern indem sich jede Mutterzelle, wie Töchter und Enkel, Urenkel und so fort, gleichsam in der Taille einfach durchschnüren und zu zwei, vier, 16, 64, zu 4096 usw. Wesen werden.« Was folgt darauf für den Tod des Professor Schleich? Die Unsterblichkeit, welche den Einzellern zuteil wurde, sei auch »den Kleinsiegelträgern der Persönlichkeit, die sich ja nur aus zusammen verbundenen Einzellern figuriert«, verliehen worden. Es gibt also »eine körperliche Unsterblichkeit all unserer letzten Persönlichkeitsbestände«. Nur Feuer kann sie vernichten. Die alten Holzstoßverbrennungen waren nicht so schlimm; die Ansengung und Ankohlung ist nicht zu vergleichen mit der radikalen Kremation, die überhaupt erst den Tod schafft: »Darum ist das Sichverbrennenlassen noch postmortaler Selbstmord der Persönlichkeit.« Die Heils-Lehre, die daraus folgt: »daß die Unsterblichkeit ein gerade von naturwissenschaftlicher Seite unausweichliches Postulat ist«.

Die Feldzüge, die von Prodikus bis zu Professor Schleich

gegen den Tod in Gang gesetzt wurden, haben ihn nicht besiegt.
Aber es gab da auch große Siege – und einige königliche Waffen.
Man schenkte dem Individuum ein Jenseits: das war ein voller
Sieg, solange das Jenseits stand. Dann entwertete man sein
Diesseits – das war schon nur noch ein schwacher, aber nicht
ganz unwirksamer Trost; das Christentum tat beides. In nach-
christlicher Zeit, wenn man sich so ausdrücken darf, ohne ein
Datum zu nennen, leistete der Enthusiasmus für die Familie, die
Klasse, die Nation und die Rasse nur noch bescheiden – dasselbe.
Der Kreuzzug des Kollektivs gegen das Individuum ist auch Teil
einer Heils-Praxis. Im Krieg wird – aus begreiflichen Gründen –
nur stärker betont als im Frieden, daß es umfassendere und
weniger umfassende, wichtigere und weniger wichtige Einheiten
gibt. Und wenn ich nicht so wichtig bin, verliert der Tod an
Unwert. Daß die Einzelperson (nach Leopold Ziegler) nur »eine
nachgeordnete Individualität« ist, bereitete Eduard von Hartmann vor mit seiner *Relativität des Individualbegriffs.*

So wurden die Mittel geschmiedet, mit denen man die Individuen vor der Todesangst schützen und in einen zu frühen Tod
hineinphilosophieren kann. Ist es der Einzelne, auf den man »den
Ertrag des Lebens häuft, und in dessen Interessen das Bewußtsein dauernd befangen bleibt, dann ist die Sinnlosigkeit und
Schrecknis des Todes freilich gar nicht auszumalen«. Deutlicher
kann man nicht ausplaudern, worauf es hinauswill mit dem
philosophischen Preis des Kollektivs. Als abschreckendes Beispiel fungiert der Egoist Stendhal und die unhappy few. Der Tod
ist wirklich nur zu besiegen von einem ent-individualisierten
Individuum; daß aber diese Propaganda für das größere Individuum Staat weniger das Heil des kleineren will als seine Herrich-
tung fürs Kriegergrab, wird bisweilen auf groteske Weise enthüllt. Da schrieb der deutsche Kriegs-Philosoph vor dreißig
Jahren, wie schrecklich die Unsterblichkeit wäre: es sei doch
nicht einmal von einem Parodisten auszudenken, was sein
würde, wenn die Erzväter oder Propheten des alten Bundes, die
Großkönige Persiens und die Pharaonen Ägyptens, die Ephoren
Spartas und die Senatoren Roms, die Häuptlinge der Usipiter,

Chatten, Tenkterer und Markomannen noch heute unter uns geböten... »statt unseres erlauchten Feldmarschalls«. Ein deutscher Beweis für die Güte des Todes – aus dem Ersten Weltkrieg. Alle Kollektivisten (Nationalisten wie Klassenkämpfer) helfen dem Einzelnen gegen den Tod, indem sie ihn entwerten. Die Marxisten setzen nicht weniger als die Kapitalisten den Lebenden gleich mit dem, was er taugt.

Das sehr sichtbare Über-Individuum, überwältigend vor allem in Krieg und Revolution, Schutz und Henker, den Tod leicht machend und in den Tod schickend – dieses Ich höherer Ordnung gab es auch in spirituellerer Form. Auch der Geist war immer in souveräner Gleichgültigkeit gegen den Lebenden. Und da nur der Einzelne stirbt, kam der Tod nie in Betracht. Man bohrte in diesem Einzelnen so lange, bis man bei einem groß geschriebenen Ich anlangte: das haben vor Freud alle Idealisten getan; das Es ist der materialisierte Geist. Wahrscheinlich ist Platons Vorstellung, daß dieser Tisch an der Idee Tisch teilnimmt, die (gleichgültige) Folge davon, daß der Mensch an der Idee des Guten teilnimmt – und hierin sein Wesen hat; damit aber ist die Sphäre des Leidens »unwesentlich« geworden: dies Wort ist eine der wirksamsten Heils-Kategorien.

Der Lebende und sein Leid wird im philosophischen Idealismus ebenso gleichgültig wie in irgendeiner Theologie, der es auf den Gott – und in irgendeinem Naturalismus, dem es auf die Natur ankommt. Die Vorstellungen vom Menschen waren immer auch Feldzüge gegen ihn; sowohl, um ihn zu unterwerfen – als auch (und das macht sie so zweideutig), um ihn zu schützen gegen das, was nicht abgeschüttelt werden kann. Denn solange wir nicht recht existieren – vor Gott, der Natur, dem Geist und der Nation... existiert auch der Tod nicht recht. Die großen Rebellen des neunzehnten Jahrhunderts, die sich nicht mehr weg-philosophieren ließen, brachten zwar sich zurück und jeden – aber auch die Gefahr: den ungeschützt Lebenden; wie Tolstoi, der am Totenbett seines Bruders Nikolai fragte: »Was hat es für einen Wert, sich ein Ziel zu setzen, wenn doch nichts übrigbleibt von dem, was einmal Nikolai Nikolajewitsch Tolstoi gewesen ist?« Die Gespinste, welche die Jahrhunderte gerade gegen diese Frage gewoben hatten, waren abgefallen. Aber ganz ohne Hülle lebten nicht einmal Pessimisten.

Goethe, der sich vielleicht nur sträubte, zu ihnen zu gehören, hat in den letzten Jahren seines Lebens oft die »Fortdauer« ausgedeutet; er dauert wahrscheinlich so fort, wie er es sich vorgestellt hat. »Wir sind nicht auf gleiche Weise unsterblich«, sagte er 1829. Wie Kants »Vernunftpostulat« eine Fortdauer postulierte, um das noch unerfüllte Sollen zu bewältigen, so brauchte Goethe mehr Leben, um den noch nicht ausgestreuten Reichtum zu spenden: »Wenn ich bis an mein Ende rastlos wirke, so ist die Natur verpflichtet, mir eine andere Form anzuweisen, wenn die jetzige meinen Geist nicht ferner auszuhalten vermag.« Eine poetische Umschreibung, in welcher er seine Fülle manifestierte – nicht mehr. Karikiert hat er »Die Auferstehung des Fleisches«:

> Das wäre doch nur der alte Patsch,
> droben gäb's nur verklärten Klatsch.

Neben seinen berühmten Arabesken um den Tod, die nichts aussagen über seinen Tod – nur über sein Leben, gibt es eine weniger bekannte Stelle, die tiefer hineinleuchtet in den Pakt, zu dem er den Tod zwang. Sie ist mitgeteilt in den Aufzeichnungen des Berliner Geographie-Lehrers und Kustos an der Kunstkammer, Friedrich Förster. Hier ist beschrieben einer der Zauberstäbe, die allein noch wirksam sind, wenn der Tod nicht mehr eingeordnet werden kann in eine den Menschen bergende Über-Welt: »Da hat mir, sagte Goethe, ein junger Maler aus Berlin, dessen Name ihn schon zu Anstrengungen für eine bedeutende Zukunft auffordert, er unterzeichnet sich Lessing, eine Landschaft mit einer Staffage zugesandt, welche ein entschiedenes Talent verrät, für poetische Empfindung wie für Komposition und Ausführung, und dennoch befinde ich mich mit dem Künstler ebensowenig wie mit seinem Gemälde in Übereinstimmung. Weshalb verlassen wir unsere enge Studierzelle oder den lärmenden Gesellschaftssaal und eilen aus dem dumpfen Gewühle der Stadt vor das Tor hinaus ins Freie? Wir suchen Erholung, Erheiterung, wollen einen frischen Atemzug tun. Wohin führt uns nun aber Ihr Berliner Maler? In eine Winterlandschaft und nicht etwa in eine jener heiteren holländischen, wo wir Damen und Herren sich lustig auf spiegelglatter Eisfläche schlittschuhlaufend umhertummeln sehen – oh! ich selbst war zu meiner Zeit ein tüchtiger Schlittschuhläufer – nein! hier führt uns der Maler in eine Winterlandschaft, in welcher ihm Eis und Schnee nicht genug zu sein scheint; er überbietet, oder wir können sagen: er überwintert den Winter noch durch die widerwärtigsten Zugaben. Da sehen sie einen, in warmen Tagen uns mit einem kühlen Labetrunk versorgenden Brunnen, aus dessen Löwen- oder Drachenrachen das festgefrorene Wasser wie eine Zunge von Eis heraushängt, fest an den Boden angefroren. Dann weiter: dunkle Tannen, deren Zweige unter der Last des Schnees brechen; ich sehe sie lieber auf dem Weihnachtstische, mit hellen Lichtern besteckt, von frohen Kindergesichtern umgeben. Und nun die Staffage: ein Zug von Mönchen, noch dazu Barfüßer, im Schnee, gibt einem abgeschiedenen Bruder, der, im Sarge liegend, auf schwarzbehangner Bahre nach der Gruft in einem verfallenen Kloster getragen wird, das Geleit. Das sind lauter Negationen des Lebens und – der freundlichen Gewohnheit des Daseins – um mich meiner eignen Worte zu bedienen. Zuerst also die erstorbene Natur, Winterlandschaft: den Winter statuiere ich nicht; dann Mönche, Flüchtlinge aus dem Leben, lebendig Begrabene: Mönche statuiere ich nicht; dann ein Kloster, zwar ein verfallenes, allein ein Kloster statuiere ich nicht; und nun zuletzt, nun vollends noch ein Toter, eine Leiche; den Tod aber statuiere ich nicht. – Als ich mir erlaubte, an den berühmten Friedhof Ruysdaels in der Dresdner Galerie zu erinnern und bescheidentlich fragte: ob nicht auch die elegische Stimmung in der Landschaftsmalerei eine Berechtigung habe? entgegnete Goethe: Zuverlässig! Allein dann laßt die Marmortafeln der Gräber durch den Zauber der Mondbeleuchtung uns in eine wohltuend rührende Stimmung versetzen und die grünbelaubten Bäume und

Gras und Blumen vergessen machen, daß wir uns auf einem Totenacker befinden.«

»Den Tod aber statuiere ich nicht.« Da steht er, die freundlicheren Kostüme der Zeit sind von ihm abgefallen. Goethe macht keine Anstalten, ihm auszuweichen durch Weg-sehen, Weg-fühlen, Um-fühlen – er gestattet ihn nicht. Er erkennt seine Macht nicht an – und gestattet sie nicht: das ist in seiner Macht. Er erlaubt ihm nicht, sich breit zu machen – dort, wo der Mensch es verhindern kann. Er verdrängt ihn nicht, er drängt ihn weg. Er fordert die Poeten auf, ihn menschlich zu machen. Die Poeten können Sonnen und Monde in Bewegung setzen, um sein Reich zu verwandeln. Es ist der Kreuzzug der Poesie, den Goethe hier milde »statuiert« – einige Zeit vor dem Pathos von Bayreuth. Er arbeitete noch mit einer »wohltuend rührenden Stimmung«; damals genügten noch »die grünbelaubten Bäume und Gras und Blumen«. Er setzte noch dem Tod entgegen die Haltung des Souveräns – die sein Ahn Spinoza in die Worte gebracht hatte: »Ein freier Mann denkt von allen Dingen am letzten an den Tod.« Später im Jahrhundert taten es nur noch trunkene Lieder und umflorte Sieges-Posaunen.

Goethes Anstrengung, alles zu versammeln, was »vergessen machen kann« – ein schöner, bunter, lebenslänglicher Blumen-Wall gegen den Tod –, hielt für ihn; und zerfiel schon in der nächsten Generation, die er mit soviel Mißbehagen erlebte. Die Romantiker waren die, welche nicht nur nicht vergaßen – sondern denen noch einfiel, was war, bevor Gott Himmel und Erde geschaffen hatte. In den *Hymnen an die Nacht* und im *Tristan* wurde gar nicht vergessen; sondern, was nicht vergessen werden konnte, gewalttätig geliebt. Der Tod wurde nicht verborgen unter lieblichen Beeten und monumentalen Schilderungen aus Erz – sondern zu leidenschaftlich angesungen. Die Götterdämmerung, die eine Menschen-Dämmerung war, verband verzweifelt die Sehnsucht mit dem Tod; es war die Sehnsucht, die ihn in einen Erlöser zu wandeln hatte. Da er das werden mußte (bescheidener konnte man mit ihm nicht mehr fertig werden), sehnte man sich nach ihm.

Es war leichter gewesen, die Schwelle zum Paradies zu lieben als den Durchgang in ein schwarzes Loch. Deshalb hat es mehr beruhigte Christen gegeben als beruhigte Schopenhauerianer. Denn ihr Meister machte keine Kompromisse – wie die Neu-Östler; er lehnte »Mythen und bedeutungslose Worte wie Resorption in das Brahma oder Nirwana« ab. Seine Lehre lief aus in den Satz: »Wir bekennen es vielmehr frei: was nach gänzlicher Aufhebung des Willens übrig bleibt, ist für alle die, welche noch des Willens voll sind, allerdings Nichts. Aber auch umgekehrt ist denen, in welchen der Wille sich gewendet und verneint hat, diese unsere so sehr reale Welt mit allen ihren Sonnen und Milchstraßen – Nichts.«

Das war das Heil der Heillosen. Der Lehrer empfahl »diese Betrachtung: die einzige, welche uns dauernd trösten kann«. Als ein Trost war seine Lehre entstanden wie jene vor ihm, nur erklärter. Zum Trost wurde das Leben als Jammertal geschildert – wie schon oft vor ihm, nur kompromißloser. Um aber für die Vorstellung des »Nichts« auch das Gefühl zu gewinnen, redete er mit Zungen: wie wir »mit tiefer und schmerzlicher Sehnsucht« diesem Nichts zustreben. Die Sehnsucht nach dem Nichts war der letzte Versuch der Trostlosen.

Nachdem Buddha Alter, Krankheit und Tod getroffen hatte, heißt es: »Der Asket Gotama hat einen großen Verwandten-Kreis aufgegeben und der Welt entsagt. Der Asket Gotama hat viel güldenes Gold verlassen, vergrabenes und offenbares, und hat der Welt entsagt. Der Asket Gotama hat, zart und jung, mit schwarzem Haar, voll Jugendlichkeit, im frischesten Alter der Welt entsagt, um in die Heimatlosigkeit zu gehen. Der Asket Gotama hat, obwohl Vater und Mutter es nicht wollten, obwohl sie Tränen vergossen und weinten, sich Haar und Bart scheren lassen, gelbe Gewänder angelegt und der Welt entsagt.« Solche monumentalen Biographien schafft die Abwesenheit der Psychologen – und die zeitliche Entfernung. Dafür wird aber auch nicht deutlich, ob Buddha es vermochte, die Welt weg-zu-denken und weg-zu-fühlen; und ob sein Nirwana Schopenhauers Nichts war. Diese Ambiguität wurde ein fruchtbarer

Boden für europäisch-amerikanische Buddhisten im zwanzigsten Jahrhundert. Sie können so aufbauend sein, wie sie wollen. Wer aber nicht so eifrig ist, sich in Auslegungen hineinzulegen, hat die Sorge, welche vielleicht der Inder und der Deutsche noch nicht hatten: wie lebt man mit dem Nichts, wenn man es weder im Geheimen positiv lädt, noch, wie mancher Romantiker, zu einer Schwärmerei ohne Schwarm verflüchtigt. Als Wagner Siegfried und Brunhildes Untergang nicht mehr als Aufgang sah, nachdem er sie zuerst in ein germanisches Paradies versetzen wollte, hatte er zu dem neuen Text keine neue Musik zu machen: Sehnsucht blieb Sehnsucht – nach der vollsten Fülle oder nach der leersten Leere. Die Romantiker »statuierten« den Inhalt – nicht. Das war die letzte heroische Niederlage.

Die Kreuzzügler gegen das Leid sind die großen Ahnen, die überliefern – wie es nicht mehr geht.

Theatralische Theodizee

Die tragischen Helden trugen ihr Leid über die Theater der Jahrhunderte. Sie hatten nicht Pech, sondern litten auf dem Kothurn, was die, welche an ihrem Geschick teilnahmen, weniger sichtbar und hart durchmachten. In Schillers Distichon von dem gigantischen Schicksal, welches den Menschen erhebt, wenn es den Menschen zermalmt, muß das Wort »erhebt« richtig gelesen werden: es hebt ihn heraus, deutlichmachend, was allen zugeteilt ist.

Man brachte schon äußerlich zum Ausdruck, daß es hier nicht um kleine Schmerzen ging. Die Vorgänge wurden vom Alltag abgehoben, indem man sie in den Vers kleidete; Hume hielt eine Tragödie in Prosa für verstümmelt. Ein *Politischer Trichter* des siebzehnten Jahrhunderts verlangte von den Trauerspielen, daß sie »der Könige, Fürsten und großer Herren Geschichte behandeln«. Der Protagonist des Leids wurde von den zuschauenden kleinen Leuten des Leids abgehoben, indem man ihn zu einer hohen Person machte – und schließlich zum Gottes-Sohn. August Wilhelm Schlegel sah, daß den Griechen mit ihrem Material »gewisse für Würde, Großheit und Entfernung aller kleinlichen Nebenbegriffe unschätzbare Voraussetzungen« gegeben waren. Schopenhauer bemerkte, daß es »den bürgerlichen Personen« an »Fallhöhe« fehle. Später fand man, daß es auch auf weniger äußerliche Weise gehe; und kam, von einigen großartigen Tragödien abgesehen, auf das Rührstück und die Schicksals-Tragödie.

Das Leid wird verdichtet – wie in den Religionen: um von ihm zu befreien. Die Tragödie ist die Theodizee auf dem Theater: ein Abglanz vom Untergang und Aufgang des größten tragischen Helden, Jesus. Die geschichtliche Herkunft weist darauf hin. Zu welcher Funktion die griechische Tragödie ins Leben kam, ist nicht erforscht. Die Wandlung des christlichen Passions-Spiels zum europäischen Trauerspiel ist in den Einzelheiten bekannt. Ihre Helden sind Abbilder.

Goethe wollte das nicht wahrhaben, als er – in Ärger über den Zeitgenossen Lessing und seine Aristoteles-Auslegung – sich also ausließ: »Die Vollendung des Kunstwerks in sich selbst ist die unerläßliche und ewige Forderung. Aristoteles, der das Vollendete vor sich hatte, er soll an den Effekt gedacht haben! Welch ein Jammer.« Die »Vollendung des Kunstwerks in sich selbst« hat nicht den Effekt zum Gegensatz, sondern die Not, welche die Tragödie hervortrieb, und das Heil, das sie spendete. Goethe verkündete nicht »La Tragédie pour la Tragédie«; aber er »statuierte« sie nicht, weil er das Leid nicht »statuierte«. Der einzige Kreuzzug, den er anerkannte, war Goethes passive Resistenz. In seinem *Nachlaß zu Aristoteles' Poetik* erläuterte er seine Abneigung gegen Tragödien: sie beschwichtigten nicht das Gemüt, sie versetzten es in Unruhe. Zweitausend Jahre vorher hatte Platon sie verurteilt, weil die Zuschauer Schaden nähmen an ihrer Seele. Es ist immer die seigneurale Haltung gewesen, weg-zu-sehen.

In der langen Geschichte des Nachdenkens über das Tragische

ist mehr als der Schaden dieses auffallende Vergnügen am Leiden
und Sterben beachtet worden. Platon wunderte sich (im *Phaidon*) über die seltsamste Lust. Aristoteles untersuchte sie in der
Poetik. Augustinus stellte die Frage: warum ist der Mensch
darauf aus, durch den Anblick von Tragödien, die er selber unter
keinen Umständen durchmachen möchte, in Trauer versetzt zu
werden? Molière verglich den Genuß an der Tragödie mit dem
Pflücken der Trauben von Dornen und der Feigen von Disteln.
Und Schiller schrieb in der Abhandlung *Über den Grund unseres
Vergnügens an tragischen Gegenständen*: »Es ist eine allgemeine
Erscheinung in unserer Natur, daß uns das Traurige, das
Schreckliche, das Schauderhafte selbst mit unwiderstehlichem
Zauber an sich lockt, daß wir uns von Auftritten des Jammers,
des Entsetzens mit gleichen Kräften weggestoßen und wieder
angezogen fühlen.«

Diese »allgemeine Erscheinung in unserer Natur« wurde auf
sehr viele Weisen ausgelegt. Die Worte Lust, Vergnügen, Genuß,
Anziehung waren bereits Interpretationen. Lukrez gab diese
Erklärung: wenn die Winde das Meer bearbeiten, sei es süß, am
Strande zu stehen und in Ruhe das Spektakel von Menschen in
Seenot zu genießen; in der »Vergleichung unserer eigenen Sicherheit mit der wahrgenommenen Gefahr« liege das Vergnügen. Lukrez, der den Lust-Effekt der Tragödie motivieren
wollte, suchte ihn – nicht in der Identifikation mit dem tragischen Helden, sondern in der Distanz zu ihm. Er war der Paria,
den man nicht anrührte. Man selbst, der man in Ruhe dasaß,
gehörte zu den Privilegierten.

Die Psycho-Logik, nach der erklärt wird, stammt immer aus
dem besonderen Bild vom Menschen, das ihr zugrunde liegt. Die
Zeit der Empfindsamkeit fand das tragische Vergnügen im
Schwelgen der Seele in Rührung. Zeiten der starken Aktion
fanden den Genuß in dem sportlichen Stierkampf zwischen
Mensch, Gott und Teufel. Die Grausamkeit schien Gerhart
Hauptmann das griechische Drama mitgeschaffen zu haben: das
Menschenopfer ist die blutige Wurzel der Tragödie. Schelling,
der manche Einsichten der Psycho-Analyse vorwegnahm, ver-

suchte sich an einer Zergliederung des lustvollen Schmerzes: der
Schmerz der niedrigeren Sphären sei oft verknüpft mit dem
Vergnügen an den höheren. Das wird heute Sado-Masochismus
genannt – und, in anderen Kreisen, Klassen-Emotion.

Sieht man auf die Passions-Spiele und die Tragödien, die ihnen
folgten – bis zum *Parsifal*, so wird ganz unerfindlich, wie der
Enthusiasmus für sie zum Problem werden konnte. Die sieben
Leidensszenen der *Passion* (zum Beispiel), welche die Brüder
Arnoul und Simon Greban im Jahre 1452 zur Aufführung
brachten, sind das irdische Mittelstück zwischen dem Prolog im
Himmel, wo Gottvater auf dem Throne sitzt, zur Rechten das
Mitleid, die Gerechtigkeit, der Frieden, die Weisheit – und dem
Epilog in der Hölle, wo der Sieger Christus die gefangenen
Seelen dem Zerberus entreißt. Im menschlichen Mittelstück des
göttlichen Lebens ist das Leid wohl verwahrt, abgekapselt,
unschädlich. Das ist der »Effekt« der Tragödie.

»Die Vollendung des Kunstwerks« ist eine Kategorie der
Literaturgeschichte, die Goethe einführte – nicht, weil er ein
Ästhet war. Aber der Zuschauer, der die Tragödie herbeigezogen
hat, war kein Literaturhistoriker. Im Jahre 1322 wurde in
Eisenach vor dem Landgrafen das geistliche *Spiel von den klugen
und törichten Jungfrauen* aufgeführt. Der Chronist berichtet:
»Als darin Christus trotz der Fürbitte Marias die fünf törichten
Jungfrauen nicht erlöst, verläßt der Fürst in höchster Erregung
das Spiel. Zwei Tage lang disputiert er mit den Gelehrten seines
Hofes die Kardinalfrage der Erlösung; die Aufregung wirft ihn in
schwere Krankheit, von der er sich nicht wieder erhebt.« Der Zuschauer saß nicht immer vor der »Vollendung des Kunstwerks«.
Er war einmal ein Beteiligter – und ist es potentiell jeden Tag. Er
stand dort oben als tragischer Held. Was dem geschah, geschah
ihm. Er wurde gekreuzigt – dann kam die Auferstehung.

Schiller brachte nicht mehr den Heiland auf die Bühne – aber
wenigstens »die Sittlichkeit«: »Gegen die Leiden der Sinnlichkeit
findet das Gemüt nirgends als in der Sittlichkeit Hilfe.« Auf die
Hilfe kam es auch ihm an. Dem Zuschauer der *Räuber* wurde
geholfen: der Dichter setzte »den ganzen Bau der sittlichen

Welt« gegen die Passion des Karl Moor, der in jenem Bau den
Himmel fand (im großen theologischen Finale). Auch dem
Zuschauer der *Judith* wurde geholfen: ihr Tod war ein überle-
bensgroßer Schritt vorwärts von der heidnischen Zeit zur christlichen. Auch dem Zuschauer des *Fliegenden Holländer* wurde
geholfen: er sah den Verfluchten und Senta, das opfernde Opfer,
»sich umschlungen haltend dem Meere entsteigen und aufwärts
schweben«. Immer ging es im Unter-Gang auf-wärts. Was diese
Tragödien verbindet und so lustvoll macht, ist das »Gerettet« am
Ende. Jedes »Happy end« lebt noch immer davon – weshalb es
nicht eine Machination von Volksvergiftern ist, sondern eine
zweitausend Jahre lang angewöhnte Heils-Erwartung.

Die Theoretiker der Kunst haben die Philosophie zu den
Himmeln der Tragiker gemacht. Schiller und Lessing haben sie
»moralisch« eingeengt. Ihre Ästhetik lehrt: der vollkommene
Held besitzt so wenig wie der radikale Bösewicht die volle
Eignung zum Tragöden. Lessing sah in der Freude am Unglück
des Schuldlosen geradezu »eine Blasphemie«. Auf die Moralisten
zielte Nietzsche: »Wer die Tragödie moralisch genießt, der hat
noch einige Stufen zu steigen.« Hegel stieg nicht einige – aber
doch eine. In der *Ästhetik* heißt es: daß »in der Tragödie das ewig
Substantielle in versöhnender Weise siegend hervorgeht, indem
es von der streitenden Individualität nur die falsche Einseitigkeit
abstreift, das Positive aber, was sie gewollt, in seiner nicht mehr
zwiespältigen affirmativen Vermittlung als das zu erhaltende
darstellt«. Das ist das christliche Passions-Spiel noch einmal: aus
einem historischen Ereignis, das nicht zur Historie gehört,
wurde eine historische Regel. Das Heil, das der Gottes-Sohn
brachte, wird »das ewig Substantielle« genannt. Der Mensch
Jesus, der am Kreuz litt, wird »die falsche Einseitigkeit« genannt.
Hegel schuf ein Christentum für alle, die nicht mehr an die
Einmaligkeit der Heils-Geschichte glaubten.

Aristoteles' *Poetik* hat sich wahrscheinlich deshalb als Jahr-
tausend-Rätsel bewährt, weil es als Fragment auf uns gekommen
ist – und viel Spielraum läßt für Fragen, die in den verlorengegan-
genen Partien vielleicht beantwortet sind. Ergänzte ihn Hegel

mit dem Satz: »Über der bloßen Furcht und tragischen Sympathie steht das Gefühl der Versöhnung«? Nur ist er an Aristoteles'
Zeitgenossen Euripides weniger leicht zu illustrieren als an
Hegels Zeitgenossen Hebbel, der die *Ästhetik* auf die Bretter
brachte.

Die Hegelianer Marx und Engels, die über das Tragische
nachdachten, machten den letzten Schritt zu dem dünnsten Heil.
Die Erlösung findet das leidende Individuum nicht in einem
Erlöser, nicht in einer transzendenten moralischen Ordnung (die
irdische wurde nicht moralischer durch Karl Moors Tod). Auch
tröstete sie nicht (bei aller Schüler-Abhängigkeit) der Glanz des
Weltgeistes, der in seinen untergehenden tragischen Helden
einen Schritt vorwärts macht im Bewußtsein der Menschheit. Ihr
Heros ist ein Revolutionär, der kämpft – aber, aus Verblendung,
im Bunde mit rückschrittlichen Elementen. In der Verblendung
sahen sie das Zentrum des Tragischen. Das kann am klarsten
theologisch gesagt werden: tragisch ist jene Unwissenheit, die
nicht weiß, was Gott mit einem vorhat und einen deshalb in eine
»falsche Einseitigkeit« treibt. Marx glaubte sich (in diesem
Konzept vom Tragischen) eins mit »den furchtbaren Dramen der
Königshäuser von Mykene und Theben«. Er dachte wohl vor
allem an den Ödipus Rex, der schon blind war, bevor er
geblendet wurde. Aber Marx meinte einen soziologisch operier-
baren Star; während es in der *Antigone* heißt: »Nicht gibt es
Erlösung aus dem vorbestimmten Leid.« Marx stand Schiller
näher als den griechischen Tragikern.

Was tat die Tragödie für das leidende Individuum in allen
Passions-Spielen – bis zum *Franz von Sickingen* des Marxisten
Lassalle? Sehr viel, als noch die schlimmste Passion in der
herrlichsten Auferstehung ausgelöscht wurde. Das Ersatz-Heil,
das die Christen spendeten, die zu Christus keinen Mut mehr
hatten, wurde immer dünner. »Die beleidigten Gesetze« Schillers wurden wiederhergestellt. Bei Hegel, Hebbel und Friedrich
Theodor Vischer siegte stets »das ewig Substantielle«. Lassalles
Held starb glücklich in Vorahnung des Bauernkriegs (der dann
eine Niederlage wurde). Und frisches Grün schmückte den

dürren Stab in der Hand des Sünders Tannhäuser. Die Passion
blieb. Das Heil aber verflüchtigte sich in Allegorien, philosophische Kategorien und Bühnen-Effekte. Und, zu schlechter Letzt,
in nicht einmal schöne Worte. In seinen *Erdachten Gesprächen*
hat Paul Ernst eins dem Tragischen gewidmet. Sophokles tritt auf
und deklamiert: »Das Leiden des bedeutenden Menschen ist gut
und schön, seine Wunden gleichen den Wunden, welche der
Pflug unserer gütigen Mutter Erde reißt, aus ihnen quillt Segen
für die armen Menschen, die in den Schranken leben, für die
glücklichen Menschen.« Das also ist das Ende der Anstrengung,
die mit dem Passions-Spiel begann: die tragischen Helden haben
die glücklichen Nicht-Helden zu trösten – wegen ihres Mißge-
schicks. Spießigster Aristokrätzismus!

Alle Passions-Spiele – bis zum *Parsifal*, bis zum *Franz von
Sickingen* und ihren Enkeln – brachten eine frohe Botschaft.
Eduard von Hartmann sagte zum Schluß noch, beschwörend:
»Ein Konflikt ohne Versöhnung ist ästhetisch unmöglich.« Das
ist römisch-katholisch und moskauisch. Aber im *Hiob* (der
unentstellten Tragödie), im *Prometheus*, im *Hamlet* (der von
Fortinbras noch nicht kastrierten Tragödie), im *Tod des Empedokles*, in der *Penthesilea*, im *Woyzeck* ist nur die Passion und
nicht das Halleluja. Sie zauberten das Leid nicht hinweg »mit
dem Gefühl der Versöhnung«. »Christus hat niemals gelacht«,
schrieb Baudelaire. Auch Prometheus, Hamlet, Empedokles,
Penthesilea und Woyzeck haben niemals gelacht.

In einer Selbst-Interpretation, die er *Die tragische Idee* nannte,
erklärte Lassalle, daß er im *Franz von Sickingen* den »dialektischen Widerspruch« in der Situation seines Helden darstellen
wollte; meinte aber durchaus nicht jene Dialektik, die alle
Entzweiung nicht so ernst nimmt, weil man sich (per definitio-
nem) doch schließlich einig wird. Er sah »den tiefen dialektischen
Widerspruch« in der »Natur alles Handelns«, der von keiner
Synthese beiseite gebracht werden kann. Die Dialektik ist ins
Individuum verlegt, in das zerspaltene, auf keine Versöhnung hin
tendierende. Als die neue Tragödie entstand, schrieb der Ästhetiker Friedrich Schlegel: daß »die unauflösliche Disharmonie«

»der eigentliche Gegenstand der philosophischen Tragödie« sei – und gab den *Hamlet* als Beispiel.

Lassalle – Friedrich Schlegel näher als dem Lehrer Marx – war ergriffen von dem ewigen Zwist, der in jeder Revolution angeht: zwischen Utopie und Wirklichkeit, Begeisterung und Diplomatie, dem Vor-Bild und der Karikatur, zu der es dann wird. Das zu zeigen, war sein Plan. Er wollte »die tragische Kollision der revolutionären Situation« darstellen – nicht eine bestimmte und nicht eine versöhnbare. Er war dann doch, als es zur Ausführung des Stückes kam, mehr Schüler als – er selbst. Der Schüler Hegels, der Schüler des Freundes Marx – war sich nicht gewachsen. Mit seiner Absicht aber trat er heraus aus dem christlichen Kreis, der sowohl die Gebrüder Greban als auch Karl Marx einschloß.

Sein Plan war bereits ausgeführt. Georg Büchner hatte in *Dantons Tod* den »tiefen dialektischen Widerspruch« in der »Natur alles Handelns, zumal des revolutionären« gestaltet. Büchners Tragödien ließen hinter sich die christlich-idealistische Überhöhung des irdischen Geschehens durch einen Gott und einen transzendenten Geist, der noch im dialektischen Materialismus sehr lebendig war. Die heillose Tragödie, die mit dem *Hiob*, dem *Prometheus* und dem *Hamlet* ins Leben gekommen war, kam im neunzehnten Jahrhundert zur Reife. Auch Hölderlin (den man so gern zitiert mit dem Rettenden, das nahe sei) gehört hierher:

> Doch uns ist gegeben,
> Auf keiner Stätte zu ruhn,
> Es schwinden, es fallen
> Die leidenden Menschen
> Blindlings von einer
> Stunde zur andern,
> Wie Wasser von Klippe
> Zu Klippe geworfen,
> Jahrlang ins Ungewisse hinab.

Vor dieser Heil-losen Tragödie ist noch einmal die Frage da: was trieb die freiwilligen Teilnehmer zu ihr? Kein Himmel mehr und keine utopische Erde, die der letzte Himmel war. Agamemnon, Prometheus, die Ödipus-Söhne sind zugleich Empörer und Geschlagene. »Zeus wer Zeus auch immer sei«, heißt es bei Äschylus. Die beste deutsche Übersetzung dieses Satzes gab Georg Büchner: »Es war einmal ein arm Kind und hatt' keinen Vater und keine Mutter – war alles tot und war niemand auf der Welt, und es hat gehungert und geweint Tag und Nacht. Und weil es niemand mehr hatt' auf der Welt, wollt's in den Himmel gehn. Und der Mond guckt es so freundlich an; und wie's endlich zum Mond kommt, ist's ein Stück faul Holz. Da wollt's zur Sonne gehn, und die Sonn guckt es so freundlich an; und wie's endlich zur Sonne kommt, ist's ein verwelkt Sonnblümlein. Da wollt's zu den Sternen gehn, und die Sterne gucken es so freundlich an; und wie's endlich zu den Sternen kommt, da sind's goldene Mücklein, die sind aufgespießt auf Schlehendörner und sterben. Da wollt das Kind wieder zur Erde; aber wie's zur Erde kam, da war die Erde ein umgestürzt Häfchen. Und so war das Kind ganz allein und hat sich hingesetzt und hat geweint: Hab nicht Vater noch Mutter, hab nicht Sonne, Mond und Sterne und nicht die Erde. Und da sitzt es noch und ist ganz allein.«

Was schützte die, welche dasaßen auf dem »umgestürzt Häfchen«, ausgesetzt dem Anprall der Leiden? Was zog sie zur Tragödie? Hume dachte wahrscheinlich vor allem an Shakespeare, als er den Essai *Über die Tragödie* schrieb. Es sei wirklich nicht genug, wenn der Abbé Dubois sage, daß auch ein schmerzliches und peinliches Spektakel immer noch besser ist als fade Stumpfheit, das Bei-sich-selbst-Sein. Auch sei nicht recht überzeugend Fontenelles Auslegung, man wisse ja, daß diese furchtbaren Geschichten alle nur erfunden seien. In der Erregung, in die uns die Schrecken der Bühne versetzten, wären wir empfänglich für Musik und Beredsamkeit. Sie sind es, die unsere Not in eitel Freude wandeln. Der Zuschauer vergißt seinen Kummer und schmeckt die seltsame Glückseligkeit, die der Poet ihm verleiht... Orpheus und der Schöne Schein im Kreuzzug gegen das Leid: das hat dann Nietzsche viel beredter verkündet und Wagner zu praktizieren versucht in Markgräfisch-Bayreuth. Und vielleicht ist die Tragödie ausgestorben in diesem Jahrhundert – nicht nur, weil keine Himmelfahrt mehr gelang, sondern auch kein Shakespeare, der die Schreie der Helden noch zum Klingen gebracht hatte.

Es gab tragische Helden (Ödipus auf Kolonos, Wotan), die in Frieden untergingen – nicht aufgingen. Ödipus endete nicht versöhnt – oder doch nur mit dem Unversöhnlichen. Er war schließlich nicht gerettet, sondern todmüde. »Wotan schwingt sich zu der tragischen Höhe, seinen Untergang zu wollen«, steht in einem Wagner-Brief. Schopenhauer, der die Philosophie zum Musik-Drama schrieb – als Wagner gerade geboren war –, schuf das letzte Heil. Nachdem alle Himmel verloren waren, blieb nur noch einer: ein trüber – der Tod, der das Leiden endet. Der tragische Held macht dem Zuschauer vor, wie man durch Einsicht diesen »Himmel« gewinnt. Die griechischen Dramen waren Schopenhauer nicht eindeutig genug: Ödipus sei auch deshalb ausgesöhnt, weil er an seinem Vaterland gerächt wurde; die Kassandra des Äschylus dachte sterbend an Rache, Iphigenia Aulica an das Wohlergehen der Griechen. Der Zuschauer der Schopenhauer-Tragödien hingegen leidet das Leid der Getroffenen mit, um dann an ihrer Befreiung von Leid und Mitleid teilzuhaben.

Ob aber der stumme Mit-Spieler vom Mit-Leid befreit werden will, ob er nicht gerade zur Tragödie geht, um mit-leiden zu können, wurde selten bedacht. Bergson hat darauf aufmerksam gemacht, daß echtes Mitleid nicht so sehr in der Furcht vor dem Leid besteht als im Willen zu ihm. Es sei zwar ein sehr schwacher Wille, man sehe ihn nicht gern verwirklicht; bilde ihn aber wider Willen: als beginge die Natur eine große Ungerechtigkeit und man wolle sich aller Komplizität mit ihr begeben...

Man tritt auch auf die Seite der Leidenden, um ihr Geschick zu bessern. Es gibt aber noch eine umfänglichere Solidarität: das Wissen davon, daß sich, wer sich vom Leid ausschließt, vom Menschsein ausschließt. Die Neigung zur Tragödie ist der Drang

zur Offenbarung dessen, was mit aller Gewalt von tausend
täglichen Veranstaltungen unterdrückt wird. Vor den großen
Tragödien fand der Zuschauer sich mehr als im Ablauf seiner
Tage. Was ihm da mit vieler Kunst vertuscht wurde, ist ihm hier
offenbart worden: die Tragödie erlaubte den passiven Mysten,
teilzunehmen an dem unbeschwichtigten Sein.

Das zwanzigste Jahrhundert ist das Jahrhundert ohne Tragödie genannt worden. Es fehlt jene frohe Gewißheit, die noch im
achtzehnten Brennen und Morden in einen Hymnus auflöste.
Und die unversöhnte Tragödie ist unerträglich in einer Zeit, in
der die Helden auf der Bühne nicht so laut schreien können, wie
die Opfer im Parkett geschrien haben.

Es scheint, daß die Tragödie mit den andern großen Kreuz-
zügen gegen das Leid der Geschichte angehört.

IV.

Positive Nihilisten

In dem Jahrhundert, in dem Melancholia so berühmt war wie zweihundert Jahre später Ennui, schrieb La Rochefoucauld: »Die Philosophie triumphiert leicht über vergangenen und zukünftigen Schmerz, aber das gegenwärtige Leid triumphiert über sie.« Wäre das wahr, dann hätte es nie eine Consolatio philosophiae gegeben; als Philosophien lebten, war ihre große Leistung die Einkapselung des gegenwärtigen Leids. La Rochefoucauld und seinem Kreis leisteten sie das nicht mehr; und hundert Jahre später war der Kreis so beträchtlich weit geworden, daß das öffentliche Bewußtsein zu einem neuen Tag erwachte. Damals wurde das Wort »Pessimismus« geboren. Sein Inhalt war eine weittragende Erfahrung, nicht eine Stimmung.

Die erste Generation war enttäuscht – bis zur Unfähigkeit für neue Täuschungen. Ihr großes Ereignis war: ein pessimistisches Damaskus. In Leopardis *Zibaldone* heißt es: »Ich war entsetzt, mich in der Mitte des Nichts zu finden.« Auch sie »umleuchtete« »plötzlich ein Licht« – nur kam es nicht vom Himmel und ist überhaupt nicht zu benennen mit Orten der christlichen Geographie; denn das Nichts gibt es auf dieser Karte nicht. Gemeinsam ist Paulus und ihnen der coup de foudre. Man findet sich plötzlich – ahnungslos. Das ist die Situation jeder ersten Generation. Das Neue ist der neue Ort: »in der Mitte des Nichts.«

Die erste Generation zeigt den Bruch des Lebens in zwei Hälften. Die Tradition wandelte sich nicht – sie sank weg. Die Binde fiel von den Augen. Was sie sahen, war nicht irgend etwas anderes; es war bestürzend, noch-nie-dagewesen. Die unvorhergesehene Leere ist überwältigend wie die unvorhergesehene Fülle. Das Nichts war sehr da: die erfahrene Annullierung von allem, an dem man hing. Diese Un-abhängigkeit, das radikale Abgehängtsein ist nicht eine Konstruktion; sie ist biographisch zu illustrieren.

Zum Beispiel im Leben Kleists. Er las die *Kritik der reinen Vernunft* und schrieb an seine Stiefschwester, was dies Buch angerichtet habe. Es erweckte ihn aus seinem »dogmatischen Schlummer« (eine kantische Wendung) – zu einem Tag, den er nicht ertragen konnte. Das Rückgrat seiner Jahre war der »Lebensplan« gewesen: die Gewißheit, »in den großen ewigen Plan der Natur einzugreifen, wenn ich nur den Platz erfülle, auf den sie mich in dieser Erde setzte.« Diese Sicherheit zerstörte das Buch. Es war sein Damaskus: »Wir können also nicht entscheiden, ob das, was wir Wahrheit nennen, wahrhaft Wahrheit ist«; wir können also den »großen, ewigen Plan der Natur« nicht erkennen; wir können deshalb den Platz, auf den sie uns setzte, nicht finden; vielleicht ist da kein Plan und kein Platz. Er war aus der Illusion eines zuverlässigen Gewissens aufgewacht. Der Schrecken, der ihn befiel, als er aus der Tradition plötzlich herausfiel, spiegelte sich in dem einen großen Thema seiner Stücke und Erzählungen: Enttäuschung.

Hinter Nietzsches Pathos ist dasselbe Aus-allen-Wolken-fallen. Der Pastorssohn wuchs heran in der Welt, die vom Großvater, dem Superintendenten, beschrieben worden war in seiner Schrift: *Gamaliel, oder über die immerwährende Dauer des Christentums, zur Belehrung und Beruhigung bei der gegenwärtigen Gärung in der theologischen Welt.* Der Enkel entdeckte plötzlich »das urgermanische Wort: Alle Götter müssen sterben«. Es beherrschte sein Leben stärker als das andere, daß alle Menschen sterben müssen; solange die Götter lebten, starben die Menschen nicht so sehr.

Die Geschichte der radikalen Enttäuschungen ist die (fast unbekannte) Prä-Historie der Religionen. Wir kennen den einen Autor des Buches *De miseria humanae conditionis* – aber nicht die weite Not, welcher der junge Mann, der später Innozenz III. wurde, zur Sprache verhalf . . . und die von Origines und Leibniz und Hegel so erfolgreich bekämpft wurde. Die erfolgreichen Bekämpfer waren erst die Folge der Not, die sie bekämpften; und oft war der Zweifel und das Vertrauen, das ihn befriedete, zwillingshaft verbunden. Luthers Angriff auf Crates, Epiktet und die Stoici: »daß sie die Laster, die im Menschen sind, vom Menschen auf die Kreaturen gelegt haben, die doch an sich selbst gut und Gottes Gaben sind« war ein Sieg über Luther, dem das Leben »ein eitler Traum und gleich wie eine dunkle Nacht« war. Die schlimme Geschichte der radikalen Enttäuschungen ist auch heimlich eingeschrieben in die schöne Geschichte des Vertrauens. Als Pierre Bayle in seinen Enzyklopädie-Artikeln (über die Manichäer und Paulisten), die nicht bekannt sind, erklärte, die Vernunft habe kein Mittel, die Übel hinwegzubeweisen – wurden Leibniz' *Essais de théodicée sur la bonté de dieu, la liberté et l'origine du mal,* die sehr bekannt sind, nötig; nacheinander wurde er mit den metaphysischen, physischen und moralischen Übeln fertig. Bis zum Ende des achtzehnten Jahrhunderts konnten die Enttäuschten beruhigt werden. Der junge Mann des zwölften, der keinen irdischen und himmlischen Ausweg sah, wurde ein resoluter Papst. Luther war vergnügt und heiratete; Pierre Bayle ist ein beruhigter Christ gewesen.

Was vor hundertfünfzig Jahren geschah, war ein großer Beginn – wie man rückblickend sehen kann. Was geschah? Im siebzehnten Jahrhundert hatte Pascal, ein einsamer Vorläufer, geschrieben: »Wenn wir immer wieder dieselbe Wirkung sehen, schließen wir auf eine natürliche Notwendigkeit – etwa, daß es ein Morgen gibt. Aber die Natur enttäuscht uns oft und befolgt ihre eignen Regeln nicht.« Das war ein leises Vorspiel. Nun schrieb Kierkegaard, sehr deutlich: »Die Natur hat vergessen, daß sie Chaos war, und doch kann ihr das auch wieder einfallen.« Man könnte die neue Erfahrung auch beschreiben mit einer Variation des Bibel-Beginns: am Anfang war Himmel und Erde; und die Erde war wüst und leer, und es war finster auf der Tiefe; und die Finsternis sprach: es werde Gott... Dieser Hergang ist durchschaut worden um die Wende des achtzehnten und neunzehnten Jahrhunderts – zum Beispiel von Novalis: »Wahrhafte Anarchie ist das Zeugungselement der Religion. Aus der Vernichtung alles Positiven hebt sie ihr glorreiches Haupt als neue

Weltstifterin empor.« Nur tut sie das nicht mehr, wenn man erkannt hat, daß sie es tut.

Seitdem Hölderlin an Sinclair die Verse richtete:

> Nimmer ist dir
> Verborgen das Lächeln des Herrschers
> Bei Tage, wenn
> Es fieberhaft und angekettet das
> Lebendige scheinet oder auch
> Bei Nacht, wenn alles gemischt
> Ist ordnungslos und wiederkehrt
> Uralte Verwirrung

hat die »uralte Verwirrung« ihre sehr junge Geschichte gehabt. Die »uralte Verwirrung« hat sich im Dasein des Einzelnen und im Selbstgefühl der Gesellschaften, in wissenschaftlichen Theorien und in der Syntax der Künste grell illustriert. Es zeichnet aber die romantische Aufklärung aus: daß sie nicht mehr wie Renaissance und Protestantismus und Rationalismus ihre spezifische Verklärung mit sich brachte. Es ist der Natur und der Kultur zu gründlich eingefallen, daß sie Chaos war.

Auch diese letzte aufklärende Ent-Täuschung hatte etwas vom Jubel aller Aufklärungen. Der Freiheits-Enthusiasmus, ihre Grund-Melodie, war in Comtes Triumph über die überwundenen Stadien der Unreife, in Heines und Nietzsches Kreuzzug gegen die beiden Diktatoren, den Gott und den Sozialismus. Es war ein umflorter Sieg. »Gott ist tot« ist nur die erste Hälfte eines Nietzsche-Satzes. Es folgt: »dies ist die Ursache der größten Gefahr.« Man redet nach einem Jahrhundert nur noch gedankenlos vom Abbau; die pessimistisch-nihilistische Tradition (jede Tradition stumpft ursprüngliche Impulse ab) verwandelte die Erschütterung der ersten und die Lethargie der zweiten und dritten Generation in Themata. Der Abbau ist zum Dynamit der Kinderzimmer geworden.

Man baut baufällige Häuser ab (zur Freude aller Aufklärer seit Adam). Ist es aber das baufällige Haus, das mich vor dem Regen schützt, dann wird das Unternehmen problematisch. Wenn kein

neues an seine Stelle gesetzt werden kann? Die Aufklärer zur
»uralten Verwirrung« hin spürten das. Ihre Unabhängigkeit
machte sie auch beklommen. Heine schrieb Gott einen gar nicht
wohlgemuten Nachruf: »Unsere Brust ist voll von entsetzlichem
Mitleid – es ist der alte Jahwe selber, der sich zum Tode
bereitet... Hört Ihr das Glöckchen klingeln? Kniet nieder – Man
bringt die Sakramente einem sterbenden Gott.« Sein Mitleid galt
schon damals den Trauernden Hinterbliebenen, die sehr Ahnungslose dann auf den (nichtsmehrsagenden) Namen »Atheisten« tauften. Solch ein Ahnungsloser war etwa der englische
Astronom Arthur Stanley Eddington, als er schrieb: »Es ist
ebensowenig möglich, einem Atheisten religiöse Überzeugung
einzuhämmern, wie einem Schotten Verständnis für Witze.«
Nietzsche ahnte diesen Eddington voraus, als er von jenem alten
Heiligen berichtete, der in seinem Walde noch nichts davon
gehört hatte, daß Gott tot ist. Die dichtesten Wälder, in denen
heute ahnungslose Heilige leben, sind die Laboratorien – wie in
dem späteren Kapitel »Der Himmel unserer Naturforscher«
berichtet werden wird. Was aber Jeans »einhämmern« betrifft, so
ist der Hammer brauchbarer zur Herstellung von astronomischen Instrumenten als zur Herstellung von Witz und Göttern –
obwohl auch das schon und gerade in unseren Tagen versucht
worden ist.

Unter Dioklelion wurde eine populäre Pantomime gespielt:
Das Testament des verstorbenen Jupiter. Man verwechsele die
Atheismen nicht! Die neue Aufklärung, die sich bewußt war,
nicht nur einen neuen Tag einzuleiten – eher eine neue Nacht,
war ein lauter Protest gegen den Leichtsinn vor dem Leid. Der
Stoß der Philosophen richtete sich gegen die Inkarnation dieses
Leichtsinns, Hegel, der gedichtet hatte: »Die Wunden des Geistes heilen ohne Narben.« Wie leicht man es sich gemacht hatte,
war für Nicht-Philosophen zu lesen – zum Beispiel in Gott-
scheds *Erste Gründe der gesamten Weltweisheit.* Die Theodizee
des kleinen Mannes, der nur die schöne Aussicht wollte, nicht die
steilen dialektischen Serpentinen zu ihr hin, lautete: »Es gibt
mehr ehrliche Leute als Spitzbuben, Räuber und Mörder, mehr

Wohnhäuser als Zuchthäuser, mehr Gesunde als Kranke, mehr Wohlversorgte als Bettler, mehr vergnügte als verdrießliche Stunden, das Gute hat also augenscheinlich die Oberhand, und wer Lust hat, seine Pflichten zu erfüllen, wird nicht zu der Zahl der Mißvergnügten gehören, die wider den gerechtesten Monarchen murren, zumal derselbe, was wir etwa hienieden eingebüßt, im Jenseits reichlich ersetzen wird.« So ähnlich sagten es die Fachphilosophen auch; und wenn sie statt Jenseits – Absoluter Geist sagten, schwächten sie nur ab, was Gottsched auch nicht mehr hatte – aber wenigstens noch versprach.

Die erste Generation war noch nicht ganz ohne Verklärung: Philipp Mainländer, aus dem Stamme Schopenhauers, schrieb ein Buch *Die Philosophie der Erlösung*. So hätte auch *Die Welt als Wille und Vorstellung* heißen können. Hätte ihr Verfasser mit dem Erzfeind Hegel ganz direkt gehadert, so hätte er ihm vorgehalten, daß er kein Heil zu bringen hatte; ihn entthronten die Entzauberten – nicht die Naturwissenschaften. Schopenhauer aber zauberte noch einmal – ein letztes Mal: mit der Entzauberung. Es wurde nicht mehr erlöst zu einer besseren Welt – auf Erden oder im Himmel; es wurde aber doch erlöst von einer schlechteren Welt zu einem besseren Nichts. Schopenhauer ahnte nicht, daß er noch ein großer Tröster war vor dem, was nach ihm kam. Der radikale Pessimist liebt das Leben – und hat nicht mehr den Ausweg der Erlösung durch Loslösung.

Zunächst aber kam einer, von dem der englische Philosoph C. F. S. Schiller in einem nachgelassenen (nicht-veröffentlichten) Manuskript sagte: »Nach dem Eroberer Schopenhauer kam der Administrator des neuen Imperiums Pessimismus.« Dieser Verwalter und Taktiker war der deutsche Generals-Sohn Eduard von Hartmann. Er arbeitete einen Generalstabsplan für die Strategie der Erlösung aus. Er verhegelte Schopenhauer; er machte den Verzicht auf die Welt zu einem historischen Prozeß und Progreß. Was Schopenhauer verworfen hatte: Religion, Geschichte, Erziehung... wurde wieder positiv, als Mittel – zu einem negativen Ziel. Bei dem Historiker des Christentums, Adolph von Harnack, steht: »Die Weltflucht im Dienste der weltbeherrschenden Kirche, die Weltherrschaft im Dienste der Weltentsagung – das war das Problem und das Ideal des Mittelalters.« Hartmann trennte immer noch vom Christentum sein theoretischer Grundsatz: daß die Welt »einem unvernünftigen Akt ihren Ursprung verdanken müsse«. Aber die christliche Praxis wurde als pessimistische adoptiert: »die Weltherrschaft im Dienste der Weltentsagung.« Der Generals-Sohn führte seine Leute diszipliniert und aufbauend, mit Moral und Religion und der ganzen von Schopenhauer verworfenen Kultur – ins Nichts. Einer der ersten positiven Nihilisten hatte die Seinen wieder zurückgesteuert.

Der Vergleich mit dem Christentum darf nicht irreführen. Diese militärischen Erlösungen waren nichts als Konstruktionen – dort, wo kein Boden mehr war. Sie erlösten niemand – wahrscheinlich nicht einmal die Ingenieure. Ganz gewiß nicht einmal die Nächsten. Schopenhauers Schwester Adele, eine treue Leserin der Bücher des Bruders, konnte sich (wie sie versicherte) nicht dahin bringen, nach der Lektüre gerettet zu sein. Und Eduard von Hartmanns erste Frau, auch Autor eines Pessimismus-Buchs, gestand, daß sie nicht beeindruckt war von der frommen Legende des pessimistischen Heils.

Was denn war die Faszination, die Schopenhauer ausübte? »Nie vorher«, schrieb Tolstoi im Sommer 1869, »habe ich soviel geistiges Glück genossen; Schopenhauer ist der größte Genius der Menschheit.« Er war ein Befreier: von einem Vertrauen, das keins mehr war; von einem Ziel, welches das gegenwärtige Leid nicht beendete und die künftige Hoffnung nur verblasen aussagte. Aus dem kurzen, großen Enthusiasmus für den Systematiker des Unheils wurde im zwanzigsten Jahrhundert das Interesse für Hinduistisches und Buddhistisches, für die Vedanta-Gesellschaft – und zuletzt ganz allgemein für den »Osten«. Der »Osten«, den Schopenhauer noch recht kritisch ansah, leistete dem nachschopenhauerschen Westen einen großen Dienst: zu zaubern – aber unaufdringlich, ohne die neue westliche Skepsis zu beleidigen. Es ist die Zurückhaltung im Argumentieren und systematischen Gewalttätigsein, die ihn so annehmbar machte.

Im Jahre 1911 wurde in Benares »Der Orden des Sterns im Osten« gegründet, um das Kommen eines Weltlehrers zu verkünden. Die Präsidentin der Theosophischen Gesellschaft, Dr. Annie Besant, glaubte ihn in dem fünfzehnjährigen Krishnamurti erkannt zu haben. Achtzehn Jahre später lehnte dieser »Messias der Theosophen« die Messias-Rolle ab und löste den Orden auf: »Ich behaupte, die Wahrheit ist ein wegloses Land, und man kann sich ihr auf keinem Pfade – wie er auch sei – durch keine Religion, keine Sekte nähern.« Das gefällt dem Westen.

Nach allem darf das Heil nicht mehr so kompakt sein; am besten, es ist fast nicht da, nur noch ein »Fünkchen« – und doch gerade noch ein »Fünkchen«. Der »Osten« ist die letzte Hoffnung des Westens – wenn auch nur aus dem Grunde, weil doch dort immer das Licht aufgog. Toynbee ist nicht als Historiker, sondern als ein gen Osten gerichteter Feldstecher zu einem Liebling des Westens geworden. Der »Osten« ist eine westliche Erfindung: keine Religion mehr und doch noch eine. Sie findet man in einem zugleich nihilistischen und positiven Nirwana und im Pantheismus des Bettelmönches Sankara, der einem alles nimmt und – gibt. Und eine starke, feste, nicht zu nehmende Burg ist gebaut um das Östliche: daß es westlicher Intellektualismus sei, durch den Hof von poetischen Figuren durchdringen zu wollen in die Tiefe. Wenn es westlich ist, daß nur die Tiefe tief ist, die man ermessen kann – dann wird verständlich der Hang zum Anti-Westlichen.

Es gab aber in der Reihe der Denker, die mit Schopenhauer begann, einen, der sie konsequent abschloß – und unbekannt blieb: Julius Bahnsen. Er kannte keine Erlösung. Obwohl auch er Hegels »Dialektik«, dem größten philosophischen Vamp des Jahrhunderts, anheimfiel, fuhr er doch nicht auf ihm ins Paradies. Er nannte sie »Real-Dialektik« – und nahm ihr die geschichtliche Breite. Die Realität wurde zu einem Pluralismus ewig entzweiter Atome. Auf die Frage, woher sie kamen und wohin sie gingen, antwortete er nicht mehr. Mit einem Mann, der Unheil zu geben hatte und sonst nichts, konnte man nichts anfangen.

Hier wäre nun die Geschichte des modernen Pessimismus zu Ende – wenn sie nicht gerade erst begönne: die Geschichte der Existenzen und Gebilde einer Heil-losen Zeit. Sie sind so farbig, weil das »Chaos«, von dem Kierkegaard sprach, sich sehr oft sehr ordentlich präsentierte – und so die Selbstmorde der Zeit, die großen und die kleinen, zu peinlichen Abirrungen stempelte. Die Leute, die hämmern und telefonieren, die sonntäglich promenieren, gar die, welche als Haupt- und Nebendarsteller und Statisten einer Krönung beiwohnen, machen nicht den Eindruck einer Trauergemeinde. Ob Gott nun tot ist oder nicht: sogar Nicht-Christen vergaßen das Leid. Nihilismus wurde Prahlerei – und die Positiven heimliche Nihilisten.

Sie aber verraten mehr Pessimismus – als die bewegten Klagen der Epigonen.

Die Austreibungen

> Sorg und Furcht
> fesseln den Sinn;
> wie sie enden
> lehre mich Erda:
> zu ihr muß ich hinab!

Wieviel Wotans stiegen zu wieviel Erdas hinab, hinauf und in alle andern Himmelsrichtungen! Die einzige Frage war: »wie sie zu enden?« Man nannte das auch viel förmlicher (mit dem abgebrauchtesten aller Titel): die Überwindung des Pessimismus, des Nihilismus. Die aber herrschen, da jeder darauf aus ist, sie zu überwinden. Die Positiven dieser Aera sind vom Negativen verhext. Die Positiven zeigen das Leben des Leids in dieser Zeit. Es ist manchem Pionier nachzugehen, der ein verkleideter Flüchtling war. In diesem Abschnitt haben wir es mit jenen armen Teufeln zu tun, die dem Teufel etwas anzukreiden suchten – und glaubten, ihn so los zu werden. Die Über-

schrift sollte lauten: wie man gegen ihn anging – und wo er
wirklich in der Kreide war.

Pessimisten waren noch nie in Ehren – obwohl schon manchmal in Mode. »Melancholie ist immer schlecht«, sagte Spinoza.
Wer die Schatten-Seiten ins Licht stellt, wird in den Schatten
gestellt. Er weist noch besonders auf das hin, was man, wenn man
es weiß, nicht wissen will. Er ist eine Art Friedens-Störer im
Krieg; über Friedlosigkeit nicht zu sprechen, ist schon beinahe
Frieden. In einer Zeit, in der man noch leise ablehnte, schrieb
Renan (der doch gewiß Flaubert und Baudelaire kannte): »Le
pessimisme est antipathique au génie français.«

Verfaßte einer heute einen »Hexenhammer«, er müßte den
»Pessimismus« umständlich und dick hinmalen. Auf dem großen
Hexen-Sabbath spielt er eine Haupt-Rolle. Er ist, wie alle seine
Kollegen, nicht mehr im theologischen Gewande, sondern im
politischen: der Uniform dieser Zeit. Der Unterschied zwischen
der Anklage auf »Pessimismus« und »Verrat« ist kaum nennens-
wert; beim ersten wird erst das Beil geschärft, das beim zweiten
niederfällt.

Man treibt ihn nicht mehr auf lateinisch aus. Die modernen
Exorzisten sind Journalisten und können kein Latein. Aber der
Befallene ist nicht weniger bedroht. In einem Teile der Welt
folgen der Anklage Folter und Hinrichtung (die farbigen Ver-
brennungen sind außer Mode). Gesittetere Gesellschaften finden, daß der Pessimist »unmöglich« ist; und was nicht möglich
ist, ist sehr bald gar nicht.

Die Apparatur der Pessimismus-Abwehr ist vielfältig. Es gibt
eine alte Erfindung, mit der man Schuldige dingfest macht: wer
eine schlechte Diagnose stellt, ist schuld an der Krankheit. Die
Vorläufer haben es besonders schlecht. Es gibt Zeiten, in denen
die Formulierung dessen, was ist, provozierender wirkt als das,
was ist: das ist noch nicht sichtbar, so wird sein Name als
boshafte Erfindung ausgelegt. Ein guter Teil der »modernen
Kunst« erleidet dies Schicksal.

Man wurde also den Pessimismus los, indem man die, welche
sahen und bekannten, verfemte. Viele bestatigten sich seit hun-

dert Jahren, daß alles in Ordnung ist, indem sie Schopenhauer beschimpften. Den aufbauenden Zeitgenossen waren seine Einsichten »der zufällige barocke Einfall eines paradoxen Dilettanten«, dessen Anhänger ein »pathologisches Interesse an krankhaften Grillen« hätten. Eine Generation später schrieb Eugen Dühring, der Turnvater der deutschen Philosophie: »Was ein Schopenhauer aufzurühren gesucht hat, ist im Grunde nichts als der alte, teils buddhistische, teils christliche Aberglaube, nur mit dem Unterschiede, daß der philosophische Schriftsteller feinerer mystischer Nebel bedurfte, wo das Volk sich ohne weiteres an der platten Ungereimtheit Genüge tut.« Noch einmal eine Generation später nannte Albert Schweitzer Schopenhauer »einen nervösen und kränklichen Europäer« – obwohl gerade Schweitzer den Pessimismus des Nicht-Europäers Jesus klar charakterisiert hatte. Und ein letztes Mal eine Generation später, heute, lädt man sich »positiv«, indem man sich an Gide und Hemingway reibt. »Die Lebensgeschichte und das Werk André Gides« sind – nach einer deutschen Bestandaufnahme 1953 – »eine Krankheitsgeschichte«; und Hemingway gebe der »*anomalen*« Welt den Vorzug vor der »geordneten bürgerlichen« (deren Längen- und Breiten-Grad allerdings verschwiegen wird). Hemingway, Sartre, Graham Greene hätten die Menschen »in die animalische Richtung« gestoßen, welches die Richtung der »zweifelhaften modernen Literatur« ist.

Die vier Aburteilungen der vier Generationen trotten entlang die begangenste Chaussee auf dem Weg zum Positiven: die Beschimpfung der Diagnostiker. Ungesund, krankhaft, pathologisch, unnatürlich, anomal sind polemische Vokabeln: durch vier Generationen wertbeständiger (besser: unwert-beständiger) als irgendein Börsen-Papier dieser Zeit. Sie können auf den Einzelnen zielen oder auf seine Schicht oder auf seine Kultur; sie zielten schon auf alle drei. Vom Krankhaften zum Unnatürlichen ist nur ein kleiner Schritt. Selbst Schweitzer ehrte (in dem Buch *Die Weltanschauung der indischen Denker*) den Optimismus mit dem Beiwort »natürlich«: weil er dem »instinktiven Willen in uns« entspräche. Andere sahen im Todestrieb den »instinktiven

Willen in uns«. Und Unamuno fand: noch niemand habe bewiesen, daß der Mensch »von Natur« munter sei. Von Natur – ist nämlich die Natur des Menschen ganz unnatürlich.

Der Wort-Schatz, der Wort-Schwatz sagt oft mehr als das Argument. Der Pessimismus hat nicht nur Gegner gehabt, auch Hetzer. Eugen Dühring, der die sprachliche Hölle des Buches *Mein Kampf* mit-gezeugt hat – sie hat viele Erzeuger gehabt seit dem Urvater Wagner –, schrieb: »Feinere Gifte zerstören den Körper, aber ekle Vorstellungen von einer vermeintlichen Nichtigkeit des Daseins verwüsten das Gemüt.« Die »feineren mystischen Nebel«, die er bei Schopenhauer fand, und »der geistige Pesthauch, der von den Stätten der sittlichen Lebensfäulnis ausgeht«, waren die Großväter der intellektuellen Nebel des Asphalts.

Der Gegensatz des kranken Intellekts ist der Gesunde Menschenverstand. Der Gesunde Menschenverstand ist eine der ungesündesten Unverständigkeiten – wohl schon immer gewesen. Bereits im Beginn, als ihn der Schotte Thomas Reid gegen die radikale Skepsis David Humes erfand, war er leise anti-pessimistisch; zuviel theoretischer Abbau führt zur Verzweiflung. Aber damals sagte man noch: Common Sense – nicht Healthy Sense; und meinte: ein Fundus von Wahrheit sei allen gemein. Man rechnete stets zum gemeinsamen Besitz, was nur einer kleinen Gruppe gehörte: zum Beispiel die Vorstellung, daß wir nur verantwortlich sind für das, was in unserer Macht steht. Allmählich wandelte sich dann das theoretische »common« in das inquisitorische »gesund«, welches bereits die Austreibungs-Ärzte herbeiruft – »im Namen dieser gesunden Lebensmitte«, die man heute nicht nur in Deutschland befiehlt. Doch werden philosophische Haltungen im zwanzigsten Jahrhundert nicht so ernst genommen wie politische. Keinem Pessimisten ist die Ehre widerfahren, aus Haß in den Rang des Satans hinaufgeschätzt zu werden – wie das Marx geschah, von dem sein feindseligster Biograph sagte: »Die wichtigsten Fakten unserer Zeit gehen zurück auf *einen* Mann.«

Die Anstrengungen, den Urheber des modernen Pessimismus

zu finden, zu ergreifen – und so das ganze schreckliche Ereignis vielleicht rückgängig zu machen, machten lange Zeit viel her von dem Erdbeben in Lissabon als Beginn des Unglücks. War Voltaires Gedicht *Le désastre de Lisbonne* der Keim des *Candide?* Aber schon zwei Jahre vor der Katastrophe hatte die Akademie der Wissenschaften in Berlin auf Anregung von Maupertuis das Thema gestellt: » On demande l'examen du système de Pope contenu dans la position: Tout est bien.«

Das Unternehmen, ein historisches Ereignis verantwortlich zu machen für etwas Furchtbares wie diesen Pessimismus, hat das große Vorbild im Sündenfall: ein Geschehen in Raum und Zeit, mit dem das Schlimme begann. Das Erdbeben von Lissabon aber war zu bescheiden – in Anbetracht der langen, schweren Folgen. Man fand ein weniger lokales Beben, das auch die Frage nach der Schuld eher befriedigte. Der Einbruch des Protestantismus in das Heil, welches das Christentum gebracht hatte, war eine angemessenere – umfänglichere und moralischere – Deutung. Die Protestanten »trennten das Untrennbare« – sagte Novalis, in der Bibel aller Detektive auf der Suche nach dem Anstifter. Genau das, die Trennung des Untrennbaren, hatten auch Adam und Eva sich zu schulden kommen lassen, als sie das Gute und das Böse in die Welt brachten. Die Protestanten wiederholten den Sündenfall.

Es gab auch militante Auslegungen, die weniger mythologisch aussahen, obwohl sie es gewiß nicht waren. Die Vitalität der weißen Rasse habe nachgelassen – und müde Menschen seien Pessimisten; die Interpreten merkten nicht, daß sie im Über-Eifer Religionen, Philosophien und Künste zu physiologischen Funktionen gemacht hatten. An einer andern Front hieß es: ängstliche Aristokraten und noch verängstigtere Bourgeois seien den Einflüsterungen der Melancholia zugänglich gewesen; die Interpreten merkten nicht, daß sie im Über-Eifer die hochkletternde primitivere Schicht zum Organ der echten Einsicht machten.

Der moderne Pessimismus wurde stark in der Epoche des Übergangs von Hierarchien zu Massengesellschaften, von der Ära des Pferds als schnellstem Überwinder des Raums zur Ära der Schallwelle. Der Übergang war nicht ein Übergehen, sondern ein Sichüberstürzen. Er vollzog sich so vehement, daß alte Leute nicht mehr imstande waren, die Welt ihrer Jugend und die Welt ihres Alters zusammenzudenken. Schneller Übergang, viel Abschied immerzu Neu-Beginn drängt ins Bewußtsein die Erfahrung: daß die Kulissen nur Kulissen sind – hineingesetzt in ein großes schwarzes Loch, welches sie zu einer kleinen farbigen Enge machen.

Wer diese Erfahrung auslöschen wollte, griff an. Die Angreifer können auch eingeteilt werden nach den Waffen, welche die Zeit ihnen in die Hand gab. Die stärkste war, zwei Jahrhunderte lang, das Adjektiv-Verdikt: »unwissenschaftlich«. Mit diesem Panier zogen sie in den Kampf gegen den Pessimismus; und er stellte sich hier. Der Kampf-Boden, den beide Parteien anerkannten, war die Methode der mathematischen Naturwissenschaft. Schon Maupertuis ließ sich auf dies Feld locken. In dem *Essai de la philosophie morale* machte er den Pessimismus so fest wie die Newtonsche Natur: »Ich nenne Lust (plaisir) jede Empfindung, welche die Seele lieber erfahren will als nicht erfahren. Ich nenne Unlust (paine) jede Empfindung, welche die Seele lieber nicht erfahren will als erfahren.« Dieses Lust-Unlust-Konzept schuf zählbare emotionelle Atome: das Glücksmoment (moment heureux) und das moment malheureux. Nun war nur noch eine einzige Gleichung nötig, zur Umformung des Pessimismus ins Errechenbare: »Eine doppelte Intensität und eine einfache Dauer können einem Moment gleichkommen, dessen Intensität einfach und dessen Dauer doppelt ist.« Bedauernd sagte der naturwissenschaftliche Pessimist Maupertuis: die Dauer einer Empfindung kann man messen mit Hilfe von Instrumenten, nicht die Intensität; heute messen die Film-Laboratorien auch die Stärke und Schwäche der Reaktionen.

Bis zum Ende des neunzehnten Jahrhunderts gebrauchten »Streng-Wissenschaftliche« in ihren Arbeiten die mathematischen Symbole $+$ und $-$, $<$ und $>$. Von Hartmann, der Generals-Sohn, legte die volle Rüstung des Algebra-Pessimismus an: »Dem empirischen Pessimismus steht der metaphysische gegenüber. Der erstere behauptet, die eudämonistische Bilanz der Welt sei = − a; der letztere behauptet, die eudämonologische Bilanz im Absoluten sei = − A. Sonach behauptet der absolute Pessimismus, die eudämonologische Bilanz des Seienden in seiner Totalität (Einheit von Welt und Absolutem) sei = − a − A oder = − (A + a). Die Wahrheit des absoluten Pessimismus ist unabhängig von dem Größenverhältnis zwischen A und a; wenn auch A kleiner als a wäre, so bliebe doch A + a größer als a. Selbst wenn A gleich o würde, bliebe der absolute Pessimismus im Recht, weil die eudämonologische Totalbilanz von Gott und Welt gleich − a, d. h. negativ bliebe.« Diese Spielereien aus Weierstrass plus Inventur wurden von den sogenannten Positiven leicht als unwissenschaftlich abgetan. Auch beklopften sie das metalogische Gerüst; es war nicht haltbarer als in andern Metaphysiken. Man wurde positiv, indem man das Zeit-Kostüm zerfetzte, in welchem das Negative auftrat. Was war damit bewiesen?

Wenn dann nichts mehr half, führte man die Schädlichkeit ins Feld; sie war das einzige, womit man sich selbst als nützlich ausweisen konnte. Wohlmeinende Ärzte meinen, daß Er den Blutdruck erhöhe; strebsame Kaufleute, daß Er den Eifer, zu kaufen und verkaufen schwäche. Wenn schon Napoleon das Eroberer-Schwert aus der Hand gefallen wäre, hätte er zu dem fremden Sternen-Geglitzer aufgesehn – wieviel mehr wird gleichgültig, womit alle industriellen Staaten statistisch protzen. Die Anklage auf Schädlichkeit ist so schwer zu beantworten, weil, wenn man will, das ganze Leben schädlich ist.

Hartmann stieß einmal die rhetorische Frage aus: »Kann denn schädlich sein, was wahr ist?« Es kann! Vom Seminar des Professor Fichte wird eine Geschichte berichtet, die eine schädliche Wahrheit illustriert. Ein Student brachte folgenden Fall vor. Eine Wöchnerin weiß nicht, daß ihr Kind gestorben ist. Sie fragt den Arzt nach dem Ergehen. Der Student wollte wissen: soll ihr die Wahrheit gesagt werden, obwohl sie so schwach ist, daß jede Erschütterung tödlich sein kann? Fichte antwortete: es soll die Wahrheit gesagt werden... Noch aus der starrsinnigen Verzerrung klingt der Glaube des philosophischen Idealismus, daß das Leben in der Wahrheit das wahre ist – das geborgene. Am Ende des neunzehnten Jahrhunderts aber standen sich sehr sichtbar Leben und Wahrheit als Erzfeinde gegenüber – literarisch (zum Beispiel) in der *Wildente*. Nicht der Geist, sondern die Wahrheit wurde der Widersacher der Seele.

Der Zusammenprall zwischen der Wahrheit und dem Menschen, der sie nicht ertragen kann, ist das große Thema seit dem Ende der zwei Sprachen. Solange es eine Gelehrten- und eine Volks-Sprache gab, konnten Wahrheiten zugleich ausgesprochen werden und unausgesprochen bleiben. Die heftigen Zusammenstöße zwischen Eckhart, Luther, Galilei – und ihrer Kirche gingen nicht so sehr um Wahr oder Falsch als um den Schaden, den eine Theorie anrichten konnte. Es war keine Lösung, wenn Hartmann achselzuckend sich entschuldigte: ich kann nichts dafür, wenn »ein unreifer Student, der noch niemals sich mit philosophischen Problemen beschäftigt hat, durch mein Kapitel vom Elend des menschlichen Daseins aus den optimistischen Illusionen seines Konfirmandenunterrichts unsanft wachgerüttelt, sich zunächst das Konzept für seine Orientierung in der Welt verrückt sieht und aus einem munteren Jungen zum Leidwesen der lieben Verwandten ein Stück Hamlet wird«. Es handelt sich nicht darum, die Hände in Unschuld zu waschen, sondern die Frage zu beantworten: wie man mit dem, was man weiß, zusammenleben kann.

Die Angreifer waren so stark, weil sie die Angegriffenen an ihrer Schwäche packten. Es sieht seit hundertundfünfzig Jahren mancher so positiv aus, weil er so sehr recht hatte gegen die Negativen. Die Abwehr gegen den Pessimismus war in vielen erfolgreichen Attacken – die den Kern nicht trafen.

Die mehr als fünf Generationen alte pessimistisch-nihilistische Tradition sieht gar nicht so aus.

Man schloß die, welche sich zu verzweifelt gebärdet hatten, in die Fächer »Fin de siècle« und »Dekadenz«. Als eine zeitlich und biologisch begrenzte Spezies wurden sie in literaturhistorischen Isolierzellen unschädlich gemacht. In den Lebensgeschichten über den nach-klassischen Europäer sind sie kuriose Fußnoten unter der Bel-Etage, welche Quanten-Theorie, Vatikan, Asien und Marxismus beherbergt.

Unsere Betrachtung sieht das Vergebens-nach-dem-Sinn-schnappen, wie einer von ihnen sagte, im Zentrum der Vorgänge. Und die Frage lautet: wieviel weniger positiv, als es den Anschein hat, waren die letzten anderthalb Jahrhunderte? Es wird sich zeigen, daß, was so zuverlässig aussieht, der immer wiederholte und vergebliche Versuch war, zu einer neuen Verklärung zu kommen.

In der ersten Hälfte des neunzehnten Jahrhunderts lebten in vielen Ländern des Westens Enttäuschte – ohne Fähigkeit zu neuer Täuschung. Sie verdrängten nicht, sie überwanden nicht – sie schrien sehr exakt aus. Goethe, dem sie zuwider waren – »Der gegenwärtige Dichter Kleist geht auf die Verwirrung der Gefühle aus«, der gegenwärtige Komponist Beethoven tat das Gleiche –, zeichnete sie noch recht farblos. In der Sammlung *Sprüche in Prosa, Maximen und Reflexionen* heißt es: »Es gibt problematische Naturen, die keiner Lage gewachsen sind, in der sie sich befinden, und denen keine genug tut. Daraus entsteht ein ungeheurer Widerstreit, der das Leben ohne Genuß verzehrt.« Er machte aus dem Essentiellen eine Spielart, die abirrt. In Tiecks *William Lowell* und Jean Pauls *Titan* sind diese Naturen schon weniger »problematisch«. Friedrich von Schlegel zeichnet sie und sich in einem Brief an seinen Bruder: »Meine Kräfte sind weit größer als meine Tätigkeit, denn noch immer kämpfe ich mit dem Gedanken ›Es ist alles umsonst‹. Fürchterlicher Abgrund!

Zu stolz, das ›Etwas besser‹ der Mühe für wert zu achten, sich
danach zu bücken, sinken wir von der höchsten Einsicht, mit den
schwächsten Menschen, immer tiefer in Trägheit und Selbstver-
achtung... Aber alles ist mir unbefriedigend, leer und ekelhaft –
Du selbst – ich selbst.« Die »höchste Einsicht« war, was Loge,
der einzige Sieger in vier Musik-Dramen, von den ahnungslosen
Göttern sagte: »Ihrem Ende eilen sie zu, / die so stark im
Bestehen sich wähnen.« Es war der Wahn des »Stark im Bestehen«, der zerging. Die leiseste Klage kam von Novalis. Der
fröhlichen Ankündigung seiner zweiten Verlobung: »Ein sehr
interessantes Leben scheint auf mich zu warten«... fügte er
hinzu: »indes aufrichtig wär' ich doch lieber tot.«

Das Nach-dem-Wahn ist (besonders in Frankreich) hinrei-
ßend beschrieben worden. Ein Wort vor allem setzte sich durch:
»Langeweile«, »Ennui«, »Ennoa«. Byron wollte alles lieber, als
»von morgens bis Mitternacht das verdammte Verb ennuyer
konjugieren«. Baudelaire fand sich bevölkert von Schakalen,
Panthern, Hündinnen, Affen, Skorpionen, Geiern, Schlangen –
und dem Ennui, dem schlimmsten Biest. Flaubert schrieb:
»Kennen Sie den Ennui? Nicht diesen gewöhnlichen, banalen
Ennui, der aus dem Nichts-tun oder aus der Krankheit entspringt, sondern diesen modernen Ennui, der den Menschen in
seinen Eingeweiden auffrißt, und der aus einem klugen Wesen
einen Schatten macht, der umhergeht, ein Phantom, das denkt?«
Die Systematiker des Pessimismus hatten noch zu viel zu bauen
gehabt – und sich an ihrem Bau belebt... Seit Flaubert gibt es
viele Epigonen dieser Klagen. Seine Briefe enthalten auch für
jeden Tag eines Klageweiber-Kalenders untröstlichen Zuspruch.

Die Jeremiasse des Ennui, die in Unamuno einen späten
Nachkömmling bekamen, hatten ihre Zeit. Sie verschwanden.
Aber nicht verschwand die Erfahrung, die in ihnen so laut
geworden war. Sie wurde unterirdisch. Und kam wieder nach
oben – »positiv«, weil das Haupt-Anliegen der Späteren war, den
»unergründlichsten Abgrund« zu füllen, von dem Amiel sagte:
»mir ist, als hinge ich an einem Faden« über ihm. Es war der
»Abgrund«, der nun schöpferisch wurde.

Der erste große positive Nihilist war der Romantiker, der, katholisch und patriarchalisch bestrebt, bis zu diesem Tag von den einen als Drachentöter geehrt, von den andern als Reaktionär abgetan wird. Er war beides – und auch noch ein kindliches Gemüt, das naiv durchscheinen ließ, wie die Helden- und Knechts-Rolle begann. Clemens Brentano verrät: »Ich spreche mir allerlei Wiegenlieder vor, damit das weinende Kind in meinem Herzen endlich schweigt.« »Wiegenlieder« klingen sehr positiv, solange sie lärmender sind als das Weinen des Kindes, das sie nötig hat. Hinknien ist noch kein Beweis – weder für einen Gott noch für einen Gläubigen; nur dafür, daß einer nicht mehr stehen kann. Diese Romantiker waren von der »Langeweile« ausgehöhlt – sie brauchten etwas so Umfängliches wie einen Gott, um die Höhle zu füllen. Die dauerhafteste Grausamkeit dieser Jahrzehnte ist, daß man die Wiegenlieder, als wären sie Tedeums, mit allen Schikanen orchestriert – und die Kinder, die nicht zur Ruhe kommen, mit allen Schikanen ignoriert.

Die Romantiker verrieten noch viel, was später dann in tiefere Schichten sank. Wer hat dann noch so kindlich wie Brentano bekannt: »Ein Tropfen Weihwasser ist mir lieber als die ganze Schellingsche Philosophie«? Schelling, einer der gegenwärtigsten Denker, hatte vom »Schleier der Schwermut« geschrieben, von der »tiefen und unzerstörbaren Melancholie alles Lebens«, von »der Angst als der Grundempfindung« des Geschöpfs. Aber selbst als er so »positiv« wurde wie die Offenbarung – eine Philosophie ersetzt nicht geweihtes Wasser einem weinenden Kind. Das Weihwasser und ein exemplarisches Paar »Der König und die Königin«, an der Spitze eines Organismus, dessen Zellen Familien sind, waren die Wiegenlieder ausgesetzter Kinder, die zur Wiege zurück wollten. Man kann die Regression unterstreichen; das ist oft geschehen. Wichtiger ist die Herkunft, die hier noch sichtbar ist. »Das gänzliche Unterworfen-sein unter einen geistlichen Oberen entspräche meiner Natur allein«, schrieb Clemens Brentano; »dieser müßte mich an sich bannen durch die göttliche Atmosphäre der Unschuld und Frömmigkeit und mich leiten wie einen freiwilligen Blinden, denn mir selbst kann ich nicht trauen.« Die Bereitschaft der Übertragung des Vertrauens, das man zu sich nicht hat, auf Irgendeinen, weil der Blinde einen Blinden-Führer haben muß, fundierte immer den Willen zum Schluß vom Notwendigsein aufs Sein. So entstand Heil. Diejenigen aber, welche heute die naive Flucht der ersten Erschreckten kopieren, sind Phraseure; sie leben Phrasen.

Die Tradition, die von der Romantik geschaffen wurde, ist nie recht lebendig geworden, weil man ihre stärksten Dokumente denaturierte. Das ist vor allem Kierkegaard geschehen, der bis in den letzten Winkel nicht mehr naiv war; er leuchtete alle Verstecke der weinenden Kinder ab. Er selbst gehörte zu ihnen – und hatte den großartigen Mut, sich die Furcht nicht weg-zu-pfeifen: »Wie der Fisch, wenn er auf dem Strand liegt, vergebens nach dem Wasser schnappt, so schnappe ich vergebens nach Sinn.« Das Bewußtsein vom »Vergebens« macht ihn unsterblicher als alle, die vergebens – überwanden. Von den Dithyrambikern des Ennui unterschied ihn, daß er nicht aufgab. Aber er überredete sich auch nicht, daß Nichtaufgeben bereits ein Heil ist.

Er näherte sich der Aufgabe sehr bewußt. Die Versuche, die er machte, sie zu bewältigen, überlebten das Jahrhundert, weil er den Heroismus hatte, nicht anzukommen. Er zergliederte die großen biblischen Figuren des Glaubens, um auszufinden: was das ist: Gläubig-sein; wie man das macht: Gläubig-sein. So wurde er nebenbei auch der größte Religions-Psychologe des Jahrhunderts. Aber er war nicht (wie der amerikanische Sammler William James) interessiert an der »Varietät der religiösen Erfahrung« – sondern daran, Søren Kierkegaard zum Glauben zu helfen. Er war kein Gelehrter, kein Phänomenologe, sondern ein Nihilist, der das Nihil füllen wollte. Der Endpunkt dieser verehrungswürdigsten Anstrengungen des Jahrhunderts war eines ihrer authentischsten Dokumente: »Was mich betrifft, so kann ich wohl die Bewegung des Glaubens beschreiben, aber ich kann sie nicht ausführen.« Viele nach ihm konnten sie ausführen – weil sie vergeßlicher waren als er. Vergeßlichkeit ist auch eine Unterabteilung der Unmoral.

August Strindberg konnte die »Bewegung des Glaubens« auch nicht ausführen – und erreichte den persönlichen Gott. Er war so wach, daß er noch die heimlichsten Winkelzüge verriet, die gewöhnlich nur erschlossen werden können. Mit Kierkegaard hatte er gemein dasselbe Ziel und dieselbe Methode. Auch er hielt viel vom Experimentieren: »Ich glaube zum Versuch«, berichtete er. Der Rastloseste hoffte, daß er nach seiner Weltreise durch alle Standpunkte endlich zum Stehen kommen werde – zunächst einmal: versuchsweise.

Im *Blaubuch* wird das Experiment, die Hypothese »die Brücke des intellektuellen Skeptikers« genannt. Diese Brücke beschritt er, gar nicht ahnungslos: »Stell' Dich auf den Standpunkt des Gläubigen. Tue so, als glaubtest Du, prüfe dann den Glauben, ob er zu Deinen Erfahrungen stimmt.« Wenn man soweit gegangen ist, stimmt es immer. Alfred Döblin – auch ein strindbergisch Umgetriebener, der auch eines Tages beschloß, Wurzel zu fassen – warf Kierkegaard »verstockten Stolz« vor; weil der so stolz gewesen war, vor der Wahrheit sich nicht zu verstocken. Döblin hingegen ging über Strindbergs Brücke und schrieb (ein katholischer Okkultist aus dem Zeitalter der Antenne): »Wir erhalten, scheint mir, in Wellen-Zügen, Kraft-Zügen Zeichen. Bald sind wir gute, bald schlechte Empfänger.« Für alle Strindbergs ging die Rechnung immer auf, sobald sie erst sich hatten erweichen lassen, Gottes Finger zu sehen. Principiis obsta! Als Ob schafft Gewißheiten. Strindberg war noch wach genug, um zu durchschauen, worauf er hineinfiel: »Anfangs tut man es, um über seinen eigenen Aberglauben lachen zu können, später erlischt das Lächeln, und man weiß nicht mehr, was man glauben soll.« Und noch etwas später – glaubt man. So endete Strindberg, der Wissendste, bei der Unschuld der Kinder und dem Beziehungs-Wahn der Paranoiiker. Was ihn trieb, hat er bloßgelegt im Nachwort zu den *Legenden*: »Als der Verfasser achtzehnhundertundvierundneunzig prinzipiell seine Skepsis verließ, die alles intellektuelle Leben zu verwüsten gedroht hatte, und er sich experimentierend auf den Standpunkt des Gläubigen zu stellen begann...« Am Anfang des nihilistischen Glaubens steht die Wüste und – das Experiment.

Er hat nicht nur seinen *Weg nach Damaskus* beschrieben. Man könnte ihn, mit einem Wort des Jahrhundertendes, »Die Lebenslüge« nennen: die heilsame Lüge, welche das Leben möglich macht – die pragmatische. Sie stellt nur die Frage, die in der Massen-Gesellschaft unlösbar ist: wer lügt für wen? Es ist denkbar, eine Rotte von Verschwörern zum Zweck des In-die-Luft-sprengens der Erde an die Macht zu bringen. Es ist kein Platz für eine Elite von wohlwollenden Auguren, die einen Eisernen Vorhang gegen den Pessimismus errichten. Das gerade war Nietzsches Idee. Er sah in sich, in Wagner, in den Freunden die Siegelbewahrer des pessimistischen Geheimnisses – und die Wohltäter, die den Zeitgenossen das Dasein mit Hilfe einer gewaltigen Lebenslüge reizvoll zu machen haben. Einer der humansten Gedanken, die je gedacht worden sind. Er wäre nicht einmal mehr in der straffst organisierten Kirche heute durchführbar. Die eingeweihten Nihilisten kämen zusammen und konferierten, wie man den Gläubigen das Leben freundlich verhüllte – im Zeitalter der Weltkriege und der öffentlichen Bibliotheken und der Journalisten, die alles herausbringen.

Die Idee von Bayreuth – die Nietzsche gehört, nicht Wagner – war schon ein Kompromiß; und immer noch ein Anachronismus, als sie frisch von der Presse kam. Die Menschen-Dämmerung sollte zugleich offenbart – und mit allen künstlerischen Mitteln verdeckt werden; das schmeichelhafteste Ansinnen, was je an die Kunst gestellt worden ist. Mit Bürgern, die Alberich viel näher standen als Loge, sollte eine tragische Kultur geschaffen werden: aber was ist das? Eine regierende Schicht von Philosophen-Königen, die nihilistisch waren wie Schopenhauer – und wirkten wie Platon.

Nietzsches Weg sieht wie ein Zickzack aus – und ist eine logische Folge immer wieder verworfener Gedanken-Experimente: wie man den Folgen des Pessimismus entgehen könne. Es stellte sich heraus, daß er selbst gar kein Siegelbewahrer war. Er schrie das Geheimnis aus. Da graute ihm vor dem, was er anrichtete. Was die Elite der Auguren und auch das verführerischste Orchester nicht verhindern konnte, sollte nun die »Blonde Bestie« bändigen. Das Chaos ist ein alter Angst-Traum der Pessimisten – und in all den Jahrzehnten von der soliden Zähigkeit selbst der reduziertesten Ordnungen erfolgreich verhindert worden. Sie erwiesen sich stabiler als alle Techniken geistiger Herkunft. Wie Kierkegaard mit dem Christen experimentierte und scheiterte, weil er nur experimentell, aber nicht springend den »Sprung« machen konnte – so experimentierte und scheiterte Nietzsche als »Seiltänzer«. Seine Seile hielten nicht; wohl aber die Stricke der schlechten Ordnungen. Das Scheitern ist der Inhalt der pessimistisch-positiven Tradition. Nicht in den Lösungen, in den Fehlschlägen liegt ihr Ernst.

Deshalb ist es wichtig, sie freizulegen. Es wurde zuviel »positiv« verstellt. Leo Tolstoi, eine der großen Figuren dieser Tradition, ist als Kunst-Feind belächelt und als Funktionär eingezogen worden. Der Satz des großen Künstlers »Kunst ist eine Lüge« (was Wagner und Nietzsche auch wußten; und vor ihnen denunzierte ein Michelangelo-Sonett Malen und Meißeln als Lüge) verrät nicht eine Einsicht, sondern eine Absicht: die Kunst nicht zu verwenden zur Himmelfahrt. Womit er operierte, sezierte der russische Denker Leo Schestow heraus. Tolstoi fand sein Heil darin, »sich dem Durchschnitt anzugleichen, selber zur Mittelmäßigkeit zu werden«. Tolstoi, eines der verehrungswürdigsten Gewissen, schuf in dem Mann-auf-der-Straße-und-im-Felde die Fülle des nihilistischen Nicht-Mann-auf-der-Straße. Tolstois Erfindung ist das (künstliche) Vertrauen vieler Leidenden geworden. Wie er aus war auf die Imitatio Christi, so waren sie auf die Imitatio Tolstoi aus – dessen tiefer Pessimismus unter einem Bauernkittel sich verbarg.

Es gibt drei Meinungen über den Mann auf der Straße – über den man so gut streiten kann, weil er keine Autobiographien schreibt und bei statistischen Erhebungen immer seine Quota erfüllt. Platon stellte sich vor, die Natur bringe teils Philosophen-Könige hervor, teils Leute auf der Straße, die von Natur in den Tag hineinleben und von den oberen Weisen gesteuert

werden sollen. Schopenhauer wußte genau, die Natur produziert
fast alle Menschen am laufenden Band; weshalb sein Schüler
Stefan George, der mit Nietzsche nur wenig zu tun hatte, im
Mann auf der Straße vor allem die hohe Zahl sah. Die dritte
Theorie sieht die »Thronfähigkeit« des Manns auf der Straße (wie
Novalis es im Zeitalter der Monarchie ausdrückte). Der verkann-
teste aller demokratischen Christen, der Übermensch, ist eine
millionenfache Möglichkeit.

Und dann gibt es noch die Vergötzung: der Mann auf der
Straße wird in seinem Arbeitsanzug und mit ihrem Schmutz
unter die Götter versetzt. Da er das Zentrum ist, sind alle, die
nicht riechen und sprechen wie er: ex-zentrisch. Der Mann auf
der Straße ist, weil er wenigstens eine Straße hat, die Sehnsucht
der Weglosen. In den *Paradossi* des Ortensio Landi und in
Montaignes *Essays* war das glückliche Tier die Rettung. Dann
folgte der Primitive. Der Mann auf der Straße, auch Volk
genannt, ist der Primitive des industriellen Zeitalters: ein Ideal in
Millionen von Exemplaren. In seinem Gefolge findet man die
positivsten Nihilisten. Es sollte untersucht werden, wieviel
Schreiber und Redner der Volks-Aristokratien, Volks-Demo-
kratien und Volks-Oligarchien in einer früheren Epoche ihres
Lebens praktizierende Nihilisten gewesen sind.

Die Gesellschaften bestehen aus einigen, welche die Stunde
erfassen und gestalten; einigen mehr, welche das Gestaltete
aufnehmen – und den vielen Königskindern, die es nicht wissen.
Jede Gruppe hatte ihre Primitiven; Thronfolger, die nie dazu
kommen. Manchmal konnten sie nicht lesen, manchmal nur die
Bibel, heute nur die Bestseller. Sie sind eng eingepfercht in den
Phrasen-Pfuhl der Zeit. Ihr Ennui kommt nur ab und zu ans
Licht des Tages: wenn sie morden oder selbstmorden. Dann aber
verhüten die Psychiater, daß offenbar wird, was sie trieb. Und da
sie so positiv aussehen, wenn sie den Hammer schwingen oder
ins Kino strömen oder frech sind wie Siegfried, füllen sich die
Leersten mit dieser Fülle. Gäbe es eine Psychologie moderner
Volksführer, so wüßte man mehr über die Selbst-Entmannung
der Pessimisten. Marx gehört nicht hierher; er stammte aus einer

Zeit, da das jüdisch-christlich-idealistische Heil noch nicht ganz unwirksam war.

Den Mann auf der Straße unterscheidet von seinem nihilistischen Bewunderer, der ihn so nötig hat, ein Mangel an Bildung, an Zeit, an Gewohnheit, Erfahrungen auszutragen, ins Bewußtsein zu heben und zu gestalten. Der Mann auf der Straße kommt aus Mangel an Gelegenheit nicht dazu, zu sehen, was offenbar ist. Neben den vielen Exploitationen, denen er ausgesetzt ist, hat er es auch noch mit den Ausbeutern zu tun, die – im besten Falle – für ihn zu sorgen meinen. Sie zwingen ihm ihre Kriegs-Mythologie auf: daß sein Steckengebliebensein – die Quintessenz ist: Der Mann auf der Straße wurde einer der erfolgreichsten »positiven« Kniffe, mit denen die Nihilisten das Nichts in Etwas verwandelten.

In Flauberts Briefen steht der Satz: »Das Leben scheint mir nur erträglich, falls man sich listig zu drücken versteht.« Das ist großartig in die Wege gesetzt worden. Sieht man zurück, so gewinnt man den Eindruck, daß alle großen Muster des Sichdrückens vor dem Beginn dieses Jahrhunderts fertig waren. Wir sind nicht mehr die Zeitgenossen von Gigantomachien. Es wird nicht mehr geschrien, es wird zivilisiert besprochen. Man drückt sich nicht mehr mit List – sondern mit Essays. Die große Form von einst ist die zierliche von heute geworden. Das »Gesamtkunstwerk« hat Platz gemacht dem Bennschen Handgebrauch: »Kleine Räume beschicken, meißeln auf Handflächengröße, enge Zusammenfassungen.«

Der positive Nihilismus ist in die Epoche der Harmlosigkeit gekommen. Ernst Jünger bietet sich als freundlichstes Beispiel an. Er hat die Tradition noch im Bücher-Schrank – nicht mehr in den Knochen. So wird er nicht mehr zu einer Schein-Lösung gezwungen, wie die großen Vorfahren. Er ist nur schlicht positiv – recht ohne Inhalt. Er sagt: »Der Mensch von heute will glauben.« Und streut freundlich aufmunternde Worte in seinen Schriften aus; vor dreißig Jahren las man Ähnliches bei dem Pfarrer Niethack-Stahn. Dreißig Jahre später heißt es: »Es läuft der Zug des großen Werdens, das Walten des Weltgeistes, auf

Festigung hinaus«; das sagte Hegel auch, nur viel konkreter. Jünger schwärmt: »Der Erdball, in Stunden überflogen und in Sekunden zu überspannen mit Bildern, mit Signalen, mit Befehlen, liegt wie ein Apfel in des Menschen Hand.« Ja, er kann mit einem Druck zerquetscht werden.

Seine Anweisungen für Nihilismus-Überwinder schreiben vor, daß die Wandlung nicht eine »humanitäre« bleibe, sondern von einer theologischen begleitet werde. Wer das nicht versteht, den leitet der Satz: »Wenn die Bekämpfung des Nihilismus gelingen soll, so muß sie sich in der Brust des einzelnen vollziehen.« Soviel über das Wo – was über das Wie? Es sollen »die Menschen sich metaphysisch stärken«. Wo sind die Vitamine zu haben? »Die wahre Besiegung des Nihilismus« »wird nur mit Hilfe der Kirchen möglich sein.« Mit Hilfe irgendwelcher? – es gibt einige Tausend. Die großen Bekehrungen von einst sind zum unverbindlichen Ratschlag eines Oberkirchenrats geworden, dessen Positivität darin besteht, daß er Nietzsche und Dostojewskij positiv tauft. Ernst Jünger sah 1945 keinen Ausweg – und zog, als Mann der Armee, Gott ganz einfach ein.

Das Leben des positiven Nihilisten in dieser Zeit ist weder positiv noch nihilistisch. Seine Trauer stammt aus der Bildung – und aus der Barbarei, durch die man ging; und auch noch aus dem Nutzen, den sie für Schriftsteller abwirft. Das Leid ist seit dem Schriftsteller Homer sehr geschätzt. Da sprach Alkinoos zu Odysseus: »Sag' doch, warum du so weinst und im Herzen so trauerst, wenn du vernimmst, welch Los die Argiver in Troja betroffen. Denn es war ja das Werk der Götter; sie spannen den Menschen dieses Verderben, damit es lebe im Liede der Nachwelt.« Im siebzehnten Jahrhundert dichtete Johannes Günther:

> Kummer macht die Psalmen schön,
> Und der Mann aus Gottes Herzen
> Singt am besten, wenn die Schmerzen
> Ihm recht an die Seele gehn.

Im neunzehnten Jahrhundert schrieb Lenau: »Ich will mich selber ans Kreuz schlagen, wenn's nur ein gutes Gedicht gibt« ... So lebt der Pessimismus auch als Berufs-Kapital weiter. Der Hang zum Positiven ist noch leichter erklärbar: der Wille zum Leben fordert es – und auch der Zeitgeist, einer der härtesten Geister.

Das Thema positiver Nihilismus war abgeschlossen vor dem Ersten Krieg, nachdem Schlegel und Kierkegaard, Schopenhauer, Nietzsche, Strindberg und Tolstoi alle Variationen vorgelebt hatten. Sie gehören der Geschichte an. Sie waren die Wege, die nirgendwohin führen. Dies Wissen ist der kostbarste Besitz.

Thomisten, Marxisten
und
Der Himmel unserer Naturforscher

Was hier »Pessimismus« genannt wird, ist eine Summe von Erfahrungen, die in keiner »Summa« zusammengefaßt ist, von keiner Kirche autoritär ausgelegt und in die Köpfe gerammt wird. Die Philosophia perennis hat zur Voraussetzung eine Organisatio perennis, die wiederum das Eingehen auf jahrhundertealte Wünsche und ihre Befriedigung zur Voraussetzung hat.

Die Macht der Ideen ist zum guten Teil die Macht der Mächte, die sie organisieren und durchsetzen. Deshalb werden die hier aufgezeichneten, nie von einer Bibel kodifizierten und nie von einer Institution verbreiteten ältesten und jüngsten Erfahrungen übermächtigt von den institutionellen Zutrauen: dem römischen und dem moskauischen – und jenem dritten, das nicht nach einer Hauptstadt benannt werden kann; und dem hier deshalb (nach der Gruppe, die heute sein sichtbarster Träger ist) »Der Himmel unserer Naturforscher« als Name gegeben wird.

Die formale Ähnlichkeit des römischen und moskauischen

Katholizismus stammt daher: daß beide, streng zentralistisch, konkurrenzlose Schulhäupter haben, Kodifizierer der absoluten Wahrheit: Thomas und Marx; daß beide einen Interpreten des Geschriebenen besitzen, der Auslegungs-Zwiste autoritär beendet: der Papst und das Polit-Büro; daß beide die Stärke ihrer Organisation (einen mächtigen Beeinflussungs-Apparat) hinter eine »Weltanschauung« setzen, die zugleich ein Anschauen, ein Werten und eine Aktion ist.

Beide sind viel mehr als »Philosophien«. Neo-Thomisten nennen die ihre »existentialistisch«. Auch die Marxisten könnten dies Wort für sich in Anspruch nehmen. In einem Brief an Arnold Ruge mahnt Marx: wir dürfen nicht aus den Augen verlieren, daß der Mensch ein fühlendes Wesen ist, bevor er ein denkendes wird. Und sein existentialistischster Satz lautet: »Die Philosophen haben die Welt nur verschieden *interpretiert*; es kommt aber darauf an, sie zu *verändern*.« Beide sind existentialistischer als alles, was sich so nennt; denn da ist nicht ein Existenzen schaffender Impuls – nur eine Philosophie, deren Inhalt das Ungenügen an der Philosophie ausphilosophiert. Beide haben noch einen andern Zug gemeinsam: sie vertrauen, sehr westlich, dem Intellekt ohne Reserve. Und beide sind nicht nur darin immun gegen den Pessimismus. Sie haben den Einzelnen, den sie haben, fest im Griff – für eine Himmelfahrt.

Die Lehre des Thomas von Aquino ist die Theologie und Philosophie der Katholischen Kirche – vor allem, seit Leo XIII., der auch den Papst als unumschränkten Deuter verkündet hat, in der Bulle *Aeterni Patris* die Allianz schuf zwischen der Kirche und dem erfolgreichsten Scholastiker, der die Heilige Schrift aristotelisch fundierte. Die Thomisten nennen ihre Lehre einen theozentrischen Humanismus – im Gegensatz zum anthropozentrischen, der vier Jahrhunderte unrühmlich geherrscht habe. Der Ausgang ist nicht der gebrechliche Mensch, sondern die Glorie Gottes; das ist das Theozentrische. Aber dieser Standort kommt dem Menschen zugute; das ist das Humanistische. Sein Heil liegt bereits im Beginn; wer nicht von sich auf die Welt sieht, sondern vom Mittelpunkt des Himmels auf sich – ist bereits gerettet.

Die *Tristitia* wird nicht allzu ernst genommen; sie erhält ihr Kapitelchen in der Lehre von den Leidenschaften. Sie wird auch nicht allzu schwer genommen. Der Obergriff ist Dolor, Schmerz; Trauer ist nur eine Unterabteilung – und somit ihrer Würde entkleidet. Nur der Körper kann im passiven Zustand sein, das heißt: erleiden; zwischen erleiden und leiden wird nicht unterschieden. Deshalb ist »leiden« dasselbe wie: »der Bewegung unterworfen« sein. In der Schrift *De veritate* steht der Satz: »Dasjenige, was an sich durch eigentliche passio getroffen wird, ist körperlicher Substanz. Wenn demnach das eigentliche Leiden in irgendeiner Weise die Seele berühren soll, so trifft es sie nur, insofern sie mit einem Körper verbunden ist.« Tristitia affiziert also nicht die höheren Regionen; sie gehört nicht der forma separata an, sie gehört nicht zur Konstitution des Menschen. Hier wurzeln alle pessimistisch-christlichen Lehren (bis zu Kant und Hartmann), die einen pessimistischen »Eudämonismus« überhöhen durch ein Vertrauen, das die Lust-Unlust-Sphäre unter sich läßt. Thomas von Aquino ist nicht einmal in diesem begrenzten Sinn pessimistisch. Es kann, nach der *Summa theologica,* »jede Traurigkeit durch eine Lust besänftigt werden«. Er stellt den recht zweifelhaften Satz auf: »Die Lust begehren wir, weil sie den Schmerz vertreibt«; das ist zu gleicher Zeit Lust-feindlich und nimmt dem Leid sein Gewicht.

Die seit Aristoteles unbewährteste Waffe gegen die Tristitia wird auch von diesem Aristoteliker gebraucht: sie sei schädlich. Die Scholastiker pflegten noch nicht Worte zu verwenden, ohne sie zu definieren. So wird auch dies »schädlich« bestimmt – wenn auch unbestimmt. Schädlich sind alle Abänderungen des körperlichen Zustands, die der natürlichen Lebensbewegung widerstreben. Dieser Schaden wird poetisch beschrieben: »Wie die Motte dem Kleide, so schadet die Trauer dem Geiste des Mannes.« Es ist von biographischem Reiz, daß dieser Denker, der dem Nicht-Katholiken weniger ein Heiliger ist als ein unaufhaltsamer Lerner und Begriffs-Bildner, den großen Schaden, den die Trauer anrichtet, so heraushebt: sie vertreibe den Wunsch, Neues zu lernen und nach Weisheit zu streben. Nur eine einzige

Trauer ist erlaubt; wer traurig ist über die sittlichen Übel, ist nicht nur ehrbar, sondern auch nützlich. Hier reichen Thomas und Marx einander die Hände.

Thomas von Aquinos Werk ist ein einziges Argument dafür, daß gar kein Grund zur Trauer jenseits des belästigten und wieder aufmunterbaren Körpers da ist. Alle Wesen, die nicht Gott sind, schuf Gott aus dem Nichts. Aus den verschiedenen möglichen Welten wählte und machte er die beste. Gott, die Engel und die Seelen sind formae separatae, stofflose Formen. Die menschliche Seele kann nicht sterben; einmal geschaffen, kann sie nicht vergehn. Jacques Maritain teilt mit, daß die ersten Christen voller Zagen und Ehrfurcht die Brust ihrer Kinder zu küssen pflegten, weil das Mysterium in ihr lebe. Die Unsterblichkeit kommt nicht nur der Denkkraft zu, auch den niederen Kräften. Die Begründung dieser Unsterblichkeit ist schlicht: die Seele habe ein Verlangen nach ihr; ein natürliches Verlangen aber könne nicht unerfüllt bleiben.

Die christliche Philosophie geht nicht weiter. Der Heilige Paulus hingegen predige in Athen, zum Erstaunen der Philosophen, die Auferstehung der Leiber. Und der Neo-Thomist Jacques Maritain gibt seinen Lesern die Gewißheit: »Dieselbe Person, die wir im Flusse der Zeitlichkeit gekannt und geliebt haben, wird eines Tages in voller menschlicher Identität wieder Form annehmen.« Er macht einen Unterschied zwischen der christlichen Philosophie, die nicht soweit geht, und der christlichen »Weltanschauung« – die offenbar zwischen Hoffen, Zuversichtlichsein und Gewißheit nicht scharf unterscheidet.

Woher stammt die frohe Botschaft der Thomisten? Die Offenbarung sagte es und die Vernunft stützt die Offenbarung. Die Dogmen der Trinität, des zeitlichen Beginns der Schöpfung, der Erbsünde, der Sakramente, des Fegefeuers, der Auferstehung des Fleisches, des Weltgerichts, der Ewigen Seligkeit und der Verdammnis sind über-vernünftig. Aber die Vernunft kann zeigen, daß sie nicht widervernünftig sind – und die Angriffe der Heiden abwehren. Die Vernunft beweist vor allem die Praeambula fidei: das Dasein Gottes; »die menschliche Vernunft weiß von Natur

von der Existenz Gottes – weiß Maritain. Kant, der erfolgreich-
ste Skeptiker, ist auf dem Index – und der mächtigste Feind, den
man in neuerer Zeit gehabt hat; denn die aristotelisch-thomisti-
sche Erkenntnistheorie ist der Fels, auf dem das ganze Gebäude
ruht.

Aristoteles ist nur die Präambel zu einer historisch-überhisto-
rischen Geschichte, in der das Leid wirklich (nicht nur begrifflich) besiegt worden ist. Die Vernunft kann das Heil fundieren,
nicht mehr. Der Gott des Aristoteles ist zu anonym und das Leid
zu groß; der Denk-Palast des Thomas ist nur soviel wert wie das
Evangelium, um das er errichtet ist. Auch die Juden haben ihr
Evangelium, was nicht genug bemerkt wird. Der jüdische Mittler
heißt Moses. Der Groß-Rabbi von England, Joseph H. Hertz,
schrieb kürzlich: das Judentum stehe und falle »mit seinem
Glauben an das historische Ereignis auf dem Sinai«. Schon Judah
Halevy nahm alle »liberalen« Weg-Interpretationen vorweg:
»Moses war in direktem Austausch mit Gott. Gottes Worte sind
nicht Produkte eines menschlichen Geistes. Moses hatte keine
Vision im Schlaf und kein Gespräch im Halbschlaf, so daß er die
Worte Gottes nur phantasiert hätte und nicht aufgenommen mit
den Ohren, so daß er ein Phantom gesehen hätte und nachher
vorgegeben, er habe mit Gott gesprochen.« Nur eine transzen-
dent-menschliche Realität (eine Transzendenz, in welcher der
Mensch vertreten ist), kann die Realität, in der es Leid und
Trauer gibt, bergen. Wäre aber die Tristitia und der Schmerz, der
sie spiegelt, so äußerlich und reparierbar, wie der Heilige Thomas meinte – wie konnte aus dieser kurierbaren passio die
Passion entstehen?

Oder ist die Philosophie des Scholastikers und der Kirche, die
ihm folgt – ein Wall gegen die Passion des menschlichsten
Menschen?

Thomas von Aquino und Marx sind nicht fern voneinander – im
Kampf gegen die Tristitia. Sie sind sehr nah beieinander, wenn
Thomas Aristoteles beifällig zitiert: »Ist doch ein jeglicher
Zwang stets ein betrübendes Ding.« Beide glaubten, das Betrü-

bende komme von einem äußeren Zwang, der den Körper drückt
– Thomas hat auf Wendungen wie »drückende Furcht« hingewiesen. Beseitigt man den Zwang, so beseitigt man die Trübsal.
Trauer ist »das Bewußtwerden einer Hemmung hinsichtlich der
naturgemäßen Betätigung« – das hätte Marx unterschrieben. Sie
differierten in der Beschreibung dieser »Hemmung« und in der
Kur.

Beide sahen nicht die großen Quellen der Tristitia – schufen
aber ein Heil gegen sie, weil sie mehr wußten, als bei ihnen zu
lesen ist. Es hat bei Thomas nicht mehr diese Nähe zum
Menschen, die in der Passions-Geschichte war, eher eine ätheri-
sche Unbekümmertheit – und bei Marx nicht mehr die Nähe zum
Menschen, die bei den ersten Sozialisten war, eher eine Feld-
herrn-Distanz zu den Kadern, die in die Schlacht geschickt
werden. In beiden Fällen wurde das Heil stark verwissenschaft-
licht – obwohl Thomas noch nicht bei der amor dei intellectualis
endete.

Thomas von Aquino war theozentrisch, Marx sozio-zen-
trisch: von Gott und der Menschen-Gesellschaft aus sieht das
Leiden des Einzelnen, der (nach Marx) ein Ausdruck und eine
Verwirklichung der Gesellschaft ist, nicht so gewaltig aus wie bei
Shakespeare. Beide schufen die Einsichten, welche die freundlichen Aussichten fundierten; das ist die Rolle der Wissenschaft,
eine ancilla hier und da. Man unterschätzt nicht, was Thomas bot
– wohl aber die Heil-Verkündung des Dialektischen Materialismus, der, was seine zweite Hälfte betrifft, nur als Chock-Wort
zu werten ist. Die verschämten Idealisten sprachen nicht gern
vom Paradies; und kleideten es in die werktätige Formel: jeder
leiste nach seinem Vermögen, jeder erhalte, was er nötig hat.
Obwohl Moral, Gerechtigkeit und Liebe bekanntlich als Klas-
sen-Begriffe verhöhnt werden (was sie unter anderem auch sind),
kommt Engels im *Anti-Dühring* mit der Verkündung heraus: es
sei kein Zweifel, daß man im großen Ganzen von einem moralischen Fortschritt reden könne. Sie enthüllten die Klassen-
Moralen – und bauten zuversichtlich auf der Vorstellung (wenn
auch nicht auf dem Wort) einer ewigen Moral.

Aber wie Thomas nicht recht den Sterblichen erreicht, weil der Weg von Gott so weit ist – ähnlich ist es mit Marx und Engels. Sie fühlten und beschrieben die Not der arbeitenden Klassen in England – das verstellte ihnen den Menschen, der nicht arbeitet und nicht Klasse ist. Die Zeitgenossen Schopenhauers blickten diszipliniert in die entgegengesetzte Richtung. Engels schrieb in der *Dialektik der Natur:* »Leben heißt Sterben« – aber das war nur zur Entkräftung des Unsterblichkeits-Dogmas gesagt, ohne emotionellen Akzent und pessimistische Folgerungen.

Die Marxisten lieben nicht, von Dunkelheiten zu sprechen, die nicht wegorganisiert werden können; sie werfen dem Bildhauer und Tragödien-Dichter Ernst Barlach vor, er gestalte Leid – »ohne optimistische Perspektive«. Sie gestalten es am liebsten gar nicht. In seltenen Fällen auf diese Weise: »Wo die Gedanken des wirklichen Lebens ein Bewußtsein erfüllen, kann der Tod überhaupt keinen Spielraum der Reflexion mehr finden.« Aber der Tod braucht gar keinen Spielraum, weil er überall im Spiel ist. »In den Todesgedanken«, heißt es weiter, »sucht die Vereinzelung sich zum Standpunkt zu machen.« In der Weg-Dekretierung der Todesgedanken sucht der Korallenstock sich zum Standpunkt zu machen. Da der Tod erst mit dem Individuum da ist, kann er mit ihm auch abgeschafft werden. Das hat schon der nationale Staat vor Marx exerziert; und die Rehabilitierung der Nation im Stalinismus stammt auch aus der Erkenntnis, daß zwei Kollektive das Individuum wirksamer zunichte machen. Das Kollektiv ist auch eine Regression – sehr wesentlich aber ein Heil.

Der Wort-Fetischismus spielt wie überall so auch hier seine Rolle. Alles, was nicht sein soll, wird in diesem Vokabular »Entfremdung« genannt. Der Tod, heißt es, konnte nur in der »Entfremdung des Daseins« entstehen. So wird er also auch mit dieser »Entfremdung« vergehen. Wann das sein wird – darüber schweigen sich die Diplomatischsten aus. Engels, der nicht diplomatisch war, sondern kuragiert, erklärte im *Anti-Dühring:* nie.

An jener berühmten Stelle, wo von der Religion gesagt wird, sie sei »das Opium des Volkes«, in dem Aufsatz *Zur Kritik der*

Hegelschen Rechtsphilosophie, steht auch der schöne Satz: »Die
Religion ist der Seufzer der bedrängten Kreatur.« Marx hat die
eine Bedrängung sehr scharf gesehn, weil er ein liebendes Herz
hatte, bevor die Tyrannis der Theorie und der Organisation es
zerstörten. Er hat nie die Seufzer gehört, welche die Taktik zu
hören verbot. Man legt Pferden Scheuklappen an, damit sie nicht
ab-gelenkt werden – Menschen aber Theorien. Thomas hat eine
reiche Summa und Marx eine großartig militante Soziologie
gegen die Seufzer der bedrängten Kreatur geschaffen, die leiser
nicht zu übertönen waren.

Gott ist zwar nicht sinnvoll und die Dialektik auch nicht – aber
sie schufen einen Sinn.

Der Himmel unserer Naturforscher ist nicht thomistisch und
nicht marxistisch. Er ist nicht abgebildet in einem heiligen Buch,
wird nicht verteidigt von einem *defensor fidei*, hat keine Funktionäre: ein Himmel, der viel weniger schenkt – einer viel
größeren Schar. Er ist ein ungefüges Asyl: ein Beieinander fast
aller, die in den andern Herbergen nicht unterkamen. Eine Macht
steht auch hinter ihm: Präsidenten, Film-Exekutive, Universitä-
ten und der Rundfunk, der die *ancilla* aller ist. Aber es ist eine
anonyme, schwer zu porträtierende Macht; und jeder, der ihr
einen Namen gibt, spricht nur eine Bruchteil-Wahrheit aus.

Wer sich ein Bild zu machen sucht von den religiösen und
philosophischen Vorstellungen, die mehr als die ehernen Ortho-
doxien verdecken, wo wir sind, wird überrascht sein, wie sehr sie
von Naturforschern repräsentiert werden. Planck lehrte den
persönlichen Gott und die Willensfreiheit. Einstein warb für
Harmonie zwischen Wissenschaft und Religion. Millikan verkündete die christliche Kirche als Wegweiser, mit der Wissenschaft als Gehilfin. Autoritäten unter den Astronomen, Geologen und Biologen werden gefragt: was glauben Sie? und weben
mit ihren Antworten an der verbreitetsten und vagsten Theologie
des Jahrhunderts.

Die Philosophen bleiben im Hintergrund – mit symbolischer
Logik, Soziologie und historischem Detail. Die Zeit Hegels ist

vorbei. Adolph von Harnack soll gesagt haben: »Die Leute beschweren sich, daß unsere Generation keine Philosophen hat. Ganz zu Unrecht: nur sitzen die heutigen Philosophen in einem andern Fach, ihre Namen heißen Planck und Einstein.« Da sprachen denn Planck und Einstein und Jeans und Eddington im Namen der Philosophie – und der Theologie, da die Naturforscher auch diese Fakultät erobert haben ... oder: von ihr erobert worden sind?

Robert A. Millikan, Nobelpreisträger für Physik, erzählte kürzlich: als er das erste Mal in Harvard über Religion gesprochen habe, sei einer seiner Zuhörer, sein Sohn, an ihn herangetreten mit der Frage: »Vater, weshalb sprichst du nicht lieber über Themen, von denen du etwas verstehst?« Man kann diese Frage freundlicher und allgemeiner stellen: weshalb wurden die Nobelpreisträger für Physik und ihre Kollegen unter den Astronomen, Chemikern, Geologen, Biologen Autoritäten und Propagandisten auf dem Gebiet der Gottesgelehrtheit und der Weltweisheit?

Einstein gab eine halbe Erklärung für das seltsame Ereignis: es sei oft und gewiß nicht ohne Berechtigung gesagt worden, daß der Wissenschaftler ein schlechter Philosoph ist; aber in Zeiten, in denen die Fundamente der Naturwissenschaft problematisch geworden seien, bliebe dem Spezialisten nichts übrig als der Versuch, selbst Hand anzulegen am Bau des Fundaments.

Das überzeugt – und erklärt nicht die Tendenz der exaktesten Forscher zu den luftigsten Aussagen über die schwerwiegendsten Rätsel; manchmal merkt man es einem hervorragenden Experten an, daß er zum erstenmal nachgedacht hat über die schwierige Frage, die ihm ganz schnell zwischen zwei Experimenten – ein flinker Reporter stellte. In ihren Aussagen zeigt sich ein wesentlicher und nicht schöner Zug dieser Tage: das trübe Beisammen von präzisestem Spezialistentum und ungehemmtestem religiösphilosophischem Dilettantismus. Da erklärt denn ein angesehener amerikanischer Astronom: der Mensch sei im Mittelpunkt des Alls. Weshalb? Er, der Forscher, sehe keinen Sinn darin, daß es ein Duplikat der uns bekannten Menschheit gäbe.

Wie sind die Erforscher der Zahlen und der Sterne, der Minerale und der Zellen zu führenden Gotteskündern und Gesetzgebern geworden? Durch den Erfolg, den ihre Wissenschaften erlangt haben. Sie lehren heute das attraktivste Wissen. Sie beschäftigen mehr als andere Gelehrte die Phantasie der Öffentlichkeit. Sie haben die größten Sensationen zu bieten. Einmal fesselte der Mystiker seine Gemeinde mit dem Bericht von seiner Begegnung und Vereinigung mit Gott. Am Anfang des neunzehnten Jahrhunderts wurden vergessene Vergangenheiten in Erinnerung gebracht, der Historiker war der repräsentative Wissenschaftler; fünfzig Jahre später der Archäologe, der Pompeji, Troja, Mykenä, Knossos und Luxor ans Licht des Tages hob.

Das zwanzigste Jahrhundert ist geblendet vom Naturforscher. Er erzählt die faszinierendsten realen Märchen. Der Astronom berichtet: unsere Sonne ist eine von hundert Billionen auf unserer Milchstraße – und von solchen Straßen gibt es wenigstens tausend Billionen. Der Physiker nennt die Größe des Hydrogen-Atoms mit einem Bruch, der ebenfalls eine astronomische Zahl darstellt. Man vergleiche dies All mit Himmel und Erde der biblischen Schöpfung – und wird verstehen, daß die Phantasie der Massen nicht mehr den mittelalterlichen Theologen gehört und nicht den bescheidenen Aktivitäten der liberalen Feen, sondern jenen Erzählern phantastischer Fakten, die durch Nullen von der pfützenhaften Enge des Alltags befreien: der (beobachtbare) Raum soll zwölf Meilen weit sein – mit einundzwanzig Nullen hinter der Zwölf.

Die Öffentlichkeit, bereits gewonnen durch die so dringend ersehnte Befreiung der in den ödesten Alltag gebannten Phantasie, folgert außerdem: wer kann besser nachdenken als ein Mann, dem wir das Proton und das Elektron zu danken haben – und einen so geräumigen Raum? Und, wenn man ihnen den glaubt – weshalb soll man ihnen nicht auch noch ihren Gott glauben? Dies Publikum, das den Schöpfer und seine Gebote aus den Händen der Autoritäten für Sonne, Mond und Sterne empfängt, weiß allerdings wenig von dem seltsamen Phänomen der partiel-

len Größe: daß geniale Einsichten auf einem Gebiet zusammen-
gekettet sein können mit den überkommensten Ammenmärchen
– in einer Person.

Man glaubt wirklich, daß die gelehrten Herren den Nobelpreis
für die Ammenmärchen bekommen haben – und wählt sich so
gepriesene Leute zu geistigen Führern. Wenn sich aber Gelehrte
Ferien vom Exakten nehmen, pflegen sie besonders anfällig zu
sein; im Stadium jener religiösen und philosophischen Kindlich-
keit, die sie mit ihrer Gemeinde teilen. Aufrührer auf ihrem
eigensten Gebiet, spiegeln sie in ihren Ideen von Gott und
Mensch eher die abgeblaßtesten Weltbilder wider. Was sie
verkünden, gehört nicht dem zwanzigsten Jahrhundert an –
verdeckt es eher. Verdeckt es um so mehr, als sie einer toten
Ideologie ein Scheinleben, ja eine Aktualität verleihen durch
Illustrationen, zu denen die neuesten Forschungen ihre frischesten Farben hergeben müssen. Hinter dem armen Sätzchen: »Ich
kann mir keine Vorstellung von einem Nichts machen. Ich kann
mir nur eine Vorstellung von Etwas machen. Etwas kann nicht
von Nichts kommen« . . . steht der große Erfinder des Aureomy-
cin. Und es mußte der Paläontologe Dacqué kommen, um dem
vor-paläontologischen Satz Gewicht zu geben – nämlich das
Gewicht von Forschungen, die ihn nicht erforschten: »Obwohl
die Schöpfung entzwei ist in ihren Kräften und Elementen,
bleibt sie doch in der Hand Gottes Eines.«

Im Zeitalter des Spezialistentums sprengt der Ruhm die
Grenzen der Zuständigkeit. Die Berühmten sind so verwendbar.
Sie können eingesetzt werden, wo immer man sie braucht. Es
beginnt damit, daß Verleger, Chefredakteure, Radio-Angestellte
und Vortragsveranstalter zu dem Resultat kommen: Nobelpreisträger für Physik und Chemie interessieren, Gott interessiert
auch, wie sehr interessiert erst ein Gott verkündender Nobel-
preis-Physiker. Aber weshalb machen die Gelehrten mit? In
diesem Zeitalter ist es für den Erfolgreichen schwer, im Verborgenen zu blühen. Viel Photographiertwerden macht schön. Viel
Interviewtwerden macht gescheit. Einige sind wach genug und
fühlen ein Unbehagen, wenn sie nicht rechnen, messen und

wiegen – wozu sie da sind. Aber es wäre recht falsch, zu glauben, daß sie nur wider Willen über ihre Verhältnisse denken und predigen. Viel öfter treibt sie gerade der beste Wille in die seltsamste Rolle.

Die Älteren vor allem glauben, als Naturwissenschaftler etwas gutmachen zu müssen. Sie haben in ihrer Jugend den naturwissenschaftlichen Materialismus erlebt, der die Welträtsel löste. Sie revozieren heute in ihren theologisch-metaphysischen Auslassungen jene kleinbürgerlich-bornierte Allianz des mechanistischen Atomismus mit einem öden Atheismus und einem kindischen Amoralismus. Sie versuchen, den Makel auszumerzen, mit dem ihre Wissenschaft behaftet zu sein scheint. Triumphierend weist Planck darauf hin, daß der einst so großmächtige Monismus kaum noch von sich reden macht. Ihre frommen und braven Reden und Schriften sind also auch Apologien für die Sünden der Väter, welche die Naturwissenschaften in religiösen, moralischen und philosophischen Mißkredit gebracht haben. Noch die Jüngeren (Physiker wie Pascual Jordan und Carl Friedrich von Weizsäcker) suchen die Schande der Großväter durch erbauende Schriften gut zu machen: »Für den Naturwissenschaftler« ist »die Rückerinnerung an die Haeckel-Zeit eine ausgesprochenermaßen unangenehme Erinnerung.«

Allerdings spielt diese »Rückerinnerung« anti-monistischen Forschern wie Pascual Jordan manchen Streich. Gar so schrecklich »materialistisch« waren schon die bösen Materialisten nicht. Nicht allzuviel trennt einen Bölsche, der Haeckel nahestand, von dem Planckschen Theismus oder gar von dem Einsteinschen Spinozismus. Auch schon vor dem Jahrhundert der Relativitätstheorie begannen Naturforscher, gläubig zu schwärmen. Gewiß, »die gewaltige Machtstellung der modernen Naturwissenschaften« wurde 1887 noch ungehemmt bejubelt – während in der Mitte des zwanzigsten Jahrhunderts dem nun schon traditionellen Enthusiasmus eine kräftige Dosis von Skepsis und Beklemmung beigemischt ist. Aber bereits der Monist Bölsche wollte »die Sonderstellung einer vernünftigen Religion« nicht »antasten«.

Da ist noch Ernsteres im Spiel. Viele von ihnen kamen in unseren Jahren zum Resultat: Gott und der kategorische Imperativ sind in diesem Augenblick Bürgerpflicht. Man hilft ein Feuer löschen, auch wenn man nicht Feuerwehrmann ist. Sie fühlen sich als Deichwächter, verpflichtet, in die brüchigen Stellen mit ihrer Autorität einzutreten. Millikan, geboren im Jahre 1868, fand heraus: »Alle Generationen – bis auf meine – verließen so ziemlich dieselbe Welt in demselben Zustand, in den sie hineingeboren worden waren; das ist aber nicht so mit uns.« Er ist in Panik vor dem Tempo der Veränderung, besonders vor ihrer Richtung. Es gäbe nur noch eine Alternative: »eine bessere Welt oder keine«. Alternativen sind meist keine. Und die Vorstellung, daß keine Generation vorher einen solchen Wechsel erlebt hat, ist gewiß unhistorisch: schon den Zeitgenossen des Augustin, Luthers und Napoleons war schwindlig vor so viel Tempo. Aber die Alternative und die unhistorische Aussage zeigen an, was ihn treibt, »die beiden Säulen« der Kultur, Wissenschaft und Religion, mit gleicher Liebe zu umfangen; erst beide zusammen sind vielleicht stark genug, der jüngsten Sintflut von der Hitler-Revolution zu trotzen.

Einstein wurde von dem Hitler-Staat so sehr in Furcht gesetzt, daß er sich zu der ebenso unhistorischen Äußerung hinreißen ließ: schon nach dem Ersten Weltkrieg habe der Einzelne das Gefühl der Sicherheit verloren; jetzt aber stehe zum erstenmal die Kultur der Menschheit in Frage. Wirklich jetzt erst, nach 1933? Marx hatte das schon bemerkt. Dann Burckhardt. Dann, am lautesten, Nietzsche. Aber Katastrophen dringen noch nicht ins Bewußtsein, wenn die Propheten sie prophezeien; erst, wenn es kracht. Das Krachen zeigte Einstein seine Weltbürgerpflicht: auch er, der Vorsichtigste, bemühte sich um den Bund von Religion und Wissenschaft. Ihm folgten viele, weniger Vorsichtige. Ein amerikanischer Anthropologe legte den Nerv dieses Naturforscher-Glaubens unfreiwillig frei: »Ich ziehe dem Naturgesetz den Glauben an einen göttlichen, übernatürlichen Schöpfer vor. Ich kann nicht das Chaos akzeptieren.« Den besten Kommentar dazu liefert ein Satz Bertrand Russells: »Furcht, daß klares Denken zu Anarchie führen könnte, hat oft die Philosophen bewogen, sich in die Nebelwolken trügerischer und dunkler Behauptungen zu hüllen.« Viele Naturforscher sind nun in dieser Beziehung – »Philosophen«.

Die Motive der Religion stiftenden und Gebote verkündenden Rechner, Messer und Wäger sind ehrenwert. Ihre Resultate sind weniger als bescheiden: Dunkelheit verbreitend. Weshalb müssen sie unter das Mikroskop genommen werden? Anstatt sie, unter Anrechnung des guten Willens, als kleine Fahrlässigkeiten hervorragender Entdecker zu ignorieren? Weil die Autorität ihrer Namen eine lässige Handlung verbietet – in Fragen, die jeden mehr angehen als die absoluten Konstanten und das ungesetzliche Benehmen des mikroskopischsten Mikrokosmos. Und weil sie die vagen Irrtümer von Millionen Zeitgenossen vertreten. Und weil sie benutzt werden von politischen Mächten, denen sie nützen. Und weil sie erfolgreich verdecken, was ans Licht will – seit den Tagen der Romantik.

Die Unschuld, ungehemmt zu spekulieren über Gott und Welt, ist seit Locke, Hume und Kant nur noch bei den allzu Unschuldigen. Es waren gerade Naturforscher, die Kants Weg weitergingen, und den Feldzug begannen gegen alle metaphysischen Vorstellungen im Bereich der Wissenschaft. Die Umbenennung des Naturgesetzes auf den Namen »statistische Wahrscheinlichkeit« stellt nur den bisher letzten Schritt im Gefolge ihrer Reinigungsaktion dar.

Ihre Definitionen der Wissenschaft im allgemeinen und der Naturwissenschaft im besonderen sind einwandfrei sterilisiert, kein metaphysischer Keim konnte sich halten. Die Wissenschaft will (nach Einstein) nur aufzeigen, wie Fakten aufeinander bezogen, durcheinander bedingt sind; sie ist die nachträgliche Rekonstruktion dessen, was ist, durch Verbegrifflichung; ein Verstehen der Verbindung von Sinneswahrnehmungen mittels eines Minimums von primären Begriffen. Naturwissenschaft ist jener Teil der Rekonstruktion, der in mathematischer Sprache vollzogen werden kann.

Auch Planck sagt, daß eine unüberbrückbare Kluft besteht zwischen dieser Rekonstruktion (selbst in ihrer Vollendung) und der »Realität«, die, unerkennbar, von der Wissenschaft nur repräsentiert wird. Das heißt: die Wissenschaft kann in alle Ewigkeit nicht den Himmel erobern, kann prinzipiell nicht mehr, als sie schon im Beginn ihrer Laufbahn konnte: Ordnung finden im Unbegreiflichen. Es ist dies die unverständliche Ordnung, die Kafka abgebildet hat. Der englische Physiker und Astronom Sir James Jeans verglich den Naturwissenschaftler mit einem Bauer, der, im Zentrum Europas lebend, noch nie etwas vom Meer gehört hat – aber durch sein Radio Botschaften erhält wie »Queen Mary $+ 41°10''$, $-72°26'$«. Er könnte, meinte Jeans, indem er diesen und ähnlichen Botschaften genau folgte, Gesetze in der Folge dieser Angaben entdecken, auch Voraussagen machen; werde aber nie und nimmer auf diese Weise zu einer Vorstellung von Meer und Schiff kommen. Der Naturforscher ist ein Detektiv, der eine rätselhafte Situation zugleich enträtselt und nicht enträtselt. Die gegenwärtige Unordnung wird aufgelöst in die Serie der Ordnungen, deren Resultat sie ist. Das tut der Naturwissenschaftler und will gar nichts anderes, solange er Gleichungen umformt und Experimente macht.

Das wird aber ganz anders, wenn philosophische Gesellschaften ihn einladen; oder wenn neugierige Reporter ihn besuchen; oder wenn die pathetische Situation des Selbstporträtierens ihn verlockt. Dann vergißt Planck, daß er die Unüberbrückbarkeit der Kluft zwischen dem Wissen der Wissenschaft und der absoluten Wahrheit verkündet hat. In seiner *Wissenschaftlichen Autobiographie* heißt es, ganz ungeniert: ich habe immer die Suche nach dem Absoluten für die vornehmste Aufgabe aller wissenschaftlichen Tätigkeit gehalten; das Ziel ist »die wirkliche Welt der Metaphysik«. Nachdem er die Kluft zwischen Wissenschaft und transzendenter Realität für unüberbrückbar erklärt hat, beginnt er, von der Wissenschaft her eine Brücke zu schlagen.

Bei diesem Unternehmen ist sein großer Feind der Positivist. Es kommt zum Zusammenstoß über dem Naturgesetz. Er wirft dem Positivisten vor: ihm fehle die Kraft zur Führung; und verwechselt die Phantasie für Hypothesen (die der Positivismus nicht ausschließt) mit dem Kampf gegen Hypostasen (die Planck so unkritisch vornimmt, als hätte es nie eine *Kritik* gegeben).

In seiner Arbeit *Der Kausalbegriff in der Physik* verteidigt er nicht nur das Gesetz, auch noch den »ausgesprochen teleologischen Charakter« der Kausalität. Was steckt hinter seiner Weigerung, die Interpretation der Kausalität als statistische Wahrscheinlichkeit anzunehmen? Das »Gesetz« ist der Brückenpfeiler, der im Bereich der Phänomene die Brücke zum Absoluten trägt. Planck hat noch einen zweiten Garanten: »die absoluten Konstanten«, das Elementarquantum der Elektrizität und der Aktion. Garanten für was? Daß wir uns nicht zu begnügen brauchen mit einer Welt, die aus einem Haufen von Sinneswahrnehmungen besteht und eine gewisse statistisch ausrechenbare Ordnung zeigt. Und dann gibt es keinen Halt mehr, und schnell legt er (unter Berufung auf Leibnitz und Maupertuis) bei den überschwenglichsten Offenbarungen an: bei der »allmächtigen Vernunft, welche die Natur regiert«.

Für die Vernunftherrschaft gibt es, so meint er, eine schöne Illustration: den vernünftigen Lichtstrahl. Dieser helle Schnell-Läufer, von einem fernen Stern herkommend und das Auge des Betrachters treffend, hat einen recht komplizierten Weg zurückgelegt – wegen der Brechungen, die er erlitt, wandernd durch die verschiedenen Luftschichten. Aber eins ist gewiß: er wandert immer auf dem kürzesten Weg. Und es folgt Plancks Apotheose der kosmischen Vernunft: es benähmen sich die Photonen, die Elemente des Lichtstrahls, wie vernünftige Wesen; unter allen möglichen Bahnen wählten sie die eine, die sie am schnellsten zum Ziel bringt.

Ist das ihr Ziel, auf meiner Netzhaut zu landen? Und selbst, wenn dem so wäre, weshalb haben sie es so eilig? Der Weg ist ohnehin so lang, daß es auf ein paar Jahre nicht mehr ankommt? Weshalb ist es vernünftig, den direktesten Weg zu nehmen, anstatt sich im Weltall zu tummeln? Ist das nicht nur die

Vernunft gehetzter Großstadtmenschen, die nie Zeit haben, weil Zeit Geld und Geld Leben ist? Aber was fangen die Photonen mit Geld an? Sie wohnen weder am Times Square noch am Alexanderplatz.

Vernunft gibt es nur relativ zum Ziel. Was aber ist das Ziel der Photonen? Und was ist das Ziel jener Vernunft, welche die Konstanten geschaffen hat? Die Zahlen, die sie ausdrücken, sind ein Faktum brutum – wie der Rest der Welt. »Die« Vernunft ist immer noch das lebendigste aller Gespenster, der Glaube an sie der lebendigste aller Aberglauben. Die hervorragendsten Forscher zelebrieren ihn – wenn sie in Ferien sind.

Planck beschreibt ausgezeichnet das Vorgehen des Gelehrten. Wenn Erfahrungen nicht in ein System passen, ist es unbrauchbar. Ist das theologische und philosophische System ausgenommen von dieser Regel? Das System des naiven Realismus ist unbrauchbar seit der Erkenntniskritik des achtzehnten Jahrhunderts – und dennoch schreibt Planck den vorkritischen Satz: »Die Wissenschaft der Physik verlangt, daß wir die Existenz einer realen, von uns unabhängigen Welt zulassen.« Moral-Psychologen, Anthropologen, Soziologen haben im neunzehnten Jahrhundert die Entstehung von Moralsystemen aufgedeckt – und Planck spricht (als ob gar kein Problem in dem Worte steckte) von absoluten ethischen Werten. Viele Erfahrungen seit Feuerbach, Kierkegaard und dem Neo-protestantismus passen nicht mehr in das System eines Monotheismus ohne Wunder und Dogmen. Planck restauriert ihn unbekümmert. Würde Planck in seinen Arbeiten über physikalische Probleme Jacob Böhmesche Theorien vortragen – auch nur die Physik Newtons? Im Glauben und Spekulieren nehmen sie es nicht so genau. Als Gläubige und Philosophen dispensieren sie sich von jenen unerbittlichen Methoden, die sie zu großen Entdeckern gemacht haben. Glaube und Philosophie sind vogelfrei.

Selbst Einstein, vorsichtiger als die meisten seiner Kollegen, nie so bombensicher wie Planck und so vorkantisch, kann sich dennoch nicht zurückhalten. Auch er redet von einer Intelligenz, die sich in der Natur manifestiert. Ein spinozistischer Rationalismus hält ihn gefangen, obwohl er so nachkantisch ist, daß er noch die konstituierenden Kategorien, die unvergänglichen Apriioris, aufgibt. Er hat eine emotionelle Hypothese: die Natur habe den Charakter eines gut formulierten Rätsels. Die Geschichte der Naturwissenschaft, die Geschichte der großen Erfolge, macht Einstein Mut: man könne der Sphinx auf ihre Schliche kommen. Er ist beeindruckt, daß die Natur sich so benimmt, wie der Mensch voraussagt. Und hat Vertrauen, daß er die letzte Formel findet, die dies Benehmen festlegt.

Was folgt daraus? In Stunden, in denen er nicht schwärmt, nennt er die Übereinstimmung zwischen der am Schreibtisch gefundenen Formel und dem Verhalten der Natur ein Mirakel. Aber dabei bleibt es nicht. Öfter scheint er die Vision eines Über-Einstein zu haben. Der hat das Kreuzworträtsel verfaßt; und sein kleineres Abbild, das teils in Berlin, teils in Princeton lebte, hat es gelöst. Aber gibt es einen Vergleich zwischen einer Vernunft, die Himmel und Erde geschaffen hat, und einer, die Himmel und Erde auseinandernimmt und sieht, wie man sie wieder zusammensetzen kann? Wenn Jeans im »Weltall Spuren einer planenden oder kontrollierenden Macht« entdeckt, »die etwas Gemeinsames mit unserem eigenen individuellen Geist hat« –, so ist das der alte, längst entdeckte Anthropomorphismus: »der individuelle Geist« deutet Vorgänge, die seinem Benehmen ähneln, als das Benehmen eines spirituellen Über-Individuums.

Aber war es von dieser Vernunft vernünftig, wie ein Chemiker dieser Tage fragte, den Kern des Uranium-235 spaltbar zu machen? Weshalb nennen die Naturforscher die Ordnung ohne Sinn, der sie auf der Spur sind – Vernunft, zumal diese Ordnung sehr unordentlich zu sein scheint?

Eine Parallele fällt auf: die Politiker, die so sehr her sind hinter einer Ordnung ohne Sinn – und sie auch Vernunft nennen. Sollte die Vernunft-Metaphysik des zwanzigsten Jahrhunderts in nichttheoretischen Bezirken wurzeln?

Religion und Metaphysik unserer Naturforscher haben sichtbar zwei Ursprünge: einen theoretischen und einen bürgerlichen. Als die Grundlagen der klassischen Physik (das materielle Atom, der Mechanismus, der absolute Raum und die absolute Zeit) sich nicht mehr bewährten, wurden die Physiker vor fundamentale (das heißt: philosophische) Fragen gestellt; zum Beispiel: was ist Realität? Und als die Fundamente der bürgerlichen Ordnung in den Revolutionen, Kriegen und Inflationen des Jahrhunderts desintegrierten, wurden auch jene Bürger, die im Nebenberuf Physiker sind, vor fundamentale (das heißt: moralische) Fragen gestellt – zum Beispiel: für welche Ordnung soll ich mich entscheiden? Sie wurden nicht nur den Naturwissenschaftlern gestellt. Aber da sie die sichtbarsten Ergebnisse zeitigten, welche die traditionellen Vorstellungen revolutionierten, und da vor allem sie der Gesellschaft Mittel in die Hände gaben, welche die Ordnungen in einem von keiner Utopie geahnten Umfang aufzulösen drohen – welche den fahrlässigen Selbstmord der Menschheit zu einer Möglichkeit macht, die morgen nachmittag Wirklichkeit werden kann... wird es begreiflich, daß sie in die Rolle von Religionsstiftern, Weltdeutern und Gesetzgebern geschoben wurden. So verschmolzen wissenschaftliche und bürgerliche Problematik. Die physikalisch gestimmte Religion (der Papst steht ausgezeichnet mit der modernen Naturwissenschaft) und die religiös gestimmte Physik wurden aus zwei Erdbeben geboren, die einander verstärkten. Aber die gutgemeinten Versuche, die in ihrer vagen Konservativität so sehr der herrschenden Verschwommenheit entgegenkommen, verdecken mehr, als sie klären. Es ist schlimm, wenn die wesentlichsten Worte den Menschen hindern, seine Situation zu verstehn. Gott ist heute solch ein Wort. Man konnte einmal in ihm sich klarer sehen; heute versteckt man sich in ihm vor sich. Kein Gebot wird so mißachtet wie das: »Du sollst den Namen des Herrn, deines Gottes, nicht mißbrauchen.«

Der Naturforscher-Gott des zwanzigsten Jahrhunderts ist ein Herr, der nicht schützt – und deshalb kein Herr. Man gibt nicht, was man vorgibt: eine Religion, sondern einen göttlichen Homunkulus. Und tut das mit der Autorität und im Namen der führenden, siegreichsten Wissenschaft. Planck führt einen Aufklärer-Kampf gegen Wunder, nennt Dogmen Symbole und vergleicht sie mit Regimentsfahnen. Einstein geht noch einen Schritt weiter in der Richtung auf einen agnostizistischen Atheismus – und sieht sich trotzdem nicht verhindert, »Religion« zu propagieren. Er lehnt den Person-Gott ab: moralisch, als undemokratisch, hierarchische Autokratien zeugend. Dann macht er ein Plätzchen frei für eine »Kosmische Religion« und hängt sehr an dem Wort »religiös.«

Im Jahre 1941 erklärte er: seine »kosmische Religion« sei der Glaube, daß die Welt erkennbar ist. Man sagt nicht viel, wenn man das »Rationalismus« stempelt – was auch stimmt. Ist dieser »Glaube« eine Evidenz, die nur nicht bewiesen werden kann? Oder eine emotionelle Hypothese? Oder ein voluntaristisches Vor-Urteil? Die Grenze zwischen Rationalismus und Agnostizismus ist hier sehr fließend. Die Übereinstimmung zwischen Sein und Denken ist ihm (nach der langen Geschichte der Erkenntnistheorie) das Rätsel aller Rätsel. Und das agnostische Pathos schlägt durch in dem »autobiographischen« Bekenntnis, daß die Gedankengespinste des Menschen »eine beständige Flucht« aus dem »Sichwundern« sind. Nach dieser tiefsten Einsicht flieht er dann wieder.

»Religiös« nennt er die treibende Sehnsucht seines Lebens: die eine mathematische Formel, welche die Ordnung der Natur formuliert. Ordnung an sich wird mit religiöser Weihe umkleidet. Die Feststellung einer universellen Ordnung ist sein Heil, seine Wehr gegen die Unbillen des Daseins – man darf vielleicht sagen: sein Erlöser. Dabei weiß er, daß Ordnung und Sinn zweierlei sind; daß selbst die vollkommenste Erfassung der Ordnung nicht der kleinste Schritt ist zur Erfassung des Sinns. Einstein und Kafka schauen das gleiche: eine Ordnung, die nicht zu verstehen ist. Für Kafka ist der Befund, daß das für uns Sinnlose geordnet ist, eine Verstärkung der Sinnlosigkeit. Einstein hingegen entwickelt einen Ordnungs-Fetischismus. Und verstellt so mit Worten wie »religiös« und ihren Assoziationen den Blick auf die Situation. Seine »Religiosität« gestattet den Verehrern einen Einblick in die Natur dieses besonderen Menschen; ebenso wie Spinozas Schrift *De emendatione intellectus* einen Einblick gestattet in die Sehnsucht, welche die Quelle seines Spekulierens gewesen ist. Aber der »religiöse« Einstein kann die Zeitgenossen weder hellsichtiger noch geschützter machen: die mathematische Universalformel kann ihnen auch theoretisch nicht leisten, was der Gott des Alten Bundes und des Jesus und des Mohammed geleistet haben. Wesentlicher ist, das zu betonen, als durch ein altehrwürdiges Vokabular den Unterschied zu verdunkeln. Es ist aber dies nicht der Fall eines Mannes; man findet denselben Vorgang allenthalben. Max von Laue bemerkte, daß auch der Forschungstrieb heutiger Forscher mit ihrer Religiosität zusammenhänge, obwohl Kant versucht habe, Wissen und Glauben zu trennen.

Solche Verdunkelungen werden als die großen Errungenschaften der Zeit gepriesen. Die naturwissenschaftliche Theologie webt mächtig an Gottes Gewand – mit uralten aristotelisch-mittelalterlichen, auch idealistisch-neuzeitlichen Argumenten, die von den jüngsten Ergebnissen aufgeputzt werden, so daß ihm die Verschlissenheit nicht so leicht anzusehen ist. Der berühmte Geologe sagt ganz stolz: die früheren Philosophen konnten nur ahnen, daß es einen Gott gibt, wir Heutigen kennen sein Wirken besser – und können sagen: Gott muß sein. Man könnte so etwas den ästhetischen Gottesbeweis nennen. Man war auch mit bloßen Augen schon immer angetan von dem Künstler, der dies All produziert hat. Aber erst mit unserer Apparatur sieht man richtig die Finessen, die subtile Arbeit – und nun erst ist die Existenz des himmlischen Über-Leonardo ganz gewiß. Mit den vielen künstlichen Augen, die uns zugewachsen sind, weiß man besser als die alten Juden, Urchristen und Araber den Künstler im Himmel zu schätzen. Der Physiker Erwin Schrödinger preist den Künstler-Gott mit dem physikalischen Vokabular. Die letzten Bestandteile des Lebens seien »das feinste Meisterstück, das jemals nach den Leitprinzipien von Gottes Quantenmechanik vollendet wurde«. Aber lange vor der Quantentheorie und

vor Schrödinger – ganz ohne Brille, Mikroskop und Fernrohr
war Moses schon viel weitergekommen: er sah Gott, nur mit
seinen zwei Augen. Und lange vor der neusten Biologie hatte
schon Aristoteles die Ur-ursache kreiert.

Sie sind überwältigt von den Wundern. Aber ist dies Überwäl-
tigtsein – Glaube? Hat man nicht gerade die Verständlich-
machung des Wunders immer Glauben genannt? Ein Naturwis-
senschaftler der Columbia-Universität bekannte: »Vor zehn
Jahren haben wir über das Universum mehr gewußt als heute.«
Jeans schrieb: »Alles ist wieder zurück im Schmelztiegel.«
Weshalb führen sie solche Einsichten zur »Religion« – statt zum
Bekenntnis der Situation, in der wir sind?

Wenn man den naturforschenden Theologen zuhört, bekommt man den Eindruck: kein Geschlecht vor der Mitte des
zwanzigsten Jahrhunderts habe so recht von Gott gewußt: weil
noch kein Geschlecht sich so gewundert habe – sowohl über die
Wunder des geöffneten Atoms als auch über die Wunder des
immer weiter werdenden Alls. Es ist der Größen-Wahn, das
Schwindligwerden vor astronomischen Zahlen und astronomischen Brüchen, das verwechselt wird mit dem Erlebnis Gottes.

Der gefährlichste Kurzschluß des Denkens liegt in der Kon-
klusion: jede neue Forschung bringt neue Wunder an den Tag –
also macht sie religiöser. Macht sie nicht skeptischer? Die Welt
wird immer unfaßbarer, seltsamer, erstaunlicher, rätselhafter,
geheimnisvoller, surrealistischer. Der Weg des reifenden Menschen und der reifenden Kultur geht vom Als-selbstverständlich-
Hinnehmen zum Erstauntsein, vom Verstehen zum Geheimnis,
von der Benennung »Gott« – zum Verstummen.

Wer aber nun, wie unsre Naturforscher, die Häufung der
Fragezeichen Glauben nennt, wer im Sichwundern Religiosität
sieht, verdeckt, was geschehen ist. Geschehen ist dies: alle
Lösungen und Erlösungen sind in Nichts zergangen. Das Sichwundern ist jene ungeschützte Situation, die einst Religionen
hervorgetrieben hat, und nun, nachdem sie abgewelkt sind, in
voller Schärfe sich geltend macht. Die Naturwissenschaftler aber
suchen den Anschein zu erwecken, als seien die nicht-euklidi-

schen Mathematiken und die nicht-newtonsche Physik Gottes
Herzen besonders nah. Sie schaffen nicht, wie sie meinen, eine
neue Demut – sondern einen neuen Hochmut. Sie schenken dem
Wort Gott nicht eine neue Erfahrung, sondern nehmen ihm eine
alte Wucht. Dieser Wille zum Wort »Gott« ist eine Gewaltsam-
keit, die den groteskesten Ausdruck fand in dem Ausspruch eines
amerikanischen Professors der Genetik: »Wenn wir denken, wir
wissen eine Menge, dann sind wir Agnostiker. Wenn wir ein-
sehen, wie unwesentlich unser Wissen ist – kehren wir zu Gott
zurück.« Das Wort Agnostiker ist nur vertauscht mit dem Wort
Gnostiker – und Gott ist zum Patron der Agnostiker pro-
moviert.

Weshalb muß Gott unter allen Umständen sein? Die phantasti-
schen Ausflüge der strengen Forscher haben viele Motive. Eins
vor allem wird immer wieder sichtbar: der verantwortungs-
bewußte Bürger etabliert Gott gegen die andrängende Flut. Sie
besteht aus menschlichen Emotionen. Ihre freiwillige Bändigung
wird Moral genannt. Religion wurde schon vor langer Zeit aus
einer Bindung an die Befehle eines übermenschlichen Wesens zur
Bändigung an sich, zur Ordnung an sich. Die Personal-Allianz
zwischen dem Physiker, der die Ordnung an sich sucht, und dem
Theologen, der die Bändigung an sich sucht, wird verständlich.
Physik und Religion werden gleich sinnlos: und gleich praktisch
im Begriff der sinnfreien Ordnung.

Die Verflüchtigung der Religion im Gesetz an sich begann in
Deutschland mit Kant; mit Recht beschuldigten die Zeitgenossen ihn und Fichte des Atheismus – obwohl die kleinlichen
Religions-Beamten, die das taten, kein Recht dazu hatten. Der
kirchentreue Millikan ist in diesem Sinn »Atheist«. Er sieht zwar
das Wesen Gottes in Leben und Lehre Christi: aber nicht im
Leben und in der Lehre des Gottes-Sohns, sondern des –
»altruistischen Idealismus«. Die Kirche ist ihm nicht eine von St.
Peter gegründete Heils-Anstalt – sondern der »große Dynamo«
(wie der Mann vom California Institute of Technology sich
ausdrückt), der »im weiten Maße dafür verantwortlich ist«, daß

»der Gott des altruistischen Idealismus in die menschliche
Gesellschaft gepumpt wird«. Das technische Vokabular ist dem,
was es in Worte kleiden will, außerordentlich angemessen. Die
Kirche ist zur Gesellschaft für ethische Kultur geworden, was die
erbauende Seite betrifft. Was aber die Bändigung betrifft, so ist
sie der innere Exerzierplatz jener Macht, die mehr als alles
Bändigung ist: des Staats.

Millikan kommt einmal auf die Idee: die Menschen wollen
vielleicht noch etwas mehr als den altruistischen Idealisten Jesus.
Er fragt: »Wo kommt nun die Idee von Gott hinein?« Er sagt
nicht »Gott« – sondern »die Idee von Gott«. Und antwortet: als
»eine Grundlage für die Idee der Pflicht«. Kann man atheisti-
scher sein? Die moderne Begriffsverwirrung aber nennt »atheistisch« die Nicht-Anerkennung des lokalen Pflicht-Reglements.
Millikan braucht Gott, damit die Pflicht nicht in der Luft
schwebt – und damit nicht gefragt werden kann: weshalb
eigentlich Pflicht? Er braucht ein großgeschriebenes »Etwas«,
das der Pflicht einen Halt gibt.

Dies Pflicht-Bewußtsein kollidiert, so sorgt sich Planck, mit
dem Bewußtsein von der Diktatur des Kausalgesetzes. Deshalb
ist es so wichtig, (wieder einmal) die Willens-Freiheit zu beweisen. Die Rettung sowohl der Freiheit als auch der Naturnotwen-
digkeit ist enthalten in dem Sätzchen: vom andern her gesehen
bin ich kausal bedingt, im Selbst-Erlebnis bin ich frei; wenn ich
meine Vergangenheit betrachte, kann ich mich kausal berechnen
– in Bezug auf die Zukunft bin ich frei. Gibt es nicht ein besseres
Argument als diesen mißglückten »Beweis«? Er aber lehnt es
ausdrücklich ab, aus der »bekannten Unsicherheitsrelation der
Quantenmechanik« Kapital zu schlagen für die Willensfreiheit:
die Annahme eines blinden Zufalls habe nichts zu tun mit
sittlicher Verantwortung. Professor Jordan hingegen macht auf
die »Quantenbiologie« aufmerksam, welche »die biologischen
Erscheinungen grundsätzlich der lückenlosen mechanischen
Kausalität« entzieht – und so für die Freiheit freimacht.

Was ist das für eine Ethik, die so wichtig ist, daß ein Gott da
sein muß, um sie zu stützen? Plancks Antwort: »Diejenige Ethik

ist die wertvollste, welche sich im praktischen Leben auf die Dauer am besten bewährt.« Als Kronzeugen für diese vag-utilitaristische Vorschrift werden Jesus und Sokrates zitiert. Aber nach dieser Definition war die Ethik des Jesus und des Sokrates gar nicht wertvoll; sie hat sich gar nicht »bewährt«. Ihnen selbst hat sie den Tod gebracht, die Zeitgenossen hat sie schuldig werden lassen – und was die Nachwelt betrifft: hat sich die *Bergpredigt* »im praktischen Leben auf die Dauer am besten bewährt«? Planck schloß seinen Vortrag »Vom Wesen der Willensfreiheit«, den er im dritten Jahre Hitlers in der »Deutschen Philosophischen Gesellschaft in Berlin« gehalten hat, also: »Demjenigen Geschlecht und demjenigen Volk wird die Zukunft gehören, welches den Willen dazu aufbringt und bestätigt.«

Das allerdings ist eine Ethik, die sich immer bewährt hat. Jesus und Sokrates aber – die Moral der anderen Backe und des ewigen Fragens, stören nur dabei.

Das Lieblings-Thema der religiösen Naturforscher lautet: »Religion und Wissenschaft.« Das Resultat lautet immer: der Naturwissenschaftler von heute ist bündnisfähig.

Der Wille zu diesem Bündnis entspringt der Einsicht, daß man mit mathematischen Gleichungen und Laboratoriums-Versuchen die Menschen-Welt nicht steuern kann; daß sie aber gesteuert werden muß, eine Minute vor dem Abgrund. Der »Abgrund« spielt immer noch dieselbe Haupt-Rolle wie zur Zeit Amiels, Flauberts und Baudelaires.

Die Naturwissenschaftler buhlen um die Gunst der Priester. Die Männer der Wissenschaft berufen sich auf Kepler und Newton und Leibniz – sogar auf die Medizinmänner in grauen Zeiten und auf die Mönche in den mehr schwarzen. Planck macht die Wissenschaft in schöner Eindeutigkeit wieder zur »Ancilla theologiae«. Beschwörend schloß er einen 1947 gehaltenen Vortrag: Religion und Wissenschaft führten einen gemeinsamen Kampf; der verbindende Kampfruf sei immer gewesen und werde immer sein: zu Gott hin! Wieso aber die Quanten-Theorie eine Etappe ist auf dem Wege zu-Gott-hin, wird nicht erklärt.

Die Naturwissenschaftler beweisen ihre Allianz-Fähigkeit mit folgenden Argumenten:

Erstens: der Atheismus (in dem sie alle eine Art von Kultur-Pest sehen – aber nur im Wort, nicht in der Sache) kann sich nicht auf die moderne Naturwissenschaft berufen. Das ist in seiner Negativität wahr. Das Weltbild dieser Wissenschaft ist nicht abgeschlossen und kann deshalb nicht ausschließen – zum Beispiel auch nicht die Gott-Person oder die vielen Lehren von den vielen Geistern. Die Zeit der naturwissenschaftlichen Dogmatik: der bestimmten Zahl unveränderlicher Atome, der Erhaltung der Masse und der Universalität mechanischer Gesetze ... ist vorbei; Tür und Tor ist geöffnet für tausend Fakten – und Gespenster. Schon Wilhelm Bölsche hatte erkannt, daß die Situation nach dem Zerfall des Newtonschen Weltbildes »zugleich unsere Erkenntnis schwächt wie unsere Hoffnung einschließt«. Die Erkenntnis ist so geschwächt, daß sie keinerlei Mystik und Mystifikation mehr abweisen kann. Darauf baut der mystisierende Eddington; wenn man auch den »Weltgeist«, den »Logos«, nicht wissenschaftlich beweisen könne – er vertrüge sich mit der modernen Wissenschaft. Schließlich verträgt sich alles mit ihr; sie kann nicht mehr Nein sagen.

Gibt es eine mystische Erfahrung? Weshalb nicht! antwortet der Naturforscher-Mystiker. Wir glauben den Sinnen, obwohl sie uns hier und da betrügen. Ergo: sagen auch die mystischen Halluzinationen nichts aus gegen die echten mystischen Einsichten. Die Logik der Hoffnung! Je weniger man Gewißheit hat, um so mehr kann man hoffen – vom Fürchten wird in diesen Kreisen weniger geredet. Für jede Ungewißheit gilt die frohe Botschaft: dem Flug der Träume sind keine Grenzen gesetzt. Daß die moderne Wissenschaft zu wenig System ist, um auszuschließen – die Freiheit der Atome, die Freiheit der Zellen ... das ist die Bresche, durch welche die Naturforscher einströmen in die Hallen des Glaubens. Früher war es ihnen verboten durch das Entweder Oder: »Die heutige naturwissenschaftliche Erkenntnis«, schreibt Jordan, »liefert keinen Einwand mehr gegen einen Schöpfergott.« Sie liefert überhaupt keinen Einwand mehr gegen irgend etwas; aber auch kein Argument für irgend etwas. Daß der dogmatische Materialismus, an den die Naturwissenschaft eine Zeit gefesselt war, zerstört ist, macht die strengsten Gelehrten frei für alle Glauben und Aberglauben: wo immer einer die Grenze ziehen mag.

Zweitens: Glaube und Wissenschaft leben von der Inspiration. »Wenn wir zugeben müssen«, argumentiert der Professor Jordan, »daß keineswegs jedermann vollgültige naturwissenschaftliche Erfahrungen machen kann; daß diese vielmehr (sofern es sich um Erfahrungen von Rang und Bedeutung handelt) wenigen Berufenen vorbehalten sind, so werden wir es als Analogie betrachten müssen, daß im religiösen Gebiet ebenfalls nur Berufene – Begnadete – zu dem kommen, was hier an Stelle der wissenschaftlichen Erfahrung steht: die den Begnadeten zuteil gewordene Offenbarung.« Dieselbe Offenbarung, die den Physikern und den Religiösen zuteil wird, muß auch den Dichtern und Musikern zugebilligt werden – und wem nicht? Ein persischer Prophet Bab, der vor einem Jahrhundert erschlagen worden ist, und den Bahai-Glauben stiftete, sagte: es habe schon viele Inspirierte gegeben und werde noch viele geben. Das ist auch eine gute Plattform, Naturwissenschaftler und Priester zusammenzubringen. Aber werden die Anhänger offenbarter Religionen ihre Freude haben an dieser Zusammenkunft?

Drittes Argument der Allianz-Sucher: Wissenschaft und Religion kommen einander überhaupt nicht ins Gehege. Es liegt da eine Art von Arbeitsteilung vor. Die Wissenschaft – so verteilt Millikan die Rollen – entwickelt »ohne Vorurteil« die Kenntnis der Fakten, Gesetze und Prozesse. Die Aufgabe der Religion, »die noch wichtiger ist«, sei die Entwicklung der Gewissen, Ideale, Menschheits-Ziele. Millikan gehörte im Jahre 1923 zu den Unterzeichnern eines »Joint Statement upon the Relations of Science and Religion«. Er blieb aber den Nachweis schuldig, daß »die Religion« in unserem Jahrhundert Gewissen, Ideale und Menschheits-Ziele mehr und spezifischer entwickelte als – zum Beispiel die Literatur, so daß es ein Fach für »Entwicklung der Menschheits-Ziele« vielleicht gar nicht gibt.

Viertens: erstens schließt das wissenschaftliche Universum keine religiösen Wahrheiten aus; zweitens sind Naturwissenschaftler wie Priester Inspirierte; drittens kommen die Arbeiten der Naturwissenschaftler gar nicht in Konflikt mit den Arbeiten der Priester, da sie auf zwei ganz verschiedenen Feldern ackern. Und viertens weise die moderne Naturwissenschaft ganz ausdrücklich auf einen Gott oder eine unpersönliche Gottheit hin – sei es durch vernünftige Photonen oder eine mathematische Universal-Formel. Ob aber die Kirchen diesen Hinweis akzeptieren, hängt ganz gewiß davon ab, wie sehr ihr Gott noch dem Jahwe des Moses und dem göttlichen Vater des Christus ähnelt – oder wie sehr sie schon schleiermacherisch Religion ent-objektivierten: zum Beispiel als das Gefühl der schlechthinnigen Abhängigkeit... und vielleicht noch vager. Es hängt wohl auch davon ab, wie nötig sie den Support der Nobel-Preisträger für Physik brauchen.

Fünftens: die Naturforscher haben für ihre Bündnisfähigkeit noch ein Argument, das man das statistische nennen könnte: sie hätten einen guten Namen als Kirchgänger. Die Statistik lehrt, daß die moderne Naturwissenschaft förderlich wirkte auf den Wunsch, zur Kirche zu gehen. Es gibt da Aufstellungen, die sich auf die Zugehörigkeit der Einwohner Nord-Amerikas zu einer protestantischen Kirche beziehen. Im Jahre 1800: 7%; 1850: 15%; 1900: 20%; 1926: 26%. Ergo: die Kirchengänger wuchsen in dem Maße, in dem die Ergebnisse der modernen Naturwissenschaft populärer wurden; in den letzten zwanzig Jahren soll es statistisch noch günstiger aussehen. In *Who is Who in America* (1926–1927) bekannten sich 25,4% der 1016 angeführten berühmten Naturwissenschaftler als Kirchen-Mitglieder – und zwar mehr die jüngeren als die älteren, so daß noch eine gute Prognose hinzugefügt werden kann. Eine Frage bleibt allerdings: würden sie im Laboratorium den Schluß von dieser Statistik auf die religiösen Erfolge der modernen Naturwissenschaft zulassen?

So eifrig wirbt man mit Argument eins, zwei, drei, vier und fünf um die Kanzelredner. Weil man weiß, daß man in Laboratorien und Studierzimmern zwar Kräfte berechnen und produzieren – aber ihre gesellschaftliche Verwendung nicht bestimmen kann. Vielleicht sollten sie sich lieber an die Mächtigen wenden; die aber geben der Wissenschaft Aufträge – und Auftraggeber sind keine Alliierten. Als Bundesgenossen kommen nur andere Hersteller von Ideen in Frage; die einflußreichsten sind die Priester. Ihnen also stellen sie sich (nach Reinigung von ihrem schlechten Ruf) als Hilfstruppe zur Verfügung.

Es ist die Schwäche dieser Allianz, daß in den vielen gesprochenen und gedruckten Programmen, »Religion und Wissenschaft« genannt, die Wissenschaft zwar scharf umschrieben ist – die Religion aber ist eine leichte, ziehende Wolke, die ihren Umriß wieder und wieder verändert. Die Naturforscher umarmen ein sehr luftiges Gebilde, das in der Umarmung seine Identität verliert. Die Allianz mag hier und da einen Propaganda-Wert haben: Katastrophen wird sie nicht aufhalten. Worte wie Gott, Religion, Glauben haben heute (um das Wort eines witzigen Schriftstellers zu variieren) für den Schutz der Kultur denselben Wert wie das Soldatenspielen unserer Kinder für den nächsten Weltkrieg.

Der Atheismus des neunzehnten Jahrhunderts ist tot. Man sollte ihn nicht scheinlebendig machen, indem man ihn noch mit Argumenten bekämpft. Daß Religion weiter nichts ist als »Opium des Volkes«, glauben nur noch die, welche Marx nie studiert haben – zum Beispiel viele Marxisten; sie ist viel mehr das Opium der Lehrer des Volkes. Der Windmühlen-Kampf der Religion, die keine mehr ist, gegen einen Atheismus, der keiner mehr ist, verdeckt Wesentlicheres.

Der Kirchenvater Lactanz leitete das Wort »Religion« von dem Verb religare ab: anbinden, befestigen. Ob diese Etymologie zu Recht besteht oder nicht: Religion war immer Bindung. Wenn Anselm von Canterbury sagte: »Ich glaube, um verstehen zu können«, so band er das hin und her treibende Wissen an einen Fels. So wollen sie nun Ordnung festbinden und nennen den Pflock: Gott; und machen ein Wort zum Pflock. Es sind die falschen Positivitäten, welche die Begegnung mit dem nihilistischen Pessimismus ängstlich zu vereiteln suchen; und sie sind in unseren Jahren heruntergekommen auf das, was allerdings die Semantik im Nu als das enthüllen kann, was es ist: nur ein Schall.

Im neunzehnten Jahrhundert schufen Naturwissenschaftler das Dogma des Materialismus. Im zwanzigsten Jahrhundert schufen Naturwissenschaftler das Dogma: daß man das Rätsel enträtselt, wenn man es Gott nennt.

Die Kirche des Thomas sieht wohlwollend-überlegen zu.

V.

Die vier Humanismen

In Amerika und der Sowjet-Union gibt es keine pessimistisch-nihilistische Tradition. Sie haben keinen Oblomow und keine Lucinde in ihrer Vergangenheit.

Wieweit sie auch auseinander sein mögen: sie stammen beide von jenen Hoffnungs-Philosophen ab, die man schlechthin Aufklärer zu nennen pflegt. Sie halten beide für verdächtig, was nicht der Statistik des Mehr zugute kommt. Ihre erstaunliche Leistung ist die schnelle und üppige Industrialisierung. Ihr Schatz ist ein weites, reiches Land. Ihr gemeinsamer (amtlicher) Glaube ist: die Aktion. Ihr gemeinsamer (nicht-amtlicher) Wortführer ist der Europäer Oswald Spengler. Er schenkte ihnen ihre gemeinsame Definition des Pessimismus: »keine Aufgabe mehr sehen«. Sie verrät eine gemeinsame Ahnungslosigkeit.

Im Jahre 1921 erschien Spenglers kürzeste und unmißverständlichste Schrift: *Pessimismus?* Er reinigte sich, ganz zu Recht, von dieser furchtbaren Anklage, welche die Welt gegen ihn erhoben hatte; man nahm den »Untergang«-Titel seines Buches, den der Verleger gemacht hatte, für das Buch; das Schlagwort war nur polemisch gemeint. Als Spengler 1911, »unter dem Einfluß von Agadir«, plötzlich seine Philophie entdeckte, lag »der platte Optimismus des darwinistischen Zeitalters über der europäisch-amerikanischen Welt«. Sein Optimismus hingegen war nicht platt, sondern forsch. Stolz gab er seinem Volk, zwölf Jahre vor 1933, eine neue Hoffnung: »Zu einem Goethe werden wir Deutschen es nicht wieder bringen, aber zu einem Cäsar.« Das hatte der Historiker aus den Vorgängen im Osten gelernt.

Amerikanisches Denken hatte ihn nicht minder beeindruckt. »In der Kunstgeschichte«, schrieb er, »ist die Bedeutung Grünewalds und Mozarts nicht zu überschätzen. In der wirklichen Geschichte des Zeitalters Karls V. und Ludwigs XIV. denkt man gar nicht an ihr Vorhandensein.« Das Primat des »Wirklichen«

vor dem Nicht-so-Wirklichen endete nur in der Lehre des
Pragmatismus; ist aber schon immer ein Kennzeichen amerikanischer Wertung gewesen. Zum Kreise des Goetheaners und
Kantianers Emerson gehörte ein Mann namens Theodor Parker.
Er machte sich nicht viel, sagte er, aus schönen Künsten; sie
interessierten ihn überhaupt nicht so wie die unschönen, die
füttern, kleiden, behausen, bequemen; er wolle lieber ein Mann
wie Franklin sein als ein Michelangelo. Und der sehr kultivierte
Herr, der dem erlesenen Kreis, zu dem er gehörte, in Erinnerung
an Kant den Namen »Transzendentalisten« gegeben hatte, faßte
seine Haltung zum wirklichen und unwirklichen Leben zusammen in dem Satz: »Mir sagt eine Viehschau mehr als eine
Bilderschau.« Ins Deutsche übersetzt wurde dieser Satz von
Spenglers Imperativ: Brücken statt Gedichte! Die Sowjet-Union
fand dann die Synthese: Gedichte auf Brücken!

Wenn immer Amerika beschrieben worden ist – zum Beispiel
von Goethe und Nietzsche –, erschien vor allem dies amerikanische Vertrauen: die intellektuellen Feen des achtzehnten Jahrhunderts hatten es einer Nation von Pfadfindern in die Wiege
gelegt. Und das ist es, was noch heute die Enkel John Lockes,
die Bertrand Russells, an diesem Land lieben. Der englische
Freidenker hätte manchen Grund, böse zu sein; als er seine
Ideen über Liebe und Ehe im Staate New York verkündete,
setzte ihm der amerikanische Puritaner böse zu. Aber so sehr
glaubt er an die Neue Philosophie der Neuen Welt: Schwierigkeiten sind nur dazu da, um überkommen zu werden... daß er
hofft, England werde durch Kontakt mit dem hoffnungsvollen
Volk auf der anderen Seite zu der Größe von einst zurückkeh-
ren. Amerika ist immer noch der Antäus aller, die Europa zu
traurig finden.

Dies Vertrauen ist nicht so sehr Karikatur, wie sich die
europäischen Karikaturisten das vorstellen. Doch bietet es sich
genug den Karikaturisten an. Im Juni 1945 erschien folgende
Annonce im klassischen Land des Vertrauens: »Buddha, der als
Prinz geboren war, gab seinen Namen, den Thron und seine
Erbschaft auf, um die Ruhe des Gemütes zu finden. Wir aber

haben nicht nötig, die Welt aufzugeben. Wir brauchen nur einen Lebensversicherungs-Agenten zu sehen.« Daß sich ein Zug der Verzerrung anbietet, sagt nicht, daß in ihr das Wesen ist. Sie haben »nicht nötig, die Welt aufzugeben« – nicht, weil es Versicherungsgesellschaften gibt, sondern weil diese Idee nicht unter ihnen großgeworden ist. Ihre Filme zeigen nicht Buddhisten, sondern Krieges-Krüppel, die mit zwei künstlichen Beinen Ski fahren, als hätten sie vier gesunde. Wüßte man etwas über die Selbstmörder jedes Jahres, man würde wahrscheinlich finden, daß ein prinzipieller Mangel an Vertrauen auf diesem Kontinent kaum ein Motiv war.

Wie sehr dies Land fast bis zu diesem Tag abgeriegelt gewesen ist gegen eine Problematik, wie sie in der europäischen Romantik mächtig wurde (der Ozean war ein natürlicher »Eiserner Vorhang«), illustriert die Geschichte der amerikanischen Philosophie – die zuletzt noch in Santayana jene Romantik als das Böse anzeigte. Die amerikanische Philosophie von Emerson bis zu Royce und Dewey könnte dargestellt werden unter dem Titel: von Kant bis zu Hegel und Lotze. Es waren vor allem die moralischen Impulse des deutschen Idealismus, welche die Amerikaner als hingegebene Schüler aufnahmen. Sie wurden keine originellen Denker, aber originelle Täter; sie waren den Deutschen in der Kraft des Spekulierens unterlegen und überragten sie als Bürger. Vergleicht man Kant und Hegel mit Emerson und Hawthorne, so wird man bei ihnen das Vertrauen, das jene deduzierten, inkarniert finden. Und nichts ist bezeichnender für die amerikanischen Denker, als daß sie vor der pessimistisch-nihilistischen Wendung des Wegs – abfielen.

Generationen von amerikanischen Studenten lasen Leibniz und Kant, Fichte, Hegel und Lotze. Über Schopenhauer erschien zuletzt vor zwanzig Jahren ein Buch – und das war unzulänglich. Es gibt amerikanische Geschichte der Philosophie, von Thales bis zur symbolischen Logik, die seinen Namen nicht erwähnen. Josiah Royce erklärte Schopenhauers Einfluß auf die Welt mit seinem großen literarischen Talent und der sozialen Entwicklung dieser Europäer, die so gräßlich ist, daß man schon wirklich schlechter Laune sein kann; weniger Erleuchtete halten den ganzen Pessimismus für eine europäische Marotte. Santayana, der deutsch und egotistisch-romantisch gleichsetzt – und Goethes *Faust* und Goethes Leben als hervorragendsten Fall bespricht –, findet Schopenhauer lächerlich und unlogisch, billigt ihm aber mildernde Umstände zu: die gesellschaftliche und geistige Atmosphäre. Dies sind nicht Fehldeutungen, sondern bedeutungsvolle Americana: den philosophischen Pessimismus kannte man aus eigener Erfahrung nicht.

Keine schlimmen Ereignisse konnten (bis in die Zwanziger) dem mit-geborenen Vertrauen etwas anhaben. Man ist nie eine Nation von Theologen gewesen und malte dies Vertrauen nie ganz genau. Man ist nie eine Nation von Philosophen gewesen und systematisierte dies Vertrauen nie. Aber einer vererbte es dem andern, und es hielt lange; und wenn auch die Nachrichten, daß man zum Vertrauen nicht zuviel Vertrauen haben kann, importiert wurden (Kierkegaard und Rilke und Kafka und Sartre und Musil) – man glaubte es eigentlich nie. Der berühmteste Theaterkritiker New Yorks sagte das einmal ganz deutlich. Nach einer Aufführung von Goethes *Faust* schrieb er im größten und angesehensten Blatt des Landes: er hätte lange warten müssen, bis endlich der Hans seine Grete traf; bis dahin aber war es schauderhaft. Bis dahin – war Faust ein schrecklicher romantischer Held, der sich in den Kopf gesetzt hatte, alles zu wissen; und stundenlang angab, weil das nicht gelang. Santayana sah in diesen romantischen Helden, was die ganze Nation sieht: »eine Kombination von Zivilisierten und Barbaren«. Und das ist nicht nur amerikanisch, sondern außerdem auch noch wahr (wenn man vom geheimen Werturteil absieht). Der Barbar ist derjenige, welcher die Spielregeln des Geistes noch nicht entdeckt hat; der zivilisierte Barbar, dem sie nicht mehr genügen. Der Faust des ersten Monologs ist hier angelangt. Und Amerika fühlt vor diesen Prometheusen, die das Feuer und den Feuerzauber bringen, die Gefährdung seiner Überlieferung; und würde vor Wagner dasselbe fühlen, wenn hier nicht die Dekoration alles gnädig verdeckte.

Es sieht fast so aus, als hätte Nietzsche in Amerika eine Wirkung gehabt, die dem Bild, das hier entworfen worden ist, widerspricht. Als nach seinem Tode im Jahre 1900 sein außerordentliches Nachleben begann, wehrte man sich gegen ihn in Amerika genau so heftig und aus denselben Gründen wie in Europa: aus christlichen, liberalen und sozialistischen Gründen – oder auch nur ganz einfach, weil einem soviel Leidenschaft auf die Nerven ging. Er wurde als unlogisch, unwissend, unpraktisch abgetan. Und da er in geistiger Umnachtung gestorben war, entdeckte man, daß auch sein Werk in geistiger Umnachtung geschrieben war. Amerika war viele Jahrzehnte lang in die Schule des deutschen Idealismus gegangen; Nietzsche, der mit dieser Tradition so wütend und lärmend gebrochen hatte, hatte – gewissermaßen – auch mit der amerikanischen Tradition gebrochen. Die Abwehr war nicht amerikanisch – wohl aber die Sympathie.

Auch Amerika sollte seine Nietzscheaner haben, wenn sie auch weniger in Massen auftraten und nicht so sichtbar wurden – schon weil eins der Elemente seiner Wirkung, die Kraft der Sprache, in der Übersetzung nur sehr schwach zur Geltung kam. Der englische Erzieher zu Nietzsche war George Bernard Shaw, der *Also sprach Zarathustra* über die Psalmen Davids stellte. In seinem Gefolge stellten amerikanische Nietzscheaner den Meister über Platon und Aristoteles.

Die amerikanischen Jünger unterschieden sich von den deutschen darin, daß sie ebenso hausbacken waren wie jene aufgeregt. In Deutschland gingen Nietzscheaner in die pathetische Einsamkeit Zarathustras und Stefan Georges, sielten sich Nietzscheaner in der Gosse, ritten Nietzscheaner an der Spitze welterobernder Räuber-Banden gen Osten und Westen. In Amerika ging es weniger turbulent zu. Man sagt einigen Zeitschriften nach, daß sie mit Nietzsche geliebäugelt hätten. Weiter brachte es nur Mencken und sein Kreis, einige Herren vom »Smart Set« und dem »American Mercury«.

War der amerikanische Gott Merkur, Henri L. Mencken, ein echter Jünger? Ja und Nein! Er erkannte schon im Jahre 1908:

»Man kann Nietzsche nicht entgehen.« Er setzte ein klares (und beschränktes) Buch dem dunklen Gerede über den deutschen Unhold entgegen. Er schuf Nietzsche, den »Erzketzer dieser Epoche« – und wurde (nach seinem Vorbild) der Erzketzer Amerikas. Er war geboren mit einem nonkonformistischen Temperament; das war seine herrschende Passion. Er war noch unbequemer als der Meister; er stellte sich an die Straßen-Ecken und posaunte sein Nein in die Stadt. Und hatte Einfluß auf manchen Zeitgenossen – zum Beispiel auf Theodore Dreiser, der im Jahre 1914 der amerikanischen Demokratie eine »intellektuelle Aristokratie« empfahl. Mencken focht zusammen mit Nietzsche: gegen Babbitt. Daß Nietzsche nicht *Die konventionellen Lügen der Kulturmenschheit* geschrieben hatte, sondern die *Geburt der Tragödie* – paßte nicht in die amerikanische Szene.

Ein Amerikaner, der durchschaute, wie sehr Amerika die eine Tradition Europas nicht aufgenommen hatte, die romantisch-pessimistische, ein Enttäuschter, der Europa nicht mochte und am Ende des vorigen Jahrhunderts europäischer war als irgendeiner seiner Landsleute, war Henry Adams, Nachfahr zweier amerikanischer Präsidenten. Seine Abwandlung der »Vanitas« lautete: »Inter vania nihil vanius est homine.« Das gestaltete er in der großartigen Autobiographie *The Education of Henry Adams*. Hier charakterisierte er die amerikanische Fremdheit gegen die Tragödie: »Amerika hat das Tragische immer leicht genommen. Zu beschäftigt, um die Tätigkeit seiner zwanzig Millionen Pferdekraft-Gesellschaft zu stoppen, ignorieren die Amerikaner tragische Motive, die ihre Schatten über das Mittelalter geworfen hätten; die Welt lernt, den Mord als eine Art von Hysterie und den Tod als Neurose zu behandeln, die im Sanatorium kuriert werden müssen. Drei scheußliche politische Morde, welche die Eumeniden fettgemacht hätten, haben das Weiße Haus kaum beschattet.« Zwei Generationen vor Freuds amerikanischem Ruhm wurde hier bereits unvergleichlich gesagt, woher er stammt. Henry Adams nannte sich »einen konservativ-christlichen Anarchisten«. Ist das nicht

die knappste Formulierung, mit der Schopenhauer zu charakterisieren ist?

Der Volks-Charakter ist eine Erfindung der Völker-Psycho-
logie, die wiederum ein Produkt der Kriegs-Propaganda ist.
Gehört der Mangel an Sinn für Tragik wirklich zum amerikanischen Volk? Da solche Züge von besonderen Umständen bedingt
sind, können sie auch, wenn die bedingenden Motive nicht mehr
da sind, verschwinden. Die amtliche Philosophie der *Declaration
of Independence*, in der Generationen von Amerikanern aufge-
zogen worden sind, berichtet nichts von Eumeniden, erwähnt
den Tod nicht, auch nicht einen blinden Willen und daß Gott tot
ist. Und die Amerikaner, die hundert Jahre lang vertrauensvoll
Grenzen überschritten und den gar nicht blinden Willen verkündeten und einen Gott, der ihnen so sichtbar half, gaben zwar
ihren Studenten-Verbindungen griechische Buchstaben zum
Namen, fanden sich aber durchaus nicht wieder in den Katastrophen der Königshäuser von Mykene – wie O'Neills *Trauer muß
Elektra tragen* zeigt.

Und Europa, das im neunzehnten Jahrhundert diese Tragödien verstehen lernte, war weit weg. Europa rückte dann so nah,
daß nicht mehr die Stelle bezeichnet werden kann, wo der eine
Kontinent aufhört und der andere beginnt. Europa wurde die
Kolonie seiner Kolonie; die Sieger aber werden nicht selten von
den Besiegten geistig infiziert. Man spricht in England von einem
amerikanischen Aeneas-Anchises-Komplex: wie Aeneas den
Ahn aus dem brennenden Troja heraustrug – also die Neue Welt
die Alte; und die Neue habe den Komplex davon. Sie hat noch
eine ganze Menge mehr davon; zum Beispiel die gemeinsame
Erinnerung an diese Kriege. In ihnen ging manches zugrunde;
unter anderem auch das amerikanische Vertrauen – auch wenn
eine Stimmung und eine Ideologie noch eine Weile die Situation,
welche sie hervorbrachte, überlebt. Ob Amerika isoliert sein will
oder nicht, ist nicht so wichtig wie: daß es mitten in dem steckt,
was es aus der Entfernung für europäischen Morast gehalten hat.

Es gibt nicht mehr Europa und Amerika – nur noch jenes
Stadium der westlichen Zivilisation, das amerikanisch genannt

wird, weil es in der europäischen Kolonie Amerika zuerst sichtbar wurde. Europa und Amerika sind historische Kategorien. Sie haben getrennte Vergangenheiten und eine gemeinsame Gegenwart. Die Geschichte, die man allein hatte, wird immer blasser vor dem, in das man zusammen verwickelt ist. Die Geschichte Amerikas hat immer noch keinen Stendhal gehabt; aber seine lebenden Schriftsteller sind in Europa nicht Exoten, sondern Einheimische. Und Europa schlägt mehr Wurzel in Amerika, als hier gewünscht wird. Auf den Straßen New Yorks werden Passanten interviewt: »Wofür leben Sie?« Der größte Theater-Erfolg, *Der Tod des Handlungsreisenden*, war der Erfolg dieser Frage, die kein herkömmliches Vertrauen mehr besänftigt. Man findet immer noch auf den Landstraßen, vor den kleinen Gemeinden, Schilder, die den Reisenden darauf aufmerksam machen, daß er in eine Ortschaft von »geplantem Charme« einfahre. Aber es dämmert einem, daß die Gegenwart nicht so charmant ist, wie sie von den Ur-Planern geplant war.

Die Stunde, die geschlagen hat, ist in der Philosophie nicht so hörbar wie im Roman. Man analysiert ihn und fragt: was ist geschehen? Man stellt fest, was hier überrascht: daß man nicht mehr im Viktorianischen Zeitalter lebt. Die Reaktionen darauf, seit einer Generation, folgen dem historischen Muster: Pathos, Resignation, Zynismus. Man holt in eigenen Erfahrungen die europäische Verzweiflung nach. Der Heroismus – für Nichts war schon in den Worten des *Zibaldone:* »Und ihr Mut ist unbeugsamer als das tödliche Gesetz der Ananke.« Diese Unbeugsamkeit ist das Heil der Hemingway-Helden. Der Alte Mann, den die See gründlich besiegt, sagt: »Ein Mann kann zwar vernichtet, aber nicht besiegt werden.« Der Mut an sich als letzter Halt war schon bei Leopardi Trotz aus Hoffnungslosigkeit.

Viele Europäer lieben diese Entwicklung nicht. Sie verlangen, daß Amerika bleibt, was es war: der sunny boy der wenig sonnigen Väter. Wie die Amerikaner Indianer-Schutzparks haben, so hatte Europa das Optimismus-Reservat Amerika. Man braucht von Zeit zu Zeit ein aufmunterndes Sanatorium für die Ferien vom Zeitalter der Angst. Es war W. H. Auden, der nach dem zweiten Krieg die Amerikaner zusammenstauchte, weil sie nicht mehr schrieben wie Franklin und Whitman: »Es ist für mich eine Quelle von unablässigem Staunen, daß die Nation, die in der Welt dafür berühmt ist, die optimistischste, geselligste und freiste zu sein... daß diese Nation in den Augen ihrer sensitivsten Angehörigen sich widerspiegelt als eine Gesellschaft von hilflosen Opfern, verdächtigen Charakteren und Vertriebenen... Roman auf Roman zeichnet Heroen ohne Ehre und Geschichte; Heroen, die so monoton der Versuchung unterliegen, daß man überhaupt nicht ernstlich von Versuchung reden kann... Heroen, deren einzige Moral ein stoischer Widerstand gegen Schmerz und Moral ist.«

Optimismus war ein angesehener amerikanischer Export-Artikel; die europäischen Kunden fragen sich entsetzt, wieso man seinem Renommé nicht mehr entspricht. Amerikaner stellen dieselbe Frage; die besten – ohne den Gouvernanten-Ton. O'Neill nannte, was hier in Frage steht, »die Krankheit von heute«. Manche sprechen von »Katzenjammer« – eines der deutschen Worte, das eingebürgert ist. Des Theologen Reinhold Niebuhr *Christlicher Pessimismus* erregt die Gemüter, weil sie Pessimismus und Pfingsten nicht zusammenbringen. Die meisten Diagnostiker sehen den Fall soziologisch – zum Beispiel Norman Mailer: »Die beste Literatur wird in Amerika weiter negativ sein, solange die Werte, an denen das Land mißt, so sind, daß kein ehrbarer und gescheiter Schriftsteller sie ernst nehmen kann.« Man unterscheidet zwischen hysterischen Zusammenbrüchen und dem »tragischen Lebensgefühl«, das man immer noch für unamerikanisch hält.

Vielleicht aber ist es so, daß man in Amerika dieselben Erfahrungen gemacht hat, die in Europa von kräftigen Denkern ins Bewußtsein gehoben wurden, so daß dort sich der Einzelne mit ihrer Hilfe klarmachen kann, was er erlebt. Da die Tradition dieses Bewußtseins in Amerika nicht existiert, so fehlen hier die Interpreten für die neuen Erfahrungen; es wird als Kriegs-Folge und Nachahmung Europas ausgelegt, was viel mehr ist. Und dann verhindert immer noch das auf der Schule gelernte Pausch-

quantum-Vertrauen die Selbst-Verständigung. Es ist kaum möglich, daß in Amerika ein Präsident gewählt würde, der nicht
strahlte. In einem solchen Land aber ist es besonders schwer, den
Umfang der Enttäuschung auszumessen. Wenn Sartre sagt:
»Diese Menschen sind tragisch, weil sie sich fürchten, es zu sein«
– so übersieht er, daß nicht nur Mut, sondern auch ein hoher
Grad des Bewußtseins die Voraussetzung ist. Revolutionen
senken das Bewußtseins-Niveau; das war die Folge der amerikanischen wie der russischen. Amerika trennte sich im achtzehnten
Jahrhundert von Europa und kehrte erst nach dem Ersten
Weltkrieg zurück; und rezipiert sehr langsam, was man inzwischen sich klargemacht hatte.

Im übrigen wird in Amerika, ganz wie in Europa, die Situation
breit verdeckt von all den falschen Positivitäten, die übernational
und überkontinental sind.

Man muß zwei historische Dokumente auszeichnen, will man
das Vertrauen dokumentieren, welches die Vereinigten Staaten
und die Sowjet-Union bis zu diesem Tag (in welch geringem
Grad auch immer) beseelt: die *Declaration of Independence*
(1776) und *Das Kommunistische Manifest* (1848).

Sie sehen beide eher wie Aktionsprogramme aus als wie
Bibeln. Die *Unabhängigkeits-Erklärung* ist fast ausschließlich
eine Liste von Beschwerden gegen das Mutterland England; sie
leitete einen Krieg und eine Trennung ein. Das *Manifest* ist
ebenso eine Fehde-Ansage gegen eine überlegene Macht, von der
zu befreien man sich entschloß. Die Sprache der Kolonien,
zurückhaltend neben der scharfen Sprache der Partei, verdeckt
fast den militanten Charakter der Erklärung, die auch vor allem
eine Kriegserklärung der Ausgebeuteten sein wollte.

Die Schrift der Staaten zählt in achtzehn kurzen Paragraphen
auf, worin das Mutterland gesündigt hat – und überreicht die
Liste »einer nicht vernagelten Welt«, an die man (vor Gott)
appelliert. Marx und Engels hielten über ihren Tyrannen ein
ebenso heiliges und viel detaillierteres Strafgericht – vor allem
Gott, der als dialektischer Fortschritt sich manifestiert; die Welt

allerdings schien ihnen vernagelt, ihr Appell war ein Monolog. Es sieht an der Oberfläche aus, als wäre ihr Konflikt prinzipieller gewesen. Aber auch die Staaten sahen den ihren im Licht eines alten historisch-ehrwürdigen Zusammenpralls: zwischen Unterdrückten und Unterdrückern. Sie sahen ihren Kampf als eine Etappe, eine entscheidende, im großen Freiheitskampf – wie die Verfasser des Manifests.

Und schrieben deshalb in die Einleitung ihres Schriftsatzes gegen Britannien die Philosophie hinein, die das Vertrauen formulierte, mit dem sie (wie die Marxisten) in einen ungleichen Kampf gingen. Sie hielten für evident – und verkündeten das feierlich: daß alle Menschen vom Schöpfer ohne Unterschied gemacht worden sind; daß er ihnen unabdingbare Rechte mitgegeben hat – zum Beispiel das Recht, zu leben, frei zu sein und seinem Glück nachzugehen; und daß, um diese Rechte zu gewährleisten, Regierungen errichtet sind, die ihre Macht von der Zustimmung der Regierten empfangen. Und dann kommt der vergessenste Satz dieser Bekundung des Zutrauens: wenn irgendeine Regierung dem Zweck, für den sie geschaffen ist, zuwiderhandelt, ist es das Recht des Volkes, sie zu ändern oder zu stürzen. Das war nicht ein juristisches Dokument (wie später die Konstitution). Das war eine neue Wortgebung eines alten Überschwangs: das Leben der Utopie im Jahre 1776.

Es gibt keine Stelle in der Kommunisten-Schrift, die das neue Vertrauen, mit dem man in den Kampf ging, in Sätzen abbildet. Die Verfasser waren Hegelianer und sahen das Positive in der Negation der Negation; das Manifest ist in jedem Satz eine Kritik des Feinds, seiner Handlungen und Sprüche – und daneben noch eine Kritik der sozialistischen Gleichgesinnten, die mit unzulänglichen Mitteln den gemeinsamen Gegner zu packen suchten. Eine Kritik ist nicht notwendigerweise die Emanation eines Vertrauens; und weil es nicht zitiert werden kann, glaubte man oft, es sei nicht da. Es ist aber einundderselbe Enthusiasmus gewesen, der beide Dokumente in die Welt setzte; obwohl die Urenkel in beiden Reichen es nicht wahrhaben wollen. Und wenn das Dokument von 1776 auch nicht mehr der genaue

Ausdruck des Amerika nach Wilson ist, und das Dokument von 1848 nur in seiner Polemik der volle Ausdruck der Sowjet-Union in der Mitte ihres Jahrhunderts – soweit wie Vertrauen ist, hier und da, leitet es sich her von jenem, das viel älter ist als Deklaration und Manifest, in ihnen aber zur neuen Kraftquelle wurde für die beiden Gruppen der westlichen Welt, die heute ihr Schicksal bestimmen.

Dies Vertrauen ist verstärkt worden von den schnellen industriellen Erfolgen der beiden Imperien und ihrer Hingabe an die Wissenschaft, die diese Blüte zustande brachte. »Es ist unmöglich«, schrieb Rousseau, »den Grund einzusehen, weshalb ein Mensch, der nichts fürchtet und nichts will, sich Umstände machen sollte, vernünftig zu sein.« Diese beiden Länder, die viel wollten (und Hegel zum Lehrer erkoren), wurden sehr vernünftig. In beiden Ländern ist »Geist« – das macht sie so ähnlich – die wissenschaftlich-organisatorische Kontrolle über Natur und Mensch. Der russische Denker Plechanow ersetzte den homo sapiens durch den homo faber; das ist genau die Anthropologie hinter dem amerikanischen Pragmatismus, Dewey war lange Zeit persona gratissima im Lande Plechanows.

In Rußland, dem Jüngeren, tritt der Aberglaube an die Wissenschaft noch naiver auf. Ein Reisender kam in ein ukrainisches Kolchos und unterhielt sich mit dem lokalen Chef der Partei. Der Reisende fragte: was wird, nach einer Generation, aus den Mitgliedern, welche die Siedlung nicht mehr ernähren kann? Es begann ein langer, heftiger Disput auf russisch: zwischen der Dolmetscherin des Gastes, der Dolmetscherin der Kommune und dem Funktionär. Man war verzweifelt über die Dummheit der Frage. Ob der Fremde nie etwas gehört hätte von dem Fortschritt der Wissenschaft? Sie halte mehr als Schritt mit dem Anwachsen der Bevölkerung. Eine Kuh, die gestern halb so viel Milch gegeben hat, wie sie heute gibt (auf Zureden neuer Techniken), wird morgen das Doppelte geben. Die Erfindungen werden den Problemen, die sie lösen sollen, immer voraus sein. Vielleicht war in diesem Jahrhundert die Bewunderung für die (Technik schaffende) Wissenschaft nirgendswoanders so ausschweifend wie in den beiden Ländern, denen sie die Welt in den Schoß warf. Der Führer der »Gottlosen-Bewegung« unterschied sich im Glauben nicht von dem Leiter der Siedlung. Die unlösbaren Fragen, sagte er dem Reisenden, sind die letzten Schlupfwinkel von Dummköpfen und Reaktionären. Die unaufgeklärtesten Aufklärer des achtzehnten Jahrhunderts schufen hier ein veraltetes Zwanzigstes.

In Amerika zerging während der letzten Generation das traditionelle Vertrauen langsam unter der amtlichen Oberfläche; sie ist immerhin noch so stark, daß von dem *Untergang des Abendlandes*, trotz seines amerikanischen Ruhms, nur 20 000 Exemplare verkauft wurden. Was unter der amtlichen Oberfläche im Osten Europas vorgeht, wissen wohl nicht einmal die, welche dort leben. Ökonomische Unzufriedenheit ist definierbar und feststellbar. Das Ungenügen, das darüber hinausgeht, kann nicht ins Bewußtsein dringen, wo ihm die Kategorien versagt sind, welche die letzten Generationen zum Selbstverständnis geschaffen haben.

Das Vertrauen des *Manifests* beseelte 1917 den kleinen Kreis, der die Revolution machte. Er sorgte für Verbreitung und Perpetuierung. Vertrauen kann gelernt werden, wenn man früh angehalten wird; und braucht nicht zu zergehen, wenn man es sicher abschließt. Das übersieht, wer nur von außen auf Rußland sieht. Von außen sieht man auf das, was hier in dreißig Jahren entstand, durch die Brille der Worte »Diktatur«, »Totalität« – und die noch trübere Brille der Sensationen. Man untersucht zuviel die Prozesse und zuwenig den unsensationellen Tag. Man beachtet zu sehr die Ausnahmen, die der Inquisition ausgesetzt sind – und zuwenig die Massen, die nicht inquiriert zu werden brauchen, weil sie nichts anderes kennen als dies. Der Reisende fuhr durch dies Land, als André Gides Sowjet-feindliche Bücher gerade erschienen waren; er hatte sie im Koffer. Man hatte den französischen Dichter kurz zuvor (ohne ihn zu kennen, aber amtlich stimuliert) frenetisch gefeiert: als den größten Schriftsteller Europas. Man wußte jetzt von seinen Angriffen nur, was das Partei-Organ mitgeteilt hatte. Der Reisende bot vielen

Schriftstellern in vielen russischen Städten die Bücher zum Lesen an. Niemand war interessiert. Die Deutung von außen sagt: sie wagten es nicht. Die Wahrheit innen war: sie kamen nicht auf die Idee, daß die Lektüre lohnend sein könne, nachdem man offiziell bereits alles erfahren hatte.

Das ist das Fundament des ehernen Vertrauens, das den Osten beseelt; es ist ebenso total wie irgendeine Religion und irgendeine Metaphysik in den Tagen der Blüte – und universaler. Man hatte vor dreißig Jahren mit einem großen Sieg begonnen – und gegen die Zersetzung der Sieges-Stimmung einen Vorhang geschaffen, der mit dem Wort »eisern« lächerlich unterschätzt ist. Man hatte zur Aufrechterhaltung der Sieges-Stimmung eine Kultur geschaffen, die mit dem Wort »Propaganda« lächerlich unterschätzt ist. Man komponierte Fanfaren des Siegs – auf den sichtbarsten Sieg: den industriellen; vortäuschend, er wäre der Sieg an sich. So dichtete man: »Gewaltiges haben / vor uns gesungen / die Dichter aller Zeiten. / Wir singen...« und jetzt folgt nicht ein Abstraktum. Auch die Katholische Kirche gibt nicht Abstrakta, sondern die Oblate und den Kelch. Die Dichter des Ostens »singen / den Fünfjahrplan«. An ihm teilzunehmen, ist ihre Kommunion. Es ist die Aktion in beiden Fällen – die Überführung des Glaubens in ein Tun, die den Einzelnen bindet. Der Fünfjahrplan hat die Potestas Clavium.

Die Lehre von Marx, das geistige Rückgrat aller Jahrpläne, ist kompliziert – und primitiv. Ist die Wahrheit im Pragmatismus eine Arbeits-Hypothese, so im Marxismus eine Kampf-Hypothese. Wieviel Auguren es gibt, die das durchschauen, wissen wohl auch die Auguren nicht. Was in ihnen lebt, wenn etwas in ihnen lebt, ist nicht die soziologische Reduktion der Kultur – ein altes Ergebnis, bisweilen meisterhaft errungen. Was in ihnen wirklich lebt, wenn etwas in ihnen lebt, ist der marxistische Übermensch. Ein deutschamtlicher, deutsch-östlicher Zarathustra schwärmte: »Der Mensch wird erst / entdeckt werden / und den Menschen werden wir / schaffen / in einer Gestalt / gewaltiger als alle / Träume mit Voraussagen«. Wie ist er zu schaffen? Nietzsche hatte keine Antwort. Den Fünfjahrplan als

Schöpfer des Übermenschen gab es im neunzehnten Jahrhundert noch nicht.

Die Überlieferung seit Byron, Leopardi und Friedrich Schlegel wurde von den Magiern des Fünfjahrplans und der ganzen üppigen Sippe der Pläne mit Erfolg in Acht und Bann getan. Die Katholische Kirche hat die Schweizer Garde, den Index, die verbietenden Kanzelredner und die katholisch-politischen Parteien, welche die Staaten (mit mehr oder weniger Erfolg) zur Zensur drängen. Aber sie kann nicht die Grenzen sperren zwischen den Ihren und der pessimistischen Ketzerei. Das aber praktiziert die östliche Großmacht seit Jahrzehnten mit einem Erfolg, den man »Diktatur« nennt – mißverständlich, weil der Eindruck entsteht, es werde hier jedem jeden Tag diktiert. Es ist die hermetische Abschließung, die solche Diktate fast unnötig macht. Die Menschenwelt außerhalb ist ausgeschlossen; eingelassen wird nur, was draußen ein Echo dessen ist, was drinnen gedacht und gefühlt wird. Was die Träumer von einer Rückkehr der Einheit des Mittelalters nur träumen konnten, hier wurde es Ereignis: der Pluralismus, den die Katholische Kirche nicht einmal in den Ländern, in denen sie regiert, ganz ausschalten kann... der Polytheismus existiert in Rußland nicht.

Die pessimistisch-nihilistische Tradition wurde gleich zu Beginn ausgerottet. Tragödien sind keine Marseillaisen. Man hatte viel auszurotten; denn Gontscharow und Lermontow, Tolstoi und Dostojewskij hatten »Das Zeitalter der Angst« populärer gemacht als die Dichter irgendeines anderen Landes. Diese Vergangenheit wurde erfolgreich ausgeschieden. Wo lebte sie? Unter den Älteren, unter den Gebildeten. Wo lebte sie nicht? Unter den Jüngeren, unter den Ungebildeten. Der Weg war vorgezeichnet, welche Gruppen liquidiert, welche zum Träger der neuen Tradition erkoren werden mußten. Jeder, der radikal mit der Vergangenheit brechen will, wird immer in der ungebildeten Jugend den Verkünder des Neuen finden. Ihr braucht man nicht zu diktieren. Das Neue wird ihr ABC. Sie haben ein anderes nie gelernt.

Man verzichtete nicht auf die Vergangenheit, man schaltete sie gleich. Sie wurde zur Prähistorie der Doktrinen des Tages. Der schaffte sich in ihr einen neuen Stammbaum; es ist nützlich, berühmte Ahnen zu haben – besonders, wenn man als Barbar verschrien wird. Diese diktierten Ahnentafeln werden »Kulturerbe« genannt; sie sind eher eine zensurierte Vergangenheit. Sie ist unter Kontrolle wie die Gegenwart. Jede wichtigere Figur der Geschichte ist eingeordnet und mit einer Note versehen. Vor allem, wo Marx, Engels und Lenin sich festgelegt haben, gibt es kein Rütteln. Das geht bis ins Detail. Die Akten über den Zwist zwischen Heine und Börne sind geschlossen, seitdem Marx gegen Börne Stellung genommen hat.

Der zensurierteste Ahn ist der Pessimismus. Er hat seinen festen Platz in der untersten Hölle und sein exklusives, nicht schmeichelhaftes Vokabular. Er wird in der Regel abgehandelt unter der Überschrift *Der Einbruch des Nihilismus*. Man sperrt den Einbrecher ein in Kästchen wie *Die Literatur im Zeitalter des Imperialismus*. Man geht nicht in Details. Die, welche hier unter Verschluß sitzen, werden zusammengebündelt als: ... und Konsorten. Von den marxistischen Betrachtern der deutschen Literatur wird Novalis, George, Rilke, Hofmannsthal und Kafka als ein Päckchen manipuliert. »Vom Naturalismus bis zum Surrealismus« – fast nichts als Leute, die vom Monopolkapitalismus infiziert worden sind; und deshalb so trübsinnig. »Alle diese Richtungen« sind (nach Lukács) erklärbar »aus der Ökonomie, aus der gesellschaftlichen Struktur, aus den Klassenkämpfen der imperialistischen Periode«. Versucht man konkret auszusagen, was hiermit behauptet wird, so ist es dies: daß Hauptmanns *Und Pippa tanzt*, Wedekinds *Marquis von Keith*, Georges *Siebenter Ring* und Rilkes *Duineser Elegien* in ihrem Wesentlichen bestimmt und gewertet sind, wenn man sie bezieht auf Fragen wie: wovor wichen sie aus? was verdrehten sie? was vernebelten sie? welcher Schicht halfen sie? welcher Schicht schadeten sie? Hugo von Hofmannsthal schrieb in seinen kunsttheoretischen Besinnungen *Ad me ipsum* zwei Sätze, welche die letzten hundert Jahre abgrenzen: »Niemals wird wieder eine erwachte Zeit von Dichtern, weder von einem einzelnen, noch von ihnen allen zusammen, ihren erschöpfenden rhetorischen Ausdruck, ihre in begriffliche Formeln gezogene Summe verlangen. Dazu hat das Jahrhundert, dem wir uns entwinden, uns die Phänomene zu stark gemacht; zu gewaltig angefacht den Larventanz der stummen Erscheinungen; zu mächtig hat sich das wortlose Geheimnis der Natur und der stille Schatten der Vergangenheit gegen uns hereinbewegt. Eine erwachte Zeit wird von den Dichtern mehr und Geheimnisvolleres verlangen.« Eine unerwachte Zeit nennt dies die Stimmung müder Bürger am Ende ihrer Tage – während sie, die Unerwachten, gar nicht müde sind, die müde Spreu vom marschierenden Weizen zu sondern ... Für Schriftsteller, die ins selbe verurteilte Dichter-Regiment rechtens gehörten, sich aber freundlich erwiesen haben, bauen die östlichen Ästhetiker besondere Kunstphilosophien, um zu deduzieren, wieso zu ihnen gehört, wer nicht zu ihnen gehört.

Der Pessimist Nummer Eins, was die frühere Zeit betrifft, ist Nietzsche. Da man andere Kategorien als Monopolkapitalismus und Imperialismus nicht hat, werfen ihm die Illiberalen – Illiberalismus vor. Man schuf die Legende, freiheitliche und patriotische Triebe gegen ihn aufreizend: er habe Bismarck nicht gemocht, weil der ihm zu demokratisch war. Die Wahrheit ist, daß Nietzsche dichtete:

Beim Anblick eines Schlafrocks

Kam, trotz schlampichtem Gewande,
Einst der Deutsche zu Verstande,
Weh, wie hat sich das gewandt!
Eingeknöpft in strenge Kleider,
Überließ er seinem Schneider,
Seinem Bismarck – den Verstand.

Nietzsche warf dem Kaiser aller Preußen schon damals vor, was in diesen Jahren viele dem Kaiser aller Preußen vorwarfen: daß er seinem Volke zu sehr das Denken ab-nehme. Man kann aber mit so ärmlichen Künsten gegen die mächtige Tradition, die aus der

Geburt der Tragödie wuchs, angehen, weil der Leser von dem Erz-Pessimisten nur soviel weiß, wie ihm von denen gesagt wird, die jenen in Form von amtlichen Mitteilungen aus der Welt schaffen.

Diese Tradition wird nun heute (aller Komik zum Trotz) – »amerikanisch« genannt. Man macht sich zuviel lustig – und sieht zuwenig die Logik; der falsche Satz, daß Verstehen schon Verzeihen heißt, ist heute ein guter Vorwand, weder zu verzeihen noch zu verstehen. Man verstehe! Wer ist Nietzsche – im Osten, auf der Straße? Ein böser Mann aus der Zeit der Urgroß-väter, dessen Schriften nicht zu haben sind. Der Feind von heute ist Amerika; und wenn man Amerika und Pessimismus verbin-det, hat man alles Böse beieinander. So wird das arme Deutsch-land, das bekanntlich keinen Schopenhauer gehabt hat – ein Opfer des pessimistischen Amerika: »Unter amerikanischem Einfluß wurden in diesen Jahren Verzweiflung, Pessimismus und Tod zu einem Haupt-Thema der ›höheren‹ Literatur und Kunst in West-Deutschland«. Amerika ist – der Erbe des »Anti-Humanisten« Nietzsche.

Wie auch immer – alle kämpfen gegen den Pessimismus im Namen des Humanismus. Es gibt aber davon drei recht verschie-dene Spielarten. Die erste war die, welche mit dem Griechen Manuel Chrysoloras begann, der seit 1396 als Lehrer des Grie-chischen in Florenz tätig war; und endete mit den Gymnasial-Professoren, welche die Älteren unter uns noch kennenlernten. Ein wesentlicher Zug dieses Humanismus war nicht nur, daß die Welt in den Mittelpunkt rückte und der Himmel an den Rand, sondern auch, daß sie eine Welt im Licht war, im griechischen Mittelmeer-Licht des fünften Jahrhunderts. Den zweiten Huma-nismus schuf die Katholische Kirche – gegen den ersten .. auch wieder im Namen des Lichts, diesmal nicht gegen das Dunkel der Kathedralen, sondern des irdischen Tags. Was bisher Humanis-mus war, wurde als Nur-Humanismus herabgesetzt. Der Mensch als Maß aller Dinge – das führe aus dem Humanen ins Bestialische, aus der Glorie in die Finsternis. Der wahre Huma-nismus ist der, welcher den Himmel ins Zentrum rückt und die

Erde an den Horizont; nur das himmlische Licht ist imstande, das Dunkel zu entdunkeln. Auch die Marxisten nennen sich Humanisten – historisch nicht mit Recht; selbst der Humanist Ulrich von Hutten war ihnen noch einer, der auf der falschen Seite focht. Aber sie haben nun den klangvollen Namen annektiert; und stellen den falschen Humanisten unter den Rittern und Bürgern die Humanisten entgegen, die man seit dreißig Jahren studieren kann – und abermals im Namen des Vertrauens gegen den Pessimismus.

Gibt es einen vierten Humanismus, der weder Phidias und des Attischen Reiches Herrlichkeit noch die welterobernde Kirche im Dienste der Weltentsagung noch die restlos manipulierte Gesellschaft anbietet – gegen das Dunkel?

Reife

Was unter der Decke der schützenden Humanismen groß geworden ist, hat sein beträchtliches Alter und seine frische Jugend. Jung ist das Ereignis, daß nichts mehr verdeckt werden kann. Die Erfahrungen waren schon immer da; aber die kräftigen Traditionen, die sie nicht aufkommen ließen, sind schwach geworden und lassen das Älteste als ganz junge Plage erscheinen. Und neu ist, daß die tiefsten Sorgen so umfänglich und eindringlich aufgezeichnet – und in so weiten Kreisen durchlebt wurden. Sie waren einmal die Erfahrungen von einzelnen Gezeichneten; und wenn sie sich verbreiteten, bei den Flagellanten, so waren immer Mächte da, sie unter Kontrolle zu bringen. Heute weisen die Hüter der Auffangs-Stationen nicht mehr stolz auf ihre Burgen hin; sie klagen in jeder Zeitung, daß die Zeitgenossen nicht mehr Schutz suchen bei ihnen. Der neue Pessimismus wurde nicht eine neue Burg, sondern das Ende von allen.

Die Schulen der (mehr östlichen oder westlichen) dunklen Weisheiten lehrten nicht, wie man mit dem, was man weiß, leben kann. Sie blieben (bestenfalls) im Theoretischen und Poetischen. Der Heilige, der Weise, der Detachierte wurde vorgetragen, nicht vorgemacht; es ist kinderleicht, ihn zu verstehen, und unmöglich, ihn zu leben. Wie die pessimistischen Erfahrungen das Fundament für den Aufbau eines Lebens sein können, ist nie gezeigt worden. Und der Unernst des Anspruchs zeigt sich im Ausbiegen vor der Konsequenz: dem Selbstmord. Er war immer eine besondere Gefahr für die Denkenden – weshalb die Denker immer gegen ihn andachten: Augustinus verurteilte noch den Selbstmord der in ihrer Keuschheit bedrohten heiligen Jungfrauen. Schopenhauer wollte weder die Änderung noch den Selbstmord; es blieb nichts übrig, als alles beim Alten zu lassen. Er schob in die Stelle, die logisch für den Selbstmörder bestimmt war, den Heiligen, der nicht leben und nicht sterben kann. Viele windgeschützte Meditierer, mit und ohne Bart, wurden im zwanzigsten Jahrhundert seine bescheidenen Nachfolger.

Der radikale Pessimist hatte den Trieb zum Monotheismus: kein Gott neben dem Leid. Aber eins ist falsch: entweder seine Beschreibung des Daseins oder die Folge, die ihr gegeben wurde. Alle, die sich nicht den Tod gaben und nicht den Tod empfahlen, haben nicht die Welt erfahren, wie Buddha, Innozenz und Schopenhauer sie darstellten. Die Meister lebten und predigten gegen den freiwilligen Tod. Die Jünger folgten ihnen, weil sie dies Bild vom Dasein nicht ganz ernst nahmen; die Meister selbst nahmen es nicht ganz ernst. So versuchten sie, was sie nicht taten, zu begründen. Im Selbstmord steckt das Wort Mord; es ist nicht schwer, zu zeigen, daß ein Mord keine Ablösung vom Leben ist – eher das Gegenteil. Weil er nicht unterschied zwischen den beiden Akten, der Selbst-Befreiung und der Selbst-Ermordung, dem Frei-Tod und dem Selbst-Mord, hatte es Schopenhauer leicht, den eigenen starken Willen zum Leben in ein System einzubauen, dessen logische Konsequenz der Abgang gewesen wäre: vor der Niederschrift des Werks. Der Siebzigjährige hatte einen tiefen Schlaf – und den Wunsch, neunzig zu werden. In den Achtzigern, meinte er, habe der Tod immer noch etwas Gewaltsames; erst dann ginge das Leben natürlich ins Nichts über.

Diese Äußerung ist die unfreiwillige Selbst-Korrektur mißver-
standener Erfahrungen; eine unfreiwillige Selbst-Kritik. Die
Inkonsequenz ist wahrer, als die Konsequenz es gewesen wäre.
Die Inkonsequenz sagt aus, daß ihn hielt, was er nicht wissen
wollte. Nachdem er die Geschäfte des Willens und der Vernunft
so hell beleuchtet hatte, imitierte er den großen Feind – und
wurde der klassische Minus-Hegelianer. Er rückte die andere
Erfahrung in den Mittelpunkt und machte denselben Totalitäts-
Anspruch. Die totale Verfinsterung war nicht die Wahrheit,
sondern eine neue Einengung. Er vollzog theoretisch, was vielen
Kranken geschieht, deren Geschichte die Psycho-Pathologie
aufgezeichnet hat: die Welt wird so groß wie ein Schmerz, ein
Unglück. Die Abschnürung, die er philosophisch vornahm, ist
am lebenden Körper eine Krankheit, an der Theorie eine Un-
wahrheit. Pessimismus ist nichts als eine Katastrophe, wenn er
nur verstärkt, was das Leben ohnehin vielen antut.

Weil ihnen eine große Erfahrung über den Kopf wuchs,
wurden sie kopflos und sahen die Grenze nicht mehr. Das gibt
manchen ihrer Sentenzen einen Stich ins Geschwätzige. Innozenz klagte: »Den Ehelosen quält die Fleischeslust, den Verehe-
lichten sein Weib.« Maupertuis jammerte, ebenso kopflos: »Alle
Zerstreuungen der Menschen haben die Unlust zu ihrer Voraussetzung.« Und der Herrscher der Schopenhauer-Theorie schaffte das Glück als Negation des Unglücks aus der Welt. Sie
übertrafen noch den Totalitäts-Anspruch der Lobredner. Leibniz hatte das Leid »nur ein Beinahe-Nichts« genannt.

Die Größe der Pessimisten liegt nicht in ihrer gewalttätigen
Ausschließung. Sie aber gab den Vorwand, ihre größten Einsichten beiseite zu schieben. Was schlossen sie aus? Die Philosophen
haben an den Willen, zu sein und zu verharren, nicht zuviel
Nachdenken gesandt. Spinoza erklärte zu kurz und zu bündig
»das Bestreben, auf sein Sein zu bestehen« für den Kern der
Dinge. Santayana bezeichnete das Gleiche mit dem Ausdruck
»animal faith«: ein animalischer Glaube, der die Realität nicht in
Frage stellt, und den Gläubigen, einen Teil von ihr, der nicht
weicht und wankt, außer Frage. Es war Schopenhauer leicht, in

diesem tierischen Festhalten das Grundübel zu sehen; zwei
Weltreligionen hatten das vorbereitet. Nur sah auch er zu wenig.
Die Erfahrung, die in Frage steht, ist von Spinoza und Santayana
und der Überlieferung, deren Ausdruck sie waren, und von
Schopenhauer, der nur dem negativen Akzent das äußerste
Pathos gab, nicht ausgeschöpft worden mit dieser Vorstellung
vom tierischen Sich-anklammern. Um alles, was in der Erfahrung ist, herauszustellen, müßte man dem »animal faith« ein
Parallel-Wort an die Seite stellen: human faith – eine menschliche
Anhänglichkeit, die erst, zusammen mit dem triebhaften, blinden, wütenden Nicht-loslassen, angibt, was alles im menschlichen Kampf um das Nicht-aus-dem-Leben-gestoßen-werden
liegt. Diese (nicht ungeschichtlich-tierische, sondern geschicht-
lich entfaltete menschliche) An-hänglichkeit kann vielleicht in-
folge einer individuellen totalen Sonnen-Finsternis nicht erfahren werden. Oder (das ist der Fall der Klassiker des Pessimismus)
sie kann erfahren, aber nicht dargestellt werden – weil die andere
Erfahrung so überwältigend war, daß sie den Ausdruck mono-
polisierte. Immer schon wurde hier darauf hingewiesen, daß die
pessimistische Anthropologie nur ein Präparat ist.

Anhänglichkeit aber ist nicht Vertrauen. Die Begrenzung der
pessimistischen Anthropologie ist kein Zurückbiegen zur Theodizee. Nichts scheint mehr Schwierigkeiten zu machen, als
zusammenzubringen, was man seit Buddha weiß – mit der
Anhänglichkeit. Hinter dieser Schwierigkeit verbirgt sich das
härteste Dogma aller Zeiten: daß alles zusammenpassen muß.
Man kann sich nicht frei machen von der Selbstherrlichkeit des
Willens zur Einheit. Was die Physiker mit der Gravitation und
dem Elektro-Magnetismus versuchen, die fremden Bezirke zusammenzubringen in einen – kann nicht versucht werden mit den
pessimistischen Tatsachen und dem Faktum der tierisch-
menschlichen Anhänglichkeit. Die wesentlichen Erfahrungen
haben keinen gemeinsamen Nenner; es ist ein Zeichen von Reife,
sich nicht mit ärmlichen Metaphern zu betrügen. Unverbunden,
ataktisch, nicht aufeinander bezogen, nicht gegeneinander aufre-
chenbar, nicht mit einander versöhnbar sind die fundamentalen

Erfahrungen. Kinder stampfen mit dem Fuß auf und sagen: ich will nicht. Alte Leute tun. dasselbe, wenn sie nach irgendeiner Magie greifen, die zu Zeiten alles so schön zusammenfügte.

Was wird aus der Moral und Politik – bei so viel Pessimismus und Disharmonie? Es ist nicht die »Innerlichkeit«, die den Pessimismus schafft, und nicht die Aktion, die ihn zerstört. Das sind nur Vorurteile der Zeit. Pessimisten wurden von ihren Erfahrungen so überwältigt, daß sie nicht handeln konnten – das ist ein psychologisches Faktum; andere handelten. Und handelten – unabhängig vom Pessimismus. Denn es verträgt sich jeder Wille mit jeder »Weltanschauung«. Schopenhauer schrieb: »Obgleich die Kräfte der Menschen ungleich sind, so sind doch ihre Rechte gleich« – und war 1849 auf Seiten der Gegenrevolution. Byron konjugierte das Wort ennuyer, verteidigte im Oberhaus die aufrührerischen Weber von Nottingham, ging nach Griechenland, um das Volk zu befreien und riet dem Fürsten von Metternich – mit griechischen Buchstaben, dasselbe zu tun. Büchner porträtierte sich viermal in seinen vier nihilistischen Helden, schrieb den *Hessischen Landboten* und war mindestens so revolutionär wie nur einer, der an den gradlinigen oder dialektisch springenden Fortschritt glaubt.

Der Kampf gegen Pessimismus und Nihilismus kommt aus der Angst vor »Umwälzungen«; und aus dem Aberglauben, man müsse die rechte Philosophie haben, um einen rechten Willen zu haben. Es ist aber die menschliche Anhänglichkeit allein, die den rechten Willen schafft. Man besteht darauf, daß der politische Wille theologisch-philosophisch festgemacht wird und aus demselben Bezirk einen Garanten des Erfolgs erhält. Wenn der Wille sich nicht herleite von einem himmlischen Individuum oder Gesetz, sagt das Vorurteil, wage man nicht, lebenslang zu wollen. Und es müsse verbürgt sein, daß man nicht eines Tages lebenslang vergeblich gewollt habe. Und da der Pessimismus keine Anker und Garanten kennt, kann er nicht zum Handeln führen, sagt das Vorurteil – nur zum Verhindern des Handelns.

Man kann sich auch einen kommunistischen Schopenhauer vorstellen. Um zu wollen, braucht man nicht zu glauben. Um zu kämpfen, braucht man kein Vertrauen. Zu Fichtes Satz aus dem *Geschlossenen Handelsstaat:* »Es sollen erst alle satt werden und fest wohnen, ehe einer seine Wohnung verziert«... kann man sowohl vom Absoluten Ich herabsteigen als auch von jedem andern Gipfel-Begriff. Das politische Programm, das sich von einer Sicherheit deduziert, war eine Illusion – und auch, schon immer, politischer Kindergarten. Der Wille zur Solidarität des Menschen vor dem Abwendbaren und Unabwendbaren braucht keine Theodizee; und auch die Deifikation Satans, die Schopenhauer unternahm, kann ihn nicht stören. Die Weltanschauungs-Problematiken der politischen Parteien (ihre Verkündungen und Ideen-Schlachten) sind nicht einen Mitglieds-Beitrag wert. Was zählt, ist der klar und konkret formulierte Wille – und die Erkenntnis der Realität, Voraussetzung seiner Verwirklichung. Auch die Entscheidung über die Mittel ist nicht »weltanschaulich«; eher aufklärend, wieweit der Wille, für den sie arbeiten, ist, was er vorgibt.

Man braucht nicht zu glauben und nicht zu hoffen, um zu wollen. Was in der *Unabhängigkeits-Erklärung* und im *Manifest* an Willen lebt, ist nicht von Gnaden der transzendenten Gestalten, die sie durchgeistern. Ein Agnostizist kämpft eher besser als einer, der mehr braucht als seinen Willen; zumal heute, wo viele vieles zu glauben glauben. Die Wehr gegen die Kämpfer ohne transzendente Garanten ist die Wehr von Kindern gegen Erwachsene, die ihnen das unbequeme Erwachsensein vormachen. Die Vorstellung, daß der Nihilist passiv sein muß oder destruktiv, weil er nicht weiß: wozu, kennt nicht den Ursprung des Handelns. Er kommt aus der Berechnung – und hat noch eine Quelle, die mythologisch beschrieben wurde, als man schrieb, Gott schuf den Menschen nach seinem Ebenbild. Dies »Ebenbild« kennt zwei Motive neben dem Interesse: Mitleid und Dankbarkeit, eine aktiv gewordene Anhänglichkeit.

Kann der Einzelne leben mit den dunklen Erfahrungen, der grundlosen Anhänglichkeit und einem ebenso grundlosen Willen – und ohne Alkohol? Wenn eine Gesellschaft ihn so aufzieht! Sie verdiente den Namen: vierter Humanismus. Der griechische

Glanz (ein großer Glanz für eine kleine Schicht) ist vergangen; die Neu-Heiden waren meist nordische Stubenhocker, die von der Palästra selig träumten. Der schöne dunkle Glanz des Mittelalters ist verloschen; Präraffaeliten und Nazarener waren Verirrte, die hofften, man könne in Kathedralen leben. Der rote Glanz der Societas Marx ist im Schwinden; was einmal das Genie und der Heroismus bürgerlicher »Ebenbilder« war, wurde zur Ideologie einer Großmacht, die alles in Ordnung bringt, indem sie alles wegdiszipliniert.

Es wurden alle geistigen Anstrengungen gemacht, auf Grundlagen zu bauen, die keine sind. Man macht immer noch viel her vom Positiven und redet in den optimistischen Wind. Es steht aber längst nicht so schlimm, wie man tut. Schlimm ist nur, daß man immer wieder nach der Wiege schreit. Entweder wird der Pessimismus überwunden – oder was? Das hat viele Namen, mythologische oder die der politischen Gegner. Niemand fragt, ob nicht vielleicht diese Überwinder das Unglück sind. Niemand denkt daran, ob nicht das Dasein, wie es sowohl Hiob entdeckt hat als auch die aufgeklärteste Romantik, nicht ein viel zuverlässigeres Bewußtsein schafft. Vielleicht sind die Schwarzen Männer, die an die Wand gemalt werden, gar nicht so gefährlich wie die, welche hinter der Wand am Telefon sitzen und weder pessimistisch sind noch nihilistisch, sondern Gott- und Atheismus-vertrauend.

Der Sinn des Lebens ist ein sinnvolles Wort; aber es läßt sich nichts Sinnvolles aussagen. Die gebildeten Überanstrengungen werden nicht weiterführen. Die Pessimisten, die es sind, weil sie am Leben hängen – und (so sehr hängen sie an ihm) nicht nur am eigenen –, werden die Schöpfer dieses vierten Humanismus sein ... wenn nicht vorher eine Welt-Zentrale die Doktrin des Jahrtausends schmiedet.

Register

Ludwig Marcuse
im Diogenes Verlag

Arthur Schopenhauer
Zürcher Ausgabe

Vollständige Neuedition, die als Volks- und Studienausgabe angelegt ist: Jeder Band bringt nach dem letzten Stand der Forschung den integralen Text in der originalen Orthographie und Interpunktion Schopenhauers; Übersetzungen fremdsprachiger Zitate und seltener Fremdwörter sind in eckigen Klammern eingearbeitet; ein Glossar wissenschaftlicher Fachausdrücke ist als Anhang jeweils dem letzten Band der *Welt als Wille und Vorstellung* (detebe 20424), der *Kleineren Schriften* (detebe 20426) und der *Parerga und Paralipomena* (detebe 20430) beigegeben. Die Textfassung geht auf die historisch-kritische Gesamtausgabe von Arthur Hübscher zurück; das editorische Material besorgte Angelika Hübscher.

Die Welt als Wille und Vorstellung I
in zwei Teilbänden. detebe 20421 + 20422

Die Welt als Wille und Vorstellung II
in zwei Teilbänden. detebe 20423 + 20424

*Über die vierfache Wurzel des Satzes vom
zureichenden Grunde
Über den Willen in der Natur*
Kleinere Schriften I. detebe 20425

*Die beiden Grundprobleme der Ethik:
Über die Freiheit des menschlichen Willens
Über die Grundlagen der Moral*
Kleinere Schriften II. detebe 20426

Parerga und Paralipomena I
in zwei Teilbänden, von denen der zweite die
›Aphorismen zur Lebensweisheit‹ enthält. detebe 20427 + 20428

Parerga und Paralipomena II
in zwei Teilbänden, von denen der letzte ein Gesamtregister
zur Zürcher Ausgabe enthält. detebe 20429 + 20430

Außerdem erschien:

Über Arthur Schopenhauer
Essays von Friedrich Nietzsche, Thomas Mann,
Ludwig Marcuse, Max Horkheimer und Jean Améry.
Zeugnisse von Jean Paul bis Arno Schmidt.
Chronik und Bibliographie.
Herausgegeben von Gerd Haffmans. detebe 20431

Deutsche Klassiker
im Diogenes Verlag

● **Gottfried Keller**
Zürcher Ausgabe
Gesammelte Werke in 8 Bänden. Herausgegeben von Gustav Steiner
detebe 20521–20528

Als Ergänzungsband liegt vor:
Über Gottfried Keller
Herausgegeben von Paul Rilla
detebe 20535

● **Deutsche Liebesgedichte**
von Walther von der Vogelweide bis Gottfried Keller. Auswahl von Christian Strich.
Mit Zeichnungen von Ludwig Richter
Kleine Diogenes Evergreens

● **Conrad Ferdinand Meyer**
Jürg Jenatsch / Der Heilige
Herausgegeben von Gustav Steiner
Mit einem Essay von Hans Mayer
detebe 20965

● **Christian Morgenstern**
Alle Galgenlieder
Fotomechanischer Nachdruck der Erstaus-
gabe 1932. detebe 20400

● **Arthur Schopenhauer**
Zürcher Ausgabe
Volks- und Studienausgabe in 10 Bänden.
Nach der historisch-kritischen Edition von
Arthur Hübscher. Editorische Materialien
von Angelika Hübscher.
detebe 20421–20430

Als Ergänzungsband liegt vor:
Über Arthur Schopenhauer
Herausgegeben von Gerd Haffmans
detebe 20431

● **Das Diogenes Lesebuch klas-
   sischer deutscher Erzähler**
Band I
Geschichten von Wieland bis Kleist. Mit
einem Nachwort von Arthur Schopenhauer
detebe 20727

Band II
Geschichten von Eichendorff bis zu den
Brüdern Grimm. Mit einem Nachwort von
Franz Grillparzer. detebe 20728

Band III
Geschichten von Mörike bis Busch. Mit
einem Nachwort von Fritz Mauthner
detebe 20669

● **Das Diogenes Lesebuch
   deutscher Balladen**
von August Bürger bis Bertolt Brecht
Herausgegeben von Christian Strich
detebe 20923

● **Das Neue Testament**
in 4 Sprachen: Lateinisch, Griechisch,
Deutsch (Luther) und Englisch (King James
Bible). detebe 20925

Theorie · Philosophie · Historie · Theologie
Politik · Polemik
im Diogenes Verlag

● **Alfred Andersch**
Öffentlicher Brief an einen sowjetischen Schriftsteller, das Überholte betreffend
Reportagen und Aufsätze. detebe 20398

Einige Zeichnungen
Graphische Thesen am Beispiel einer Künstlerin. Mit Zeichnungen von Gisela Andersch. detebe 20399

Die Blindheit des Kunstwerks
Literarische Essays und Aufsätze
detebe 20593

Ein neuer Scheiterhaufen für alte Ketzer
Kritiken und Rezensionen. detebe 20594

● **Angelus Silesius**
Der cherubinische Wandersmann
Ausgewählt und eingeleitet von Erich Brock. detebe 20644

● **Anton Čechov**
Die Insel Sachalin
Ein politischer Reisebericht. Aus dem Russischen von Gerhard Dick. detebe 20270

● **Ida Cermak**
Ich klage nicht
Begegnung mit der Krankheit in Selbstzeugnissen schöpferischer Menschen
detebe 21093

● **Raymond Chandler**
Die simple Kunst des Mordes
Briefe, Essays, Fragmente. Aus dem Amerikanischen von Hans Wollschläger
detebe 20209

● **Manfred von Conta**
Reportagen aus Lateinamerika
Broschur

● **Friedrich Dürrenmatt**
Theater
Essays, Gedichte und Reden. detebe 20855

Kritik
Kritiken und Zeichnungen. detebe 20856

Literatur und Kunst
Essays, Gedichte und Reden. detebe 20857

Philosophie und Naturwissenschaft
Essays, Gedichte und Reden. detebe 20858

Politik
Essays, Gedichte und Reden. detebe 20859

Zusammenhänge/Nachgedanken
Essay über Israel. detebe 20860

● **Meister Eckehart**
Deutsche Predigten und Traktate
in der Edition von Josef Quint. detebe 20642

● **Albert Einstein**
Briefe
Ausgewählt und herausgegeben von Helen Dukas und Banesh Hoffmann. detebe 20303

● **Albert Einstein &**
  Sigmund Freud
Warum Krieg?
Ein Briefwechsel. Mit einem Essay von Isaac Asimov. detebe 20028

● **Ralph Waldo Emerson**
Natur
Essay. Neu aus dem Amerikanischen übersetzt von Harald Kiczka
Diogenes Evergreens

Essays
Herausgegeben und übersetzt von Harald Kiczka. Mit zahlreichen Anmerkungen und einem ausführlichen Index. detebe 21071

● **Federico Fellini**
Aufsätze und Notizen
Herausgegeben von Christian Strich und Anna Keel. detebe 20125

● **Franz von Assisi**
Sonnengesang · Testament ·
Ordensregeln · Briefe · Fioretti
in der Edition von Wolfram von den Steinen,
deutsch von Wolfram von den Steinen und
Max Kirchstein. detebe 20641

● **Das Karl Kraus Lesebuch**
Ein Querschnitt durch die Fackel
Herausgegeben und mit einem Essay von
Hans Wollschläger. detebe 20781

● **D. H. Lawrence**
Liebe, Sex und Emanzipation
Essays. Aus dem Englischen von Elisabeth
Schnack. detebe 20955

● **Reinhart G. E. Lempp**
Kinder unerwünscht
Anmerkungen eines Kinderpsychiaters
detebe 21072

● **Ludwig Marcuse**
Philosophie des Glücks
von Hiob bis Freud. detebe 20021

Philosophie des Un-Glücks
Pessimismus – Ein Stadium der Reife
detebe 20219

Meine Geschichte der Philosophie
Aus den Papieren eines bejahrten Philoso-
phiestudenten. detebe 20301

Das Märchen von der Sicherheit
Testament eines illusionslosen Optimisten.
detebe 20302

● **Fritz Mauthner**
Wörterbuch der Philosophie
in zwei Bänden. detebe 20780

● **Thomas Morus**
Utopia
Aus dem Lateinischen von Alfred Hartmann
detebe 20420

● **Das Neue Testament**
in 4 Sprachen: Lateinisch, Griechisch,
Deutsch und Englisch. detebe 20925

● **Liam O'Flaherty**
Ich ging nach Rußland
Ein politischer Reisebericht. Aus dem Engli-
schen von Heinrich Hauser. detebe 20016

● **George Orwell**
Im Innern des Wals
Ausgewählte Essays I. Aus dem Englischen
von Felix Gasbarra und Peter Naujack
detebe 20213

Rache ist sauer
Ausgewählte Essays II. Deutsch von Felix
Gasbarra, Peter Naujack und Claudia
Schmölders. detebe 20250

Mein Katalonien
Bericht über den Spanischen Bürgerkrieg.
Deutsch von Wolfgang Rieger. detebe 20214

Erledigt in Paris und London
Sozialreportage aus dem Jahre 1933. Deutsch
von Helga und Alexander Schmitz.
detebe 20533

Auftauchen, um Luft zu holen
Roman. Deutsch von Helmut M. Braem.
detebe 20804

Das George Orwell Lesebuch
Essays, Reportagen, Betrachtungen. Herausgegeben und mit einem Nachwort von Fritz
Senn. Deutsch von Tina Richter.
detebe 20788

● **Ernest Renan**
Das Leben Jesu
Vom Verfasser autorisierte Übersetzung aus
dem Französischen. detebe 20419

● **Walter E. Richartz**
Vorwärts ins Paradies
Aufsätze zu Literatur und Wissenschaft
detebe 20696

● **Arthur Schopenhauer**
Zürcher Ausgabe
Studienausgabe der Werke in zehn Bänden
nach der historisch-kritischen Edition von
Arthur Hübscher. detebe 20421–20430

Dazu ein Band
Über Arthur Schopenhauer
Essays und Zeugnisse von Jean Paul bis Hans
Wollschläger. detebe 20431

● **Alexander Sinowjew**
Ohne Illusionen
Interviews, Vorträge, Aufsätze. Aus dem
Russischen von Alexander Rothstein. Leinen

Werk- und Studienausgaben in Diogenes Taschenbüchern

● **Alfred Andersch**
Studienausgabe in 16 Einzelbänden
detebe
Einige Zeichnungen. Essay. detebe 20399
Das Alfred Andersch Lesebuch. Herausgegeben von Gerd Haffmans. detebe 20695
Über Alfred Andersch. Herausgegeben von Gerd Haffmans. detebe 20819

● **Sherwood Anderson**
Ich möchte wissen warum. Erzählungen
detebe 20514

● **Angelus Silesius**
Der cherubinische Wandersmann
detebe 20644

● **Honoré de Balzac**
Die großen Romane in 10 Bänden
detebe 20901–20910
Erzählungen in 3 Bänden
detebe 20896, 20897, 20899
Das ungekannte Meisterwerk. Erzählungen
detebe 20477
Über Balzac. Herausgegeben von Claudia Schmölders. detebe 20309

● **Charles Baudelaire**
Die Tänzerin Fanfarlo. Prosadichtungen
detebe 20387
Die Blumen des Bösen. Gedichte
detebe 20999

● **Gottfried Benn**
Ausgewählte Gedichte. Herausgegeben und mit einem Nachwort von Gerd Haffmans
detebe 20099
Das Gottfried Benn Lesebuch. Ein Querschnitt durch das Prosawerk, herausgegeben von Max Niedermayer und Marguerite Schlüter. detebe 20982

● **Ambrose Bierce**
Die Spottdrossel. Erzählungen. detebe 20234

● **James Boswell**
Dr. Samuel Johnson. Biographie
detebe 20786

● **Ulrich Bräker**
Werke in 2 Bänden. Herausgegeben von Samuel Voellmy und Heinz Weder
detebe 20581 und 20582

● **Wilhelm Busch**
Schöne Studienausgabe in 7 Einzelbänden
Herausgegeben von Friedrich Bohne in Zusammenarbeit mit dem Wilhelm-Busch-Museum in Hannover
detebe 20107–20113
Das Wilhelm-Busch-Bilder- und Lesebuch
Herausgegeben von Gerd Haffmans
detebe 20391

● **Calderón**
Das große Welttheater. Neu übersetzt von Hans Gerd Kübel und Wolfgang Franke
detebe 20888

● **Anton Čechov**
Das dramatische Werk in 8 Bänden in der Neuübersetzung und Neutranskription von Peter Urban. detebe
Das erzählende Werk in 10 Bänden. Herausgegeben von Peter Urban
detebe 20261–20270
Briefe in 5 Bänden. Übersetzt und herausgegeben von Peter Urban. detebe 21069

● **Joseph Conrad**
Lord Jim. Roman. detebe 20128
Der Geheimagent. Roman. detebe 20212
Herz der Finsternis. Erzählung. detebe 20369

● **Charles Dickens**
Werkausgabe in der Übersetzung von Gustav Meyrink in bisher 3 Bänden:
David Copperfield. Roman. Mit einem Nachwort von W. Somerset Maugham
detebe 21034
Oliver Twist. Roman. detebe 21035
Nikolas Nickleby. Roman. detebe 20998

● **Das Diogenes Lesebuch amerikanischer Erzähler**
Geschichten von Poe bis Brodkey
detebe 20271

● **Das Diogenes Lesebuch englischer Erzähler**
Geschichten von Stevenson bis Sillitoe
detebe 20272

● **Jeremias Gotthelf**
Ausgewählte Werke in 12 Bänden. Herausgegeben von Walter Muschg
detebe 20561–20572
Gottfried Keller über Jeremias Gotthelf
detebe 20573

● **Heinrich Heine**
Gedichte. Ausgewählt von Ludwig Marcuse
detebe 20383

● **O. Henry**
Gesammelte Geschichten in 6 Bänden
detebe 20871–20876

● **Hermann Hesse**
Meistererzählungen. Herausgegeben und mit einem Nachwort von Volker Michels
detebe 20984

● **Homer**
Ilias. detebe 20778
Odyssee. detebe 20779

● **Otto Jägersberg**
Werkausgabe in bisher 8 Einzelbänden
detebe

● **Jewgeni Jewtuschenko**
Ausgewählte Gedichte. Anthologie der besten Nachdichtungen. detebe 20061

● **Juan Ramón Jiménez**
Herz, stirb oder singe. Gedichte
detebe 20388

● **James Joyce**
Das James Joyce Lesebuch. Auswahl aus ›Dubliner‹, ›Porträt des Künstlers‹ und ›Ulysses‹. Herausgegeben von Fritz Senn
detebe 20486

● **Das Erich Kästner Lesebuch**
Herausgegeben von Christian Strich
detebe 20515

● **Gottfried Keller**
Zürcher Ausgabe. In der Edition von Gustav Steiner. detebe 20521–20528
Über Gottfried Keller. Herausgegeben von Paul Rilla. detebe 20535

● **Das Karl Kraus Lesebuch**
Herausgegeben von Hans Wollschläger
detebe 20781

● **Ring Lardner**
Geschichten aus dem Jazz-Zeitalter. Herausgegeben von Fritz Güttinger. detebe 20135

● **D. H. Lawrence**
Sämtliche Erzählungen und Kurzromane in 8 Einzelbänden. detebe 20184–20191
Liebe, Sex und Emanzipation. Essays
detebe 20955
John Thomas & Lady Jane. Roman
detebe 20299
Briefe. Auswahl von Richard Aldington. Vorwort von Aldous Huxley. Übersetzung und Nachwort von Elisabeth Schnack
detebe 20954

● **Doris Lessing**
Hunger. Erzählung. detebe 20255
Der Zauber ist nicht verkäuflich. Afrikanische Geschichten. detebe 20886

● **Carson McCullers**
Werkausgabe in 7 Einzelbänden
detebe 20140–20146
Über Carson McCullers. Herausgegeben von Gerd Haffmans. detebe 20147

● **Heinrich Mann**
Meistererzählungen. Herausgegeben von Christian Strich. Mit einem Vorwort von Hugo Loetscher und Zeichnungen von George Grosz. detebe 20981

● **Thomas Mann**
Meistererzählungen. Herausgegeben und mit einem Nachwort von Gerd Haffmans
detebe 20983

● **Ludwig Marcuse**
Werkausgabe in bisher 12 Einzelbänden
detebe

● **W. Somerset Maugham**
Werkausgabe in 20 Einzelbänden
detebe

● **Guy de Maupassant**
Erzählungen in 5 Einzelbänden
detebe

● **Hermann Melville**
Moby-Dick. Roman. detebe 20385
Billy Budd. Erzählung. detebe 20787